KB236271

중앙문화재연구원 학술총서 28

時, 空, 形態 그리고 量
한국고고학 연구방법론에 대한 비판적 검토

중앙문화재연구원 엮음

진인진

지은이

이선복(서울대학교)

이기성(한국전통문화대학교)

김종일(서울대학교)

천선행(전북대학교 박물관)

조대연(전북대학교)

성춘택(경희대학교)

김범철(충북대학교)

양시은(충북대학교)

이성주(경북대학교)

時, 空, 形態 그리고 量
한국고고학 연구방법론에 대한 비판적 검토

초판 1쇄 발행 ㅣ 2016년 8월 31일

엮 음 ㅣ (재)중앙문화재연구원
발행인 ㅣ 김영진
발행처 ㅣ 진인진
등 록 ㅣ 제25100-2005-000003호
교열·교정 ㅣ 김범철, 박진경
본문편집 ㅣ 배원일
주 소 ㅣ 경기도 과천시 별양상가 1로 18, 614호(별양동 과천오피스텔)
전 화 ㅣ 02-507-3077~8
팩 스 ㅣ 02-504-3079
홈페이지 ㅣ http://www.zininzin.co.kr
이메일 ㅣ pub@zininzin.co.kr

ⓒ 진인진 2016
ISBN 978-89-6347-300-0 93900

책을 펴내며

우리 연구원에서는 2009년부터 충북대학교와 산학 학술교류 협정을 체결하여 우리 연구원들의 조사연구 능력 향상 및 연구 활동을 심화시키고자 연구 교육 프로그램과 역사문화 강좌를 진행하고 있습니다. 이러한 강좌를 통하여 강의된 내용을 보완하여『동아시아의 고분문화』,『한국 선사시대 사회와 문화의 이해』,『아시아의 고대 문물교류』,『움직이는 세상, 움직여야 하는 고고학』등을 학술총서로 간행한 바 있습니다.

또한 한국고고학의 전반적인 흐름을 파악할 수 있도록『신라고고학개론』,『낙랑고고학개론』,『한국 청동기문화 개론』등의 개론서와 마한·백제의 분묘와 고구려·발해의 고분에 좀 더 쉽게 접근하여 그 문화상을 이해할 수 있도록『마한·백제의 분묘 문화』,『고구려의 고분 문화』,『발해의 고분 문화』를 연차적으로 간행하고 있습니다.

특히『한국 신석기문화 개론』과『한국 신석기문화의 양상과 전개』는 각각 2012년도와 2013년도 대한민국학술원 우수도서에,『한국 청동기문화 개론』은 2016년도 세종도서 학술부문 우수 학술도서로 선정되는 영예를 안았습니다.

2015년에는 3월부터 9월까지 4회에 걸쳐 "時, 空, 形態 그리고 量-한국고고학 연구방법론에 대한 비판적 검토-"란 주제로 역사문화 강좌가 진행되었고, 이 강좌 내용을 바탕으로 필자들이 원고를 보완하거나 추가하여 단행본으로 간행하게 되었습니다.

이번에 간행하는 학술총서에는「무엇을 어떻게 해야하나?」,「고고학적 분석·해석에서의 '單位'」,「고고학적 설명에서의 시간 축과 시간성」,「시간적 변이에 대한 고고학적 설명의 논리구조와 실상」,「고고학자료의 공간성에 대한 연구의 현황과 과제」,「형태변이와 고고학 형식분류」,「量, 왜 문제되어야 하나?」,「고고학적 해석과 文獻記錄」,「유형설정에 관련된 고고학의 설명논리」등 9편의 논고를 수록하였습니다.

아무쪼록 이 학술총서가 관련 연구자들과 한국고고학계에 작으나마 보탬이 되기를 기대하고, 앞으로도 한국고고학계에 도움이 될 수 있는 다양하고 심도 있는 주제를 선정하여 학술총서를 발간할 것을 약속드립니다.

끝으로 이 학술총서가 간행될 수 있도록 기획과 진행을 맡아 주신 충북대학교 김범철 선생님과 바쁘신 가운데 옥고를 집필하여 주신 서울대학교 이선복 선생님을 비롯한 여러 선생님들께 감사드립니다. 그리고 이 학술총서가 간행될 수 있도록 애써준 박진경(문화재청)과 중

앙문화재연구원 학예연구실 직원 여러분께 감사드립니다. 또한 어려운 여건에서도 이 학술
총서의 간행을 맡아주신 김영진 사장님과 진인진 관계자 여러분께 감사드립니다.

2016년 8월

중앙문화재연구원장 조 상 기

:::표 목차

01

무엇을 어떻게 해야 하나?

한국고고학 연구방법론의 현황과 과제

이 선 복

__고고학의 학문적 성격 　　　　　__고고학 연구방법론의 특성
__연구방법론의 필요성과 중요성

이 글은 한국고고학의 연구방법론에 대한 검토를 도모하는 일련의 연구자의 글에 앞선 일종의 導論으로서, 그 목적은 개개 연구방법론의 평가나 방향성의 모색을 논하고자 하는 바가 아니다. 글의 내용은 필자가 고고학의 성격과 연구방향에 대해 평소 생각해오던 바로서 지난 30여 년 동안 고고학에 관심을 갖고 있는 모든 이들을 대상으로 늘 말해왔던 바를 두서없이 풀어쓴 것이다. 논문의 형식도 갖추지 않은 이 글은 일종의 개인적 소회를 풀어낸 일종의 수필로서, 근 30년 전 발간된 졸저 『고고학 개론』(이론과 실천, 1988) 제1장의 설명과 주장을 반복하는 내용이다.

　모든 분야의 지적 활동은 그 목적을 이루기 위해 일련의 체계적 접근법을 갖고 있기 마련이다. 학문 영역에서 이루어지는 활동에서 그러한 방법들은 흔히 연구방법론 혹은 방법론이라고 뭉뚱그려 일컬어진다. 즉, 철학과도 같은 추상적인 가치를 다루는 학문이건 혹은 수학과도 같은 절대적 법칙관계를 추구하는 학문이건, 모든 분야의 학문은 학문의 목적과 대상에

8

대한 정의와 더불어 체계적인 연구방법론을 갖고 있기 마련이다. 따라서 학문의 연구방법론은 해당학문의 성격에 따라 다를 수밖에 없으며, 흔히 패러다임이라고 일컬어지는 학문의 목표와 대상 및 수단에 대해 학계 구성원이 공유하고 있는 생각이 무엇인가에 따라 그 특성도 변하게 마련이다. 그렇다면 한국고고학의 연구방법론을 생각함에 있어서는 보편적 학문으로서의 고고학이 지닌 학문적 특성에서 시작해 한국에서 고고학은 무엇을 어떻게 연구하고 있는지 생각해보는 것이 중요하리라 생각한다. 또한 그렇다면 한국고고학 연구방법론에 대한 검토는 고고학 연구방법론이 왜 중요하게 인식되고 있는가와 관련된 학사적 배경에 대한 고려에서부터 시작하는 것이 순서라고 보인다.

고고학의 학문적 성격

학문의 성격에 대한 견해는 개인의 관점과 교육적 배경에 따라 아주 다양하게 생각할 수 있으며, 이것은 고고학의 경우에도 예외가 아닐 것이다. 필자의 경우, 졸저 『고고학 개론』을 통해 고고학이란 인간행위의 보편적 특성을 전제로, 고고학자료로 남겨진 인간행위의 물증을 연구함으로써 이를 남긴 인간집단의 삶의 궤적을 연구하고 설명하려는 학문이라고 정의한 바 있다. 즉, 필자에게 고고학이란 고고학자료라는 물증을 통해 인류의 역사와 문화를 이해하고자 노력하는 학문이라 여겨진다.

고고학이 19세기 중반 다양한 사회적, 학문적 배경을 기반으로 탄생한 가장 '나이 어린' 근대학문이며 지역과 국가에 따라 학제상의 편제와 연구경향에서 큰 차이가 있음을 감안할 때, 위와 같은 고고학에 대한 정의는 보편적 학문으로서의 고고학에 대한 최소공약수적 정의가 아닐까 생각한다. 예를 들어, 백인들의 전유물로서 원주민의 과거를 연구하는 수단으로 출발한 미국 고고학은 인류학의 한 분야로서 성장해왔지만, 영국에서는 인류학과는 아무런 관계가 없는 독자적인 학문으로 자리 잡은바, 이러한 사정은 "Archaeology is anthropology, or it is nothing!" 대 "Archaeology is archaeology is archaeology!"라는 서구 고고학사에 빠지지 않고 등장하는 두 대조적인 명문이 잘 말해준다. 또한 그런가 하면, 구 공산권에서 고고학은 소위 맑스-엥겔스주의의 사회발전단계설을 밝히는 물질사 분야로서 여겨져 왔으며, 그 영향은 아직도 계속되고 있다. 이러한 다양한 학사적 배경과 더불어 고고학에 대한 생각도 필연적으로 다양하게 나타났다. 그렇지만, 고고학이 물증을 통해 인류의 역사와 문화를 이해하고자 노력하는 학문이라는 점은 어떠한 학문적 배경에 속하건 고고학을 전공하는 사람이라면 누구나 인정할 수밖에 없는 고고학에 대한 최소한의 정의일 것이다.

고고학이 물증을 통해 인류의 역사와 문화를 연구하는 학문인만큼, 고고학은 상당히 다중적인 성격을 지니지 않을 수 없다. 즉, 물증 자체를 연구하기 위해서는 상당한 정도 자연과학적인 수단과 방법을 필요로 하지 않을 수 없으며, 사람들의 삶을 연구하는 만큼 다양한 사회과학적 접근과 인문학적 상상력을 필요로 하지 않을 수 없다. 그러한 학문의 복합적 성격은 다른 분야와 비교할 때 더욱 확연해진다.

학문의 성격은 여러 잣대를 갖고 비교할 수 있을 것이다. 그러한 잣대로는 연구에서 관찰이 더 중요한지 혹은 실험이 더 중요한지 하는 접근방식의 차이, 법칙성의 확립이 가능한지 혹은 경험적 서술이 더 중요한지 하는 연구결론 성격의 차이, 그리고 연구를 위해 채택하는 방식의 단순성/복합성 정도 여부 같은 것을 생각할 수 있을 것이다.

그러한 세 가지 잣대를 놓고 보자면, 고고학은 물리학이나 화학, 심지어 지질학과 같은 자연과학분야보다 실험적 방법에 의존하는 바가 적지만 천문학이나 의학 혹은 심지어 대부분의 사회과학보다는 관찰에 의존하는 바가 크다고 할 수 있다. 또 고고학의 연구는 그 결론이 물리학, 천문학, 화학, 지질학, 의학 등은 물론 사회학 혹은 심리학 등의 여러 사회과학분야나 심지어 언어학보다도 법칙성이 약하며 보다 경험적 성격이지만, 역사학에 비할 때는 보다 보편적 성격의 언명을 하는 경우가 많다고 할 수 있을 것이다. 그런데 고고학의 무엇보다도 큰 특징은 연구에 동원되는 방법들이 다른 분야에서는 찾기 어렵게 복합적 성격이라는 사실이다.

고고학 연구의 복잡한 성격은 자료의 특징에서 비롯되는 바가 크다고 할 수 있다. 무엇보다도 우선 고고학자료는 사람이 만들고 사용한 사람이 만들거나 사용한 모든 물질적 흔적을 지칭하는 만큼, 그 자료의 물질적 특성과 규모 혹은 형태는 매우 다양하고 복잡하다. 따라서 주어진 유적에서 출토한 각종 고고학자료의 물질적 특성을 밝히기 위해서는 다양하며 전문적인 과학적 분석이 필요한 경우가 다반사이다.

더구나 고고학자료는 그것이 정교한 유물인 경우뿐만 아니라 일견 하찮아 보이는 돌조각이나 나뭇가지나 뼈라고 할지라도 인간행위의 산물로서 그 자리에서 발견되는 것으로서, 따라서 자료에는 해당하는 문화의 여러 측면과 더불어 인간행위의 여러 측면이 복합적으로 반영되어 있기 마련이다. 만약 고고학자료가 개인과 사회의 생존을 위한 적응과 행동의 결과로서 남겨진 것이라면, 해당 자료의 의미는 과거 살아 숨 쉬던 사회문화 속에서 그러한 자료가 요구되던 기능적 맥락에 따라 달라지기 마련이라고 할 수 있다. 즉, 하나의 도구라도 그것이 언제 어디서 어떻게 사용되었는가에 따라, 즉 유물이 발견되는 맥락과 공반관계에 따라 여러 의미를 부여할 수 있는 만큼, 고고학자료는 아무리 단순한 것이라고 해도 매우 다양한 의미를 지닐 수 있을 것이다. 이 말은 고고학자료의 의미를 파악하기 위해서는 자료의 획득, 제작, 사용, 재사용을 거쳐 폐기되고 보존되어 현재에 이르기까지의 일련의 과정에 대한 체계적이며 주의 깊은 성찰이 필요하다는 의미라고도 할 수 있다.

이렇게 모든 고고학자료는 해당 유물과 유적의 시간적, 문화적 소속관계에 대한 단순한 지시자 이상의 의미를 지니고 있다는 생각이야말로 1960년대 구미 고고학계를 뒤흔든 소위 '신고고학' 내지 '과정고고학' 운동의 가장 핵심적 주장이다. 이러한 고고학자료의 의미에 대한 인식은 고고학을 오늘날과 같은 종합적 복합학문으로서 발돋움할 수 있게 해준 중요한 논거이자 그 출발점이 된 셈이다.

현대 고고학이 고고학자료의 성격과 의미에 대한 인식론적 전환의 기반 위에서 탄생했다고 한다는 말은 고고학이 자료에 대한 해석과 해석에서 얻은 지식이 어떤 당위적 근거에 기초한 것인가 하는 문제를 고민하며 반성하는 과정을 겪었다는 뜻이다. 즉, 현대 고고학은 우리가 무언가를 안다는 것을 우리는 어떻게 알 수 있는가(How do we know what we know?), 혹은 우리가 알고 있는 바를 우리는 어떻게 해서 얻은 것인가 하는 철학적 명제에 대한 진지한 성찰을 바탕으로 학문으로서의 위치를 굳건히 확립할 수 있었으며 이러한 성찰은 고고학 연구에서 〈과학적〉 사고와 접근이 중요함을 강조하는 결과를 가져왔다. 그러한 과학적 연구를 도모하려면, 우선 과학적이란 무엇을 뜻하는지 생각해볼 필요가 있을 것이다.

__ 연구방법론의 필요성과 중요성

고급 정신활동으로서의 학문은 매우 다양한 종류가 있으며, 모든 학문이 반드시 과학 내지 과학적 학문은 아닌데, 철학이나 신학은 과학이 아닌 고급학문의 좋은 예이다. 고고학이 과학적이 되어야 한다는 뜻을 이해하려면, 우선 과학과 과학이 아닌 학문 사이의 차이 혹은 그 반대로 수학이나 물리학을 성격이 매우 다른 학문인 사회학이나 심리학과 함께 과학이라고 묶어 생각하는 이유, 다시 말해 과학의 정의에 대해 생각할 필요가 있다.

필자의 생각으로 모든 과학은 실제 연구의 대상과 수단 및 목적에서 서로 간에 큰 차이가 있음에도 불구하고 그러한 다양성과 이질성을 뛰어넘는 일련의 공통적인 특징을 보여주고 있다. 즉, 철학이나 종교학 같은 과학이라고 부르기 어려운 분야와 비교해 볼 때, 모든 과학은 연구의 대상과 수단 및 목적에서 기본적 특징을 공유하고 있다고 보인다.

모든 과학은 자연현상을 연구 대상으로 삼으며, 누구나 인지하고 인정할 수 있는 객관적 증거를 분석함으로써, 그러한 현상의 본질과 그 발생 이유의 설명을 목적으로 한다는 공통점을 갖고 있다. 다시 말해, 그것이 구름이건, 물고기건, 고고학자료건, 과학은 자연계에서 관찰할 수 있는 여러 현상이 왜, 어째서 존재하는지를 논리적이며 체계적으로 설명하고자 함을 목적으로 한다는 점에서 과학이 아닌 다른 분야의 학문과 다르다고 할 수 있다. 즉, 철학이나 종교적 사유의 대상은 자연현상이 아니며 객관적 증거를 통한 증명과 인과관계의 설명이 불가능한 주제에 대한 개인적, 주관적 사유를 중시하는 고급지적활동이기 때문에 과학이라 부르기 어려운 것이라고 하겠다. 이러한 관점의 연장선상에서, 고고학이 과학적이 되어야 한다는 주장은 고고학은 자연현상으로서 발견되는 고고학자료가 왜, 어째서 그러한 모습으로 나타나는지에 대한 설명을 학문의 목적으로 삼아야 한다는 뜻이다.

이 말은 또 현상의 존재이유를 설명하기 위해서는 체계적으로 수집한 증거를 객관적이고 체계적으로 분석해야 한다는 뜻이기도 한데, 바로 이 점이야말로 과학을 정의하는 하나의 척도일 수 있다. 즉, 아리스토텔레스의 원자론이나 유학의 五行相生說은 모두 고도의 완결적 논리체계이지만, 氣의 순환으로 돌도끼가 자연적으로 만들어졌다는 주장은 과학적 고고학과는 병립할 수 없다. 고고학이 과학적이 되기 위해서는 자료에 대한 접근, 다시 말해 문제 해결을 위한 도구적 체계로서의 연구방법론의 과학성이 매우 중요한 문제라고 할 수 있겠다. 이때 연구방법론methodology이란 연구에 필요한 개별적 수단을 의미하는 연구방법method과 혼용되는 개념이기도 하지만 정확하게 말하자면 양자는 동일한 의미가 아님에 주의할 필요가 있겠다.

이러한 설명에서 고고학 연구방법론의 중요성은 자료의 본질과 의미에 대한 재인식을 주장한 '신고고학'/'과정고고학'의 대두와 더불어 부각되었을 것임을 곧 이해할 수 있을 것이다. 즉, 자료의 의미에 대한 새로운 인식과 더불어, 현상(즉, 자료)에 대한 단순한 기술description과 설명explanation은 다른 것으로서, 자료의 축적이 현상의 본질을 설명해 주는 것은 아니며, 오히려 자료의 의미는 연구자가 알고자 하는 바가 무엇인가에 따라 규정된다는 생각이 공유되기 시작하였다. 나아가 현상의 본질에 대한 설명을 위해서는 연구를 위한 도구적 수단이 되는 각종 분석기법의 모색도 중요하겠지만 보다 근본적인 문제로서 자료를 접근하는 방법론적 시각의 확립이 중요함도 깨닫게 되었다.

이러한 인식과 더불어 자료 분석을 위한 기본적 연구방법론으로서 문제 해결을 위한 가설problem-oriented hypothesis 설정 및 설정된 가설의 검증을 도모하는 연역적 가설검증법hypothetico-deductive methodology이 중요하게 대두하였다, 더불어 자료의 비가시적 구조를 밝히기 위한 통계적 방법론의 채용 및 주장과 결론 제시에 있어서의 명징한 논리적 언술의 중요성이 크게 부각되었다. 그러나 이 세 가지 중요한 제안은 곧 그 한계를 노정하고 말았으니, 가설 검증을 통한 자료의 의미 해석은 자료가 갖고 있을지 모르는 나머지 모든 의미를 무시하고 있으며, 통계는 많은 경우 그럴 듯하게 믿을 만한 근거의 확보를 위한 수단에 머무르고 있고, 삼단논법에 따른 설명은 현상의 의미를 지극히 단순화시킬 뿐인바 [if A, then B; if B, then C; ∴A=C]라는 논법으로써 과거를 설명하는 것은 위험한 일임이 곧 널리 인식되었다.

이러한 인식이 가능했던 것은 전술한 바와도 같이 인간 활동의 산물로서의 고고학자료는 아주 다양한 의미를 갖고 있을 수 있다는 이유 때문이라고 할 수 있다. 즉, 자료의 잠재적 의미를 고려한다면 고고학적 결론의 도출이 '하나의 사실'을 확정적으로 찾아내는 긍정적 증명의 과정이 되기는 매우 어려울 수밖에 없으며, 오히려 자료의 해석은 수많은 가능성을 하나씩 확인하고 제거해 나감으로써 가장 그럴 듯한 결론을 모색해나가는 과정, 즉 해석의 범위를 축소해나가는 과정이라 할 수 있을 것이다. 연구가 이렇게 '부정적 증명'의 과정으로 이루어진다면, 따라서 연구 수행에 있어서는 자료 의미의 해석에 있어 가능성의 범위를 줄여나가기 위한 계획, 즉 연구 전반을 아우르는 체계적 연구계획research design의 수립이 매우 중요한 의미를 지니게 된다. 이때 연구계획이란 연구의 목표와 접근방식, 연구대상 자료의 정의와 범위, 자료의 수집방법과 분석방법, 분석결과의 검증, 결과의 해석방법과 과정을 엄격하고 명백하게 정의하며, 연구가 어떤 단계를 거치며 어떻게 진행할지 그 절차를 명확히 규정하는 포괄적 계획을 뜻한다. 즉, 의미 있는 성과를 거두기 위한 연구란 적절한 자료 분석방법을 택했다고 저절로 이루어지는 것이 아니라, 그러한 수단이 어떠한 목적과 절차 속에서 채택되고 그 결과가 어떻게 검토되고 해석될 것인가에 대한 체계적 계획이 수립되었을 때 가능하다는 것이다.

__고고학 연구방법론의 특성

주지하듯 고고학 연구가 화석을 통해 살아 움직이던 과거를 복원하고자 한다는 점에서는 고생물학과 그리 다를 것이 없지만, 고고학자료라는 화석은 생물학적 산물이 아니라는 점이기 때문에 그를 통한 과거의 해석에서는 자료 형성과정에 대한 보다 복잡한 평가가 필요하지 않을 수 없다. 고고학 연구는 무엇보다도 고고학자료라고 하는 '죽어 있는 물건'에서 그것이 속했던 '살아 있던 사회'를 그려내는 것이다. 그런 만큼, 우선 필요한 것은 고고학자료의 형성

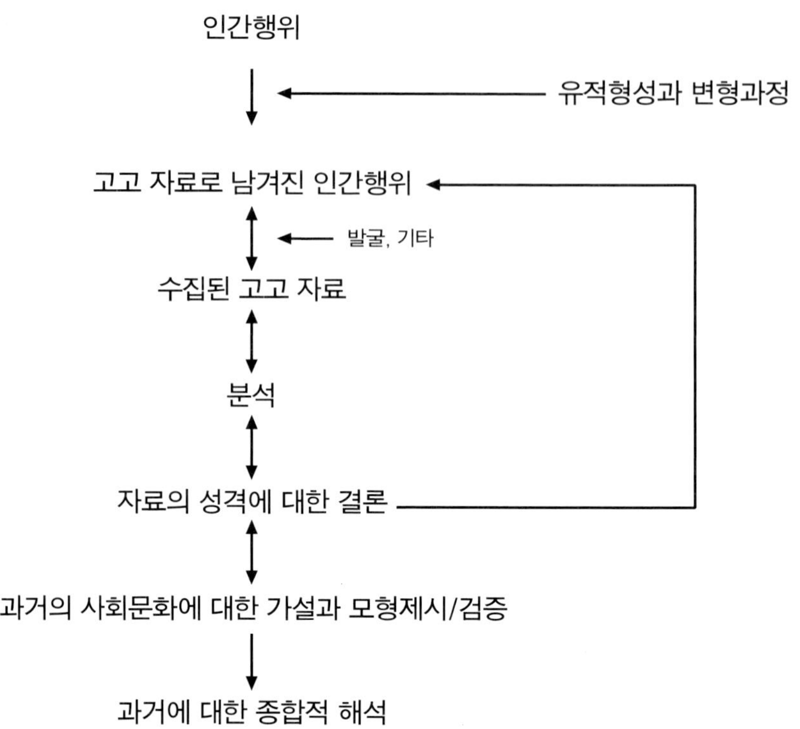

그림 1.1_ 고고학 연구의 일반절차

과정, 즉 '산 사회' 속에서 기능하던 물건이 땅속에 묻혀 고고학자의 눈에 발견되기까지의 과정을 역순으로 해석하는 일이겠는바, 그러한 작업의 과정은 〈그림 1.1〉과 같은 개념도로 표시할 수 있을 것이다.

그러나 아무리 많은 노력을 기울인다 해도, 고고학자료의 형성과정을 구성하는 수많은 단계의 이해와 그 전후관계의 완전한 복원이란 도저히 기대할 수 없는 일로서, 고고학자료는 우리가 파악할 수 없는 여러 단절적 관계의 산물이기 마련이다. 그런 만큼 고고학자료의 '원래의 모습과 그 문화적 맥락'이란 그 전모를 파악할 수 없는 실체적 대상이 아닐 수 없다. 바로 이러한 문제 때문에서라도 잘 준비된 연구절차의 수립과 계획은 연구의 성공을 위해 중요한 의미를 지니게 되는데, 그러한 목적 달성을 위한 연구계획의 수립과 관계된 연구의 일반적 절차는 〈그림 1.2〉와 같이 표현할 수 있을 것이다.

본고의 논지와 관련, 이 두 표의 내용은 고고학에 있어서도 연구방법론이란 다른 많은 학문의 경우와 마찬가지로 상이한 수준에서 정의해볼 수 있음을 시사해준다. 즉, 연구를 위한 체계적 수단으로서의 방법론은 연구를 총괄하는 전략일 수도 있고, 자료를 분석하는 접근체계일 수도 있으며, 도출된 결론을 해석하는 수단일 수도 있다. 이러한 연구방법론의 중층적 성격과 더불어, 구체적 연구에 있어 어떤 연구방법론을 채택하는가 하는 결정은 학문의 패러다임과 자료의 성격 및 연구자의 문제의식에 따라 매우 달라지기 마련이라고 할 수 있다. 다시 말해, 주어진 시점에 특정학문의 목적이나 연구방법, 연구대상과 자료 등, 학문을 존재하게끔 하는 여러 요소에 대해 학계 구성원 모두 혹은 다수가 따르고 있는 바가 무엇인가, 즉 주어진 학문의 패러다임이 무엇인가에 따라 연구를 위해 채택된 방법론은 성격이 달라지기 마련이다. 그렇지 않다면 그것이 오히려 이상한 일일 것이다.

또한 많은 연구에서 분석에 사용되는 증거란 원래 있는 그대로의 상태라기보다 연구자의 가공을 거친 경우가 많은바, 그러한 가공과정이 어떤 이유에서 어떻게 이루어지는가 하는 점은 분석결과의 이해와 해석에서 반드시 고려해야만 하는 사항일 것이

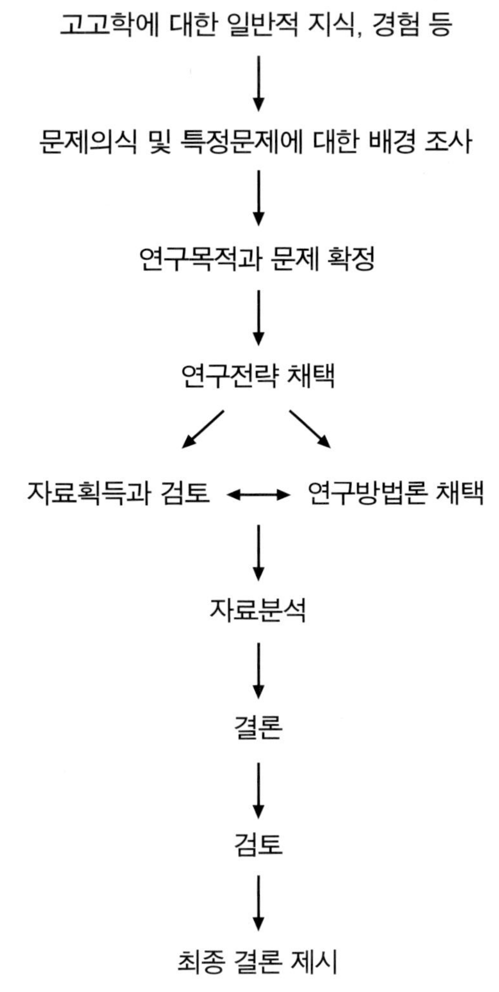

그림 1.2_고고학 연구 계획 모식도

다. 자료의 취사선택과 가공이란 해결하고자하는 구체적 연구과제의 설정과 더불어 연구자의 지식과 경험에서 형성된 학문 연구와 관련된 문제의식에 의해 지배받기 마련인 문제이다. 이러한 점들을 감안한다면, 일반적으로 연구를 위한 방법론의 선택은 해결하고자 하는 문제의 정의와 해결 방법에 대한 꾸준한 자기모색을 필요로 한다. 실제 연구에 있어서, 문제 해결을 위해 어떤 방법론을 선택할 것인가를 결정함에 있어서는 다음과 같은 사항들을 고려할 필요가 있다고 여겨진다.

우선 연구방법론 선택을 위해서 반드시 고려해야만 하는 점은 수행하고자 하는 연구의 규모와 범위에 대한 판단 내지 연구 스케일scale을 결정하는 문제일 것이다. 즉, 하나의 주제를 연구함에 있어서도 다루고자 하는 시간과 공간의 범위라던가 자료의 종류와 양이 어떤가에

따라 연구에 임하는 각도와 절차는 전혀 달라질 수 있는바, 자료 내지 연구대상의 범위와 분석을 위한 단위의 결정은 연구방법론의 수립과 직결되는 문제이다.

이에 못지않게 중요한 점은 아무리 좋은 비행기를 설계해도 부품을 만들 수 없다면 제작할 수 없는 것과 마찬가지로, 연구 목표의 달성이 가능한 연구방법론은 여러 현실적 조건을 충분히 고려한 바탕 위에서 제시되어야 한다. 즉, 연구방법론은 연구에서 채택하고자 하는 각종 방법과 기법의 동원을 위한 필요충분조건을 충분히 파악한 바탕 위에서 설정되어야 한다. 자료의 성격이나 규모 혹은 연구여건에 따라 연구자가 채택할 수 있는 방법과 기법은 제약될 수 있기 때문에, 연구를 위한 도구적 수단의 장단점과 도입 가능 여부를 모른다면 의미 있는 연구방법론의 채택은 기대할 수 없다.

그런데 많은 연구에 있어서 연구목적을 이루기 위해 채택할 수 있는 방법론이 단 하나만일 경우는 그리 많지 않다. 비유하자면, 유적의 연대를 측정할 때는 많은 방법 중 적절한 방법을 선택해야 하는 것과 마찬가지로, 연구자 앞에는 선택할 수 있는 여러 개의 방법론이 대안으로 놓여 있는 경우가 왕왕 있기 마련이다. 이러한 경우 방법론의 선택은 타당성, 적절성, 효율성을 기준으로 결정이 내려져야 하겠다. 즉, 방법론의 선택에서는 ①선택하고자 하는 방법론이 원하는 문제해결에 얼마나 필요한 수단이며, ②얼마나 적절하고 논리적인 결론을 제시할 수 있으며, ③실제 적용은 얼마나 쉬우며 도출된 결론의 검증과 해석을 얼마나 효율적으로 할 수 있는가 하는 점을 고려해야 할 것이다.

그렇다면, 대안의 취사선택에서는 연구를 수행함에 있어서 채택대상이 되는 각 방법론의 정확성과 정밀성 및 경제성의 기대치를 기준으로 삼아야 할 것이다. 여기서 정확성이란 도출된 결론의 유의미한 정도를, 정밀성이란 결론의 오차의 범위의 정도를, 경제성이란 채택에 들어가는 비용을 의미한다고 할 수 있다. 따라서 이상적으로는 보다 정확한 결과를 보다 정밀하게 보다 싼값으로 얻을 수 있는 방법론을 채택하는 것이 가장 현명한 일이겠다. 그러나 그러한 최상의 선택이 불가능한 상황에서, 방법론 선택의 기준은 그 우선순위를 [정확성 〉 정밀성 〉 경제성]에 두어야 할 것이다.

한국고고학에서 연구방법론 그 자체를 대상으로 삼아 본격적으로 논의를 진행한 것은 아직 생소한 일이다. 자료의 축적과 더불어 1990년대부터 각종 자연과학적 분석 및 통계처리, 유물 분류와 형식학, 연대측정 등을 중심으로 보다 체계적인 자료 분석이 이루어지고 있지만, 방법이나 기법 혹은 개념이 충분히 이해되지 못한 채 이용되고 있는 사례를 쉽게 찾아볼 수 있다. 그에 따라 많은 연구는 맹목적이며 기계적인 자료 분석, 논리 전개의 비약, 막연한 추정에 지나지 않는 '대충짐작'을 벗어나지 못하는 결론의 제시와도 같은 과거의 악습에서 벗어나지 못하고 있다. 그러한 문제는 주거유적의 공간분석이나 유물 비교연구를 통한 사회 조직이나 관계의 추정을 비롯한 보다 비가시적 주제에서 더욱 두드러지게 나타나고 있다.

　새로운 분석방법은 고고학자료를 새로운 차원에서 이해할 수 있게 해주는 수단이지만, 그러한 방법의 채택 그 자체가 적절한 결론의 도출을 보장하는 것은 아니다. 만약 고고학 연구가 무언가 만족스럽지 못하게 이루어지고 있다면, 그것은 연구주제를 해결함에 있어서 채택한 방법론에 문제가 있는 경우가 대부분일 것이다. 방법론에 문제가 있다면, 해당 방법론이 문제 해결에 타당하고 적절하며 효율적이지 못하거나 혹은 문제 자체가 정확하게 정의되지 않았기 때문에 적절한 방법론을 찾지 못했기 때문일 수 있다. 우리가 알고자 하는 고고학적 연구주제를 가장 잘 해결해줄 수 있는 연구방법의 모색과 적용을 위해서는 반드시 해당 방법의 전제, 한계, 필요자료, 구체적 연구절차, 결과도출 방식, 결과의 상대적 의미에 대한 이해가 필요하며, 그러한 모든 점에 대한 포괄적, 전략적 사고를 필요로 한다.

　문제 해결을 위한 가장 좋은 수단은 연구에 대한 자기성찰에서 확보할 수 있다. 자료에서 과연 무엇을 알고자 하는가, 스스로 안다고 생각하는 것 혹은 사실이라고 생각하는 것은 어떤 근거를 갖고 있는가, 우리가 무언가 안다는 것을 우리는 어떻게 알 수 있는가, 지식이란 어떤 근거에서 어떻게 만들어지는가 하는 질문을 끊임없이 던질 때, 우리는 과거에 한발 더 가까이 다가갈 수 있게 되지 않을까 생각한다.

02

고고학적 분석·해석에서의 '單位'

이 기 성

__ 고고학에서 '單位'의 의미

__ '單位'는 어떻게 그리고 왜 구별되는가?

__ '單位' 추출의 전제 조건: 동시기성의 확인

__ '분절 구조'는 취락에서만 보이는가?

'單位'의 사전적인 의미는 '하나의 조직 따위를 구성하는 기본적인 한 덩어리'로, '가족은 사회를 구성하는 하나의 단위이다' 등의 문장에서 쉽게 찾아 볼 수 있다. 이 외에도 여러 맥락에서 '단위'라는 용어가 사용되고 있기는 하지만, 고고학에서 본다면 일반적으로 '사회적 기능을 가진 가장 기초적인 조직'을 의미한다고 할 수 있다. 그렇기에 세부적인 용어는 연구자간에 조금씩 다르다고 할지라도 기초적 '단위'와 그 단위의 결집체인 '공동체'라는 용어는 1990년대 이후 한국고고학에서 쉽게 찾아 볼 수 있는 개념이 되었다.

한국고고학에서의 '단위'라는 개념이 본격적으로 등장하게 된 것은 1990년대 중반 이후 취락고고학이 활성화되면서부터이고, 이후의 '취락고고학'에서는 반드시라고 해도 좋을 정도로 '단위집단', '세대', '세대공동체'라는 용어가 사용되고 있다. 이렇게 한국고고학에서 일반적으로 사용되는 '단위'의 개념은, 잘 알려져 있듯이 마르크스주의에 기반한 일본고고학과 북한고고학으로부터 상당한 영향을 받아 만들어진 것이다.

　다음에서는 일본고고학, 북한고고학, 남한고고학에서의 '단위' 개념과 실제 고고학 연구에서의 적용 방법, 그 문제점 등에 대해서 살펴보도록 한다.

__고고학에서 '單位'의 의미

과거 사회를 연구하는 학문으로서의 고고학에서, 사회의 기초적인 '단위'에 연구의 초점을 두는 것은 당연한 일이다. '과거 사회가 어떠한 형태를 가지고 있는가'를 규명하는 것에 사회 '단위'를 파악하는 작업은 매우 중요한 의미를 가지고 있다. 인간은 어떠한 사회적, 환경적 상황 하에서도 생존을 위해서 규모의 차이는 있을지언정 집단을 만들게 되며(林謙作 1975), 고고학에서 논의되는 '단위'는 사회 집단의 최소 단위 그리고 그러한 단위간의 관계를 통한 '공동체'를 설명하기 위한 것이다.

　잘 알려져 있지만 한국고고학에서의 사회적 단위에 대한 논의는 일본고고학, 특히 그 중에서도 '마르크스주의'의 영향을 받았다. 해묵은 논쟁일 수도 있지만, 일본고고학에서 일찍부터 '사회', '공동체'라는 개념이 논의되었던 것은 학문적 성격과 큰 관련을 가지고 있다. 주지하듯이 일본의 경우 고고학은 역사학의 한 분야로 인식되고 있는데, 고고학의 개념적 정의를 '물건もの에서 역사의 발전법칙을 규명하고자 하는 학문(田中善昭 1984)', 또는 '물질자료에 의한 역사학(谷口康浩 1986)'으로 규정하고 있는 것에서 알 수 있듯이, 일본 고고학은 역사과학의 일부분이며, 선사시대 '단위'와 '공동체'에 관한 연구의 목적은 원시시대 사회조직의 '역사적 성격'을 파악하기 위한 것이었다.

　특히 마르크스주의의 역사관에 기반하여 원시공동체 사회의 역사적 성격을 규명하기 위한 연구는 문헌사학이 아닌 고고학만이 가능한 것이며, 1930년대 이후 문헌사 및 경제사 분야에서 활발하게 진행된 고대가족론, 아시아적 생산양식의 논쟁 와중에 가족 제도, 생산 도구의 소유 방식, 계급의 발생에 대한 논쟁의 한 부분이 고고학에 이식되며 '단위', '공동체'에 대한 논의가 시작된 것이다. 그리고 이러한 논쟁의 가장 큰 목적 중의 하나는 역사 발전에 있어 '계급'의 등장을 파악하기 위한 것이었다. 잘 알려져 있는 쯔데 히로시(都出比呂志, 1970)의 「農耕共同體と首長權」의 부제는 '계급형성의 일본적 특질(階級形成の日本的特質)'이며, 이 논문의 첫 문장은 '일본에서 계급사회가 성립한 것은 언제인가(日本で階級社會が成立するの

はいつか)이다.

이러한 과정에서 유적 내 확인되는 한 기의 '주거지'를 어떻게 해석할 것인가의 문제는 결국 혼인제도, 가족 구성, 거주 방식, 생산 방식에 대한 논의로 이어지게 되며, '단위'와 '공동체론'의 바탕이 된다. 물론 이후 고고학에서의 사회 단위에 대한 논쟁은 점차 역사과학의 틀을 벗어나, 보다 고고학적 자체의 논리와 방법을 개발하는 방향으로 진전되지만, 일본고고학에서 '단위' 또는 '공동체'의 연구가 역사 발전 법칙을 규명하고자 하는 시도로서 등장하였다는 것은 중요한 의미를 가지고 있다.

고고학에서 단위와 공동체론에 관련하여 처음으로 시작된 논의의 내용은 '우선 주거지와 그 성원이 어떠한 성격의 취락에 속해 있고, 그리고 그 취락의 구성성분으로서 어떠한 기능을 담당하는가를 구체적으로 그리고 역사적으로 추구할 필요가 있는 것'으로, 독립적 소가족으로 인식되었던 개개의 주거지는, 죠몽시대에는 취락을 구성하는 '동질의 열악한 단위'에 불과하고, 그들의 집합체로서의 취락이 하나의 강고한 통일체이며, 그 사회적 성격으로서 '씨족공동체氏族共同體'가 상정되었던 것이다(和島誠一 1948). 즉 당초에는 개개의 주거지를 하나의 '단위'로 인식하기는 하였지만 그 '단위'는 어떠한 사회적 기능도 가지고 있지 못하다고 해석하였다.

이후 1950년대부터 유적의 발굴 자료를 대상으로 '단위'에 대한 본격적인 천착이 시작된다. 죠몽시대에 이미 동거제의 소가족이 성립되어 있으며 두 기의 주거지가 하나의 소가족을 이룬다는 미즈노 마사요시水野正好의 '二棟一家族論'은 개개 가족에 대한 독립성과 자립성을 인정하는 것으로 콘도 요시로近藤義郎의 '단위집단론'과 연결되어 있다. 콘도 요시로는 누마沼 유적의 발굴 성과를 근거로 수 기의 주거지와 1~2동의 굴립주건물 그리고 주거지 외부에서 확인되는 공동취사시설 등을 하나로 묶어 '단위집단'으로 부르며, 그러한 '단위집단'을 야요이사회의 최소 생활·소비단위로 평가하였다(近藤義郎 1959). 콘도 요시로의 논문에서 본격적으로 '단위'의 개념이 등장하는데, 단위집단을 소비단위, 경영단위, 생산단위로 구분하였다. 이 중 소비는 취사생활을 기반으로 하는 일상생활, 경영은 경작 행위 자체, 생산은 당시의 생산수단, 즉 농경지의 개척과 운영을 의미한다. 하나의 취락에서 각각의 단위는 일치할 수도 또는 그렇지 않을 수도 있는 것이다. 그리고 이러한 각각의 단위 집단이 결집되어 있는 것이 '공동체'이다.

콘도 요시로에 의해 제시된 '단위 집단'은 답습, 수정, 반론을 거치며 다양한 방향으로 확장된다. 예를 들어 쯔데 히로시는 수 기로 이루어진 수혈주거지 군이 아니라 개개의 수혈 주거지를 독립된 하나의 생활·소비단위로 이해하며 최소 단위에 대한 다른 견해를 제시하는데 (都出比呂志 1970, 1989), 그가 근거로 이야기하고 있는 것은 콘도 요시로 마찬가지로 노지였다. 서일본 수혈주거지에서 확인되는 노지와 함께 주거지에서 사용되는 토기의 기종 구성이나 용량 등으로 보아 개개의 주거를 취사와 식사의 단위로 추정할 수 있다는 것으로, 즉 이렇게 독립된 생활을 영위하였던 개개의 주거지는 남녀와 아이들로 구성된 '世帶'에 해당하는 것이며, 이러한 주거지들이 여러 기 모여 있는 것을 서로 근친관계에 있는 복수의 세대로 이루어지는 '세대공동체'로 해석하고 있다.

콘도 요시로는 개개의 주거지를 독립적인 '단위'로 인정하지 않고 수 기의 유구를 하나의 '단위'로 파악하였던 것에 비해 쯔데 히로시는 오히려 개개의 주거지, 즉 '세대'가 소비와 생산에서 자립성을 가지고 있다고 인정한다는 점에서 큰 차이를 보이고 있는 것이다. 이후 타카쿠라 히로아키(高倉洋彰 1975)은 단위집단을 '가족집단'으로, 공동체를 '지역집단'으로 설정하기도 하였다.

이렇게 여러 가지 개념들이 등장하기는 하였지만 기본적으로 사회적 기능을 가지고 있는 최소 단위를 '하나의 주거'로 볼 것인가 또는 '몇 기의 주거지와 부속유구'로 볼 것인가의 두 견해로 대별된다. 물론 연구자에 따라 용어와 기능에 대해 조금씩의 차이는 있지만 몇 기의 주거지와 그에 관련된 부속 시설을 하나의 최소 단위로 여기는 시각은 일본고고학의 일반적인 경향으로 자리 잡고 있는 듯하다(이기성 2013).

북한고고학에서도 '단위'에 대한 논의는 일본고고학과 비슷한 배경을 가지고 등장한다. 동일한 마르크스-엥겔스의 사관에 바탕을 두고 있기에 당연한 것일 수도 있지만, 사용되는 '개념' 자체는 일본고고학과 놀랄 만큼 유사하다. 그러나 콘도 요시로를 위시한 일본의 '단위', '공동체론'이 마르크스-엥겔스의 이론에 근거하여 연역적 논의를 전개시켰던 기존의 '씨족제사회론'에서 벗어나, 고고학 자체의 방법론으로서 홀로서기를 시도한 결과(小杉康 2006)라고 한다면, 북한고고학의 공동체 이론은 순수하게 연역적 논의의 전개에만 초점이 맞추어져 있다는 점이 결정적인 차이라고 할 수 있다.

즉 일본고고학의 경우, 실제 발굴로 확인되는 고고학적 현상을 어떻게 마르크스-엥겔스의 이론으로 설명할 수 있는가의 천착이라고 한다면, 북한고고학은 이미 확립되어 있는 마르크스-엥겔스의 '역사적 일반성'에 고고학적 현상을 끼워 맞추는 것이었다.

북한고고학에서 최소 단위에 대한 견해가 등장하게 된 것은 1970년대 이후가 된다. 1960년대까지 도유호가 주도하였던 북한고고학에서는, 신석기시대는 모계사회(원시공동체), 이후 농경이 도입되면서 부계사회(씨족공동체)로 전환된다는 정도의 소극적인 표현만이 있을 뿐, 사회 구조에 대한 천착은 보이지 않는다. 이것은 아마도 도유호 자신이 철저한 유물사관에 입각한 고고학자가 아니라는 점에도 원인이 있을 것으로 생각된다(이기성 2011).

도유호가 점차 북한의 고고학계에서 자취를 감추게 된 1960년대 중반부터는, 모계사회와 부계사회에 대한 설명이 등장하게 되지만 당시까지만 하여도 '신석기시대=모계사회, 청동기시대=부계사회'라는 도식뿐이었다. 발굴 조사된 여러 유적들을 사례로 들며 유적의 규모를 설명하고, 가부장을 중심으로 하는 생산 및 소비 단위인 '가부장공동체(황기덕 1965)'를 언급하고 있으나 그에 대한 구체적인 설명은 전혀 언급되지 않았다.

이렇게 애매한 '가부장공동체'라는 개념에서 시작된 황기덕의 '공동체' 논의는 1970년대 들어 매우 구체화된다. 마르크스-엥겔스의 저작에서 용어를 차용한 '세대공동체', '농업공동체' 등에 대한 개념이 제시되는데, 우선 세대공동체의 특징을 다음 4가지로 들고 있다. ①독립촌락의 형태를 취한 소경영 단위집단이다. ②친족으로 구성된 대가족으로, 주거지 3~4동으로 이루어진 독립촌락 전체가 하나의 세대공동체이며, 보통 50~70명 정도이다. ③세대공동체 성원들은 몇 개의 움집에 나누어 거주하고 있다. ④독립적인 소경영 단위로 된 세대공동체는 씨족 공유의 토지 일부를 나누어 부쳤으며 그 수확물은 자기의 것으로 하였다(황기덕 1978).

이 중 인구의 추정은 범의구석유적과 공귀리유적의 예를 들어 3~4동이 하나의 생활단위, 또한 당시 주거지의 규모가 큰 것은 $70m^2$, 작은 것은 $30{\sim}40m^2$, $10m^2$의 것도 있지만, $10m^2$ 안팎의 작은 움집을 하나의 세대공동체단위로 보기 어렵기 때문에 3~4동으로 된 독립촌락전체를 하나의 세대공동체로 보고, 1인당 점유면적을 $3m^2$로 계산하여 50~70명 정도의 인원을 산출하였던 것이다(황기덕 1978).

즉 그 이전까지 공동생산 공동소유였던 원시씨족사회에서 등장한 세대공동체는 수십명 규모의 혈연적인 공동생활단위로, 보통 씨족의 공유지 일부를 분할 경작하고, 그 수확물을 소유하는, 생산과 소비를 공동으로 관리, 운영하는 소경영단위인 것으로 해석하고 있는 것이다.

황기덕의 공동체 이론의 핵심은 명확하다. '인류사회가 원시씨족사회로부터 계급사회로 발전하는 것은 사회력사적 운동의 고유한 합법칙적 과정'이며 '모계씨족제와 부계씨족제는 원시사회의 두 개의 필연적인 단계(황기덕 1978)'인 것이다. 그에 의해 제시된 1970년대의 '공동체' 논의는 이러한 '고유한 합법칙적 과정'이 당연히 북한의 과거 역사에도 있었다는 것이며, 원시씨족공동체(모계사회) → 세대공동체(부계사회) → 농업공동체 → 노예제국가의 흐름으로 이행되어 왔다는 것이다.

1970년대 황기덕의 '공동체' 논의는 당시까지 유물의 기술에 천착하고 있던 남한의 고고학과 비교한다면 매우 선구적인 작업으로 평가(權五榮 1997)할 수 있을 것이다. 그러나 그의 논리는 고고학자료를 통한 '공동체'의 파악이 아닌, 이미 개념상으로 완성되어 있는 '공동체'에 발굴 자료를 무리하게 끼워 맞추는 것이다.

또한 '단위'에 대한 구체적인 검증 없이 수 기의 주거지를 하나의 단위, 그리고 그 단위를 세대공동체로 해석하는 등, '단위' 보다는 '공동체'에 보다 초점을 맞춘 시각이라고 할 수 있을 것이다.

그렇다면 한국고고학에서 '단위'와 '공동체' 연구는 어떻게 진행되어 왔는가. 개개의 주거에 대한 사회적인 해석의 시도는 일찍부터 시작되었다고 볼 수 있지만(金正基 1968, 1974; 林永珍 1985), 본격적인 논의는 1990년대 후반에 들어와서 등장한다. 이러한 연구의 시작은 역시 개념 정리부터였으며, 당시에 제시된 개념은 주거지 면적에 따라 인구 수를 추정하고, 이를 하나의 가족으로 해석하는 것으로, 특히 노지를 공유하는 것을 하나의 가족단위로 보고 있다. 이것을 기준으로, 노지가 다수일 경우 개별가족의 연합인 확대가족으로 이해한다. 또한 송국리단계에 들어와서는 주거지 면적이 축소되면서 개별 가족이 개별 주거지에 거주하는 개별 세대를 이루고, 이러한 3, 4채의 주거지가 세대공동체 혹은 세대복합체로 부르는 하나의 단위를 구성하게 되는데, 이러한 단위를 생산과 소비를 공동으로 행하던 일종의 확대가족(權五榮 1997)으로 해석하고 있다. 이러한 개념적 논의의 시작과 더불어 취락을 해석하기 위해서 가장 선결되어야 하는 것으로 공간적인 범위와 공시성의 확보라는 점 역시 일찍부터 지적되었다(송만영 2001). 이후의 논의는 조금씩의 차이는 있지만 거의 유사한 형태로 진행된다. 개별 주거지 – 세대공동체 – 몇 단위의 세대 공동체로 이루어진 씨족집단의 위계를 상정(安在晧 2000, 2001)하기도 하는데, 이러한 논의의 개념적인 전제는 노지 1기를 기준으로 하나의 가족을 설정하는 것으로, 결과적으로 전기의 복수 노지를 가진 중대형 주거지는 복합가족, 중기가 되면서 확인되는 주거지 면적의 감소는 핵가족화로의 가족제 변화를 반영하며, 이러한 2, 3동의 주거가 군집하는 것을 세대공동체로 구분하는 것(安在晧 1996, 2004)이다.

연구자에 따라 여러 용어가 사용되고 있기는 하지만 기본적으로 수 기의 주거지를 하나의 단위로 파악하는 시각이 일반적이라고 할 수 있다(표 2.1). 이렇듯 많은 논문에서 '단위'와 '공동체'의 용어가 사용됨에도 불구하고 '공동체'에 대한 개념적 논의는 매우 적을 뿐이다. 마르크스-엥겔스의 이론에서 차용하였다는 것은 일찍부터 지적되었지만(權五榮 1996; 安在晧 1996), 이것이 이후 본격적인 논의까지는 이르지 못하였다. 최근 유럽고고학에서의 공동체 논의에 대한 검토와 더불어 이론적 논의의 필요성이 제기(김종일 2006)되었지만 역시 이후의 고고학적 논의는 찾아 볼 수 없다.

이와는 달리 취락이 아닌 가족제도 또는 최소단위에 대한 검토는 2000년대 들어와 시작되지만(김권구 2004; 金範哲 2006, 2011, 2012, 2014), 이 역시 아직까지 구체적인 논의의 수는 매우 적을 뿐이다(김권구 2004; 金範哲 2012; 송만영 2013). 이 중 최근 최소단위로서의 '가구'에 초점을 맞추는 일련의 연구(金範哲 2006, 2011, 2012)는 보다 구체적으로 '가구', 기존의 용어를 빌린다면 '세대'에 대해 천착하고 있다는 점에서 주목된다. 기존의 논의와 가

권오영(1996a)	개별주거	주거군	소형취락(소구역)
	세대	세대복합체	세대복합체군
안재호(1996)	주거	주거군	소취락
	핵가족체	세대공동체	
송만영(2001)	개별주거	주거군	소형취락(주거복합군)
	세대	세대복합체	세대복합체군
김승옥(2001)	주거	주거군	취락
	개별세대	세대공동체	전체로서의 공동체
최종택(2002)	주거	주거군	주거복합
	세대	세대복합체	세대복합체군
이홍종(2005)	개별주거지		단위주거군1
	단위세대		단위취락
김권구(2005)		2~3동의 주거지	작은 마을
		가구	복수의 가구
김범철(2005)			일반부락
	가구	가구군	개별공동체
이형원(2010)	주거	주거군	취락
	개별세대	세대공동체	취락공동체

장 다른 점은 고고학적으로 증명하기 어려운 혈연관계가 아닌, 기본적으로 동거성을 가장 중요시 여기며 동일구조물 내 거주하는 사람의 집단을 '가구'로 보고 있는 점일 것이다(金範哲 2012).

__ '單位'는 어떻게 그리고 왜 구별되는가?

그렇다면 이상에서 언급된 여러 개념의 '단위'는 실제 고고학적으로 어떻게 구분하는가. 개개의 주거지를 하나의 단위로 파악한다면 큰 문제는 없겠지만 수기의 주거지와 부속 유구를 하나의 단위로 설정하는 경우, 구분하는 기준이 가장 큰 문제가 된다. 즉 하나의 취락에서 많은 수의 주거지와 다양한 유구가 확인될 때, 이 중 무엇을 기준으로 특정한 '단위'를 추출할 수 있는가의 문제이다.

　가장 일반적으로 이야기되는 것이 '공간적 분절'이다. 즉 다른 유구들과 일정 거리를 두고 몇 기의 유구들만이 모여 있거나 또는 溝 등으로 다른 유구들과는 분리되어 있는, 유구의 배치에서 '분절'이 확인된다면 이를 하나의 단위로 파악하는 것이다(그림 2.1~2.4). 이것은 '단위'에 대한 최초의 논의에서 지금까지 이어져오고 있는 구분 방식이다.

그렇다면 취락 내에서 '분절된 공간배치'는 어째서 확인되는가. 일본의 경우, 주거 형태에서 나타나는 분절 단위는 죠몽시대에서 야요이시대를 거쳐 고분시대까지, 모든 시대의 취락에서 확인되고 있으며, 아마도 그 이후 시대의 취락에서도 확인될 것이다. 단위의 크기는 시대별로 차이가 있거나 변동이 있을 수 있지만 분절 단위라는 것은 지속적으로 나타나며, 한국의 상황 역시 그와 크게 다르지 않을 것이다.

그리고 이러한 공간적 분절에 대한 가장 오래된 해석은 바로 '혈연관계'를 바탕으로 하는

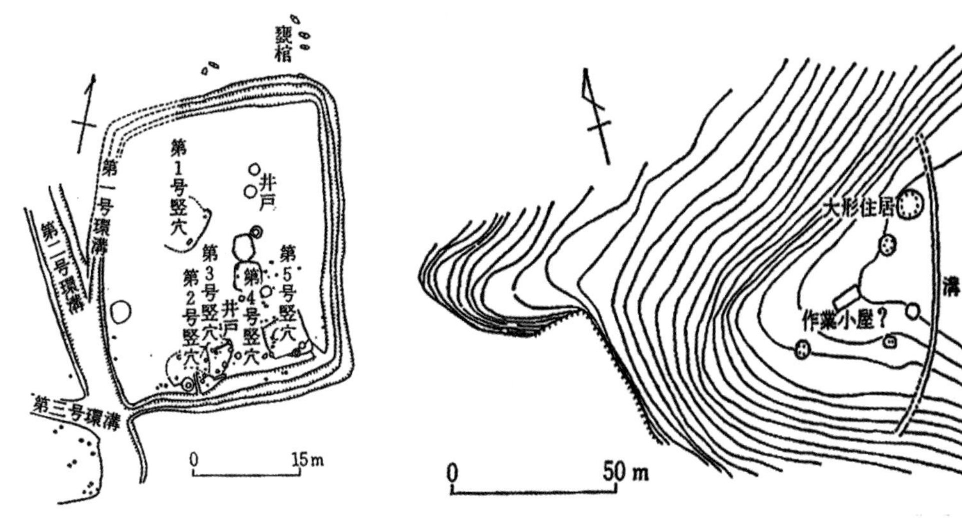

그림 2.1_ 히에(比恵)유적의 단위취락

그림 2.2_ 누마(沼)유적의 단위취락

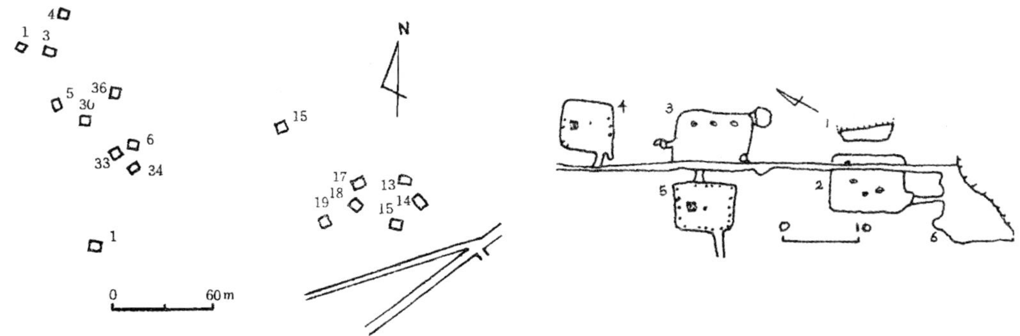

그림 2.3_ 석탄리유적

그림 2.4_ 공귀리유적

25

것이다. 분절단위는 인류가 진화하는 과정에서 남녀 1대 1의 결혼 관계, 장기적인 양육, 사유 재산의 축적, 상속 등을 원활히 하기 위한 부모와 자식 관계 등의 사회관계를 보장해주는 장소로 부모와 자식이 '함께 사는' 시설이나 장소가 필요하게 된 것이고 그렇기 때문에 주거의 분절 구조는 혈연관계의 집단을 반영한다고 보는 것이다. 일본고고학에서 혈연관계가 중시되는 것은, 결국 역사적 발전단계에 있어, 혈연이 사회적 규제로 작용하는 시대에서, 혈연을 넘어서는 사회적 규제의 등장에 의해 계급이 발생하는 시대로의 이행이라는 인식이 기저에 깔려 있기 때문일 것이다.

그렇다면 만일 모두 동일한 혈연관계에 있다면 왜 하나의 취락에서 여러 단위가 존재하는가. 여기에서 논의되는 것이 出自集團과 居住集團의 문제로, 거주와 출자가 항상 동일하지는 않는다는 점이다(松木武彦 2008). 이론적으로는 하나의 취락에서 여러 개의 단위가 확인되는 것은 여러 출신의 집단이 거주 집단을 구성한다는 의미이다.

그리고 이렇게 출자가 다른 '단위'들이 같이 거주할 수 있게 하는, 즉 하나의 취락을 구성할 수 있도록 하는 결집 기제는 무엇인가. 수 개의 단위가 결집되는 기제에 대해, 죠몽시대의 경우 종교(水野正好 1963), 야요이시대의 경우 노동 편성(都出比呂志 1970)이라는 인식은 지금까지 커다랗게 변하지 않고 있는 듯 하다.

그리고 이후 인구밀도가 높아지면서 함께 거주하는 분절 단위들간의 관계를 조정할 필요가 증대하면서 거주집단의 통합성이나 일체성을 강하게 표출하여야 하는 시설 등이 필요해지고, 거주집단의 정체성이 출자집단의 정체성보다 우선될 때에 정치권력이나 도시 등이 등장한다고 보고 있는 것이다(松木武彦 2008).

__ '單位' 추출의 전제 조건: 동시기성의 확인

앞에서 이야기하였듯이 개개의 주거지를 하나의 단위로 보지 않고 몇 기의 주거지와 부속유구를 하나의 단위로 해석하는 방식의 기본은 '공간적인 분절'이다. 그리고 이러한 공간적인 분절은 적은 수의 유구 또는 취락의 극히 일부만이 발굴되었다고 생각되는 경우에 적용되지는 않는다. 많은 경우 수십 기의 주거지 또는 취락의 상당 부분이 발굴되었다고 인정되는 경우에 '공간적인 분절'을 파악한다.

그러나 여기에는 가장 기본적인 전제가 있으니 바로 동시기성의 확보이다. 당연한 이야기이겠지만 분석 대상의 유구들 또는 단위들이 과거 특정 시점에 모두 존재하였다는 전제가 충족되지 않는다면 단위의 구분 또는 단위의 집합 등의 논의는 진행될 수가 없다.

고고학에서 일반적으로 사용되는 동시기성의 확인은 대략 다음의 방법들이 있는데 모두 각각의 문제점들을 가지고 있다(小林謙一 2008).

토기 형식에 따른 구분

가장 전통적인 방법으로, 동일 형식의 토기가 출토되는 주거지 및 유구들을 동일 시기로 보는 견해이다. 가장 보편적으로 많이 사용되는 방법이기는 하지만 구체적인 적용에 있어서는 여러 문제점들을 지적할 수 있다.

일반적으로 동일 형식의 토기가 출토되는 주거지들에서도 중복관계가 보이기 때문에 토기 형식의 시간 폭보다 주거지의 개축연수가 더 짧다는 것은 명백하다. 즉 토기 형식을 기준으로 특정 취락의 시간 폭을 결정하기에는, 어느 정도의 세밀한 형식으로 분류하였는가 그리고 그 분류된 각 형식의 시간 폭, 수혈주거지의 내구연한 등 형식의 시간과 주거지의 시간이 대응되지 않는다는 문제점이 있다.

동일한 형식의 토기가 출토되는 유구를 동일 시기로 보는 시각의 근저에는 하나의 토기 형식은 대략 30여 년 정도이며, 주거지의 내구 연한 역시 거의 유사할 것이라는 전제가 깔려 있는 듯하다(藤田憲司 1984). 그러나 특정 토기 형식이 공반되는 주거지가 심한 중복관계를 보이거나 또는 개축의 증거가 보이는 경우는 드물지 않다.

최근에 들어와서는 점차 정교해지는 절대연대측정법에 의해 각 토기 형식의 지속 기간이 일률적이지 않고 서로 다르다는 결과가 제시되면서, '동일 토기 형식 = 동일 시기'의 개념은 보다 더 의문시되고 있다. 즉 동일 형식의 토기가 발견되는 주거지가 예를 들어 20동이 있는 경우, 이 토기의 형식 지속기간이 30년인 경우와 100년인 경우, 추출되는 단위의 규모 역시 크게 달라지는 것이다. 또한 토기형식의 변천 과정에서 반드시 존재하는 과도기적 단계, 즉 이전의 토기형식과 다음의 토기형식이 병용되는 단계를 어떻게 해석할지의 문제 역시 제기되고 있다(藤尾愼一郞 외 2012).

위에서 언급한 문제점들은 실제 고고학적인 분석을 통해 해결하기 어려운 문제들이기는 하지만 방법론적 문제점이 있다는 것은 주지할 필요가 있을 것이다.

유구의 형태, 입구 방향, 장축 방향 등

동일한 형태의 유구가 동일시기에 만들어졌다는 근거는 전혀 없다. 오히려 고고학적으로 볼 때, 전혀 다른 시기로 확인되는 다수의 유구가 동일 형태를 보여준다면 하나의 계통성을 추정해 볼 수 있으며, 유사한 성격 또는 용도를 반영하였을 가능성을 생각해 볼 수 있다. 물론 입구 방향, 장축 방향 등은 실제로 동시기를 나타내는 유효한 요소일 경우도 있지만, 지형에 의한 제약 등도 생각해 볼 수 있다.

유구의 중복관계나 위치 관계 등

유구의 중복 관계는 축조, 폐기 등의 상대적 순서를 확인하는데 있어 명확한 방법 중의 하나이다. 그 외 주거지 간의 거리를 기준으로 동시기성을 파악하는 경우도 있다. 즉 화재 등의 위험으로 인해 매우 근접해 있는 주거지들은 동시에 존재하기 어렵다고 판단하는 것인데, 지붕 구조의 크기가 판명되지 않는 이상, 어느 정도의 가까운 거리일 경우 동시기 존재가 불가능한지를 결정하기는 매우 어렵다. 그렇지만 〈그림 2.6〉의 사례와 같이 복원 후 주거지의 상부 구조가 서로 맞닿을 정도의 거리에 있는 두 기의 주거지가 동시기에 존재했다고 보기는 어려울 것이다.

그림 2.5_요시노가리유적의 주거지 복원 사례(1)

그림 2.6_요시노가리유적의 주거지 복원 사례(2)

다른 유구 출토 유물의 접합에 의한 동시성과 매몰순서 파악

서로 다른 유구에서 출토된 유물이 접합되는 것은 여러 경우를 상정해 볼 수 있다. 서로 거리

를 두고 있는 주거지들 중, 하나의 주거
지 퇴적층 출토 파편과 다른 주거지 바닥
면 출토 토기가 접합되는 경우, 서로 다른
주거지의 바닥면 출토 유물이 접합되는
경우 등을 생각해 볼 수 있으며 직접적인
중복 관계가 없어도 유구간의 선후관계
또는 동시성을 확인할 수 있다.

이론적으로는 타당하기는 하지만 이러
한 해석을 위해서는 개별 유물의 출토 층
위, 출토 지점에 대한 세밀한 공간적인 기
록이 필요하다.

〈그림 2.7, 2.8〉은 원주 문막리유적(한
강문화재연구원 2012)에서 출토된 편평
한 형태의 석재로, 두 개로 부러진 채 출
토되었는데 각각 11호 주거지와 12호 주
거지 바닥면에서 출토되었다. 이러한 경
우 두 주거지의 동시 존재를 추정할 수
있다.

지금까지 이야기했던 단위의 구분은 결
국 단위의 결집체인 대규모 취락으로 이
어지게 된다. 그러나 앞에서 보았듯이 단
위 파악의 가장 중요한 전제는 동시기성
의 확보이다. 즉 대규모 취락이라는 것은
발굴 조사에서 확인되는 유구의 대부분
이 한 시점에 존재하였다는 것을 근거로
이야기하고 있는 것이다.

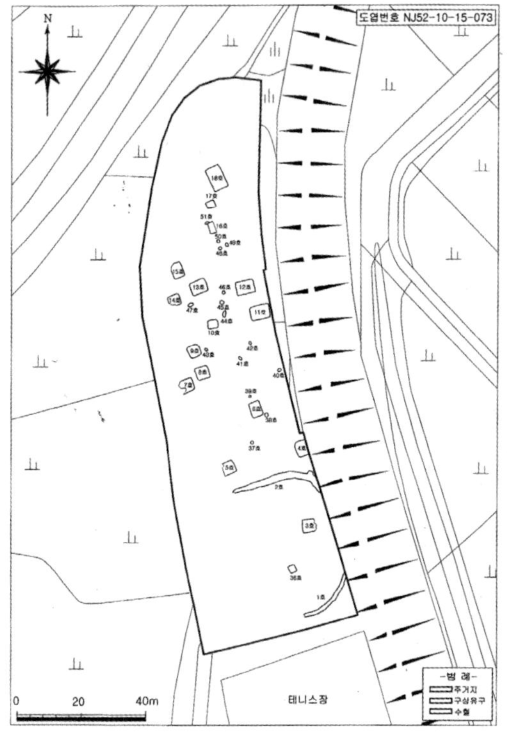

그림 2.7_원주 문막리유적 하층 유구분포도

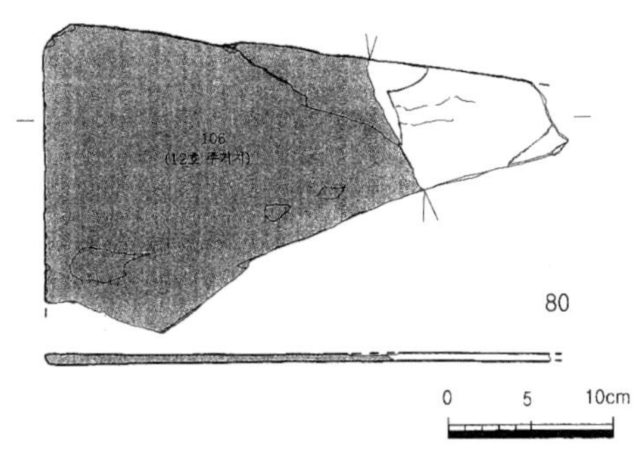

그림 2.8_문막리유적 11호 출토 석재편(흰색)과 12호 출
토 석재편(음영부분) 접합상황

이에 대해 '대규모 취락'은 여러 개의 토기 형식에 걸치는 긴 기간 동안 새로 생겨났다 없
어지는 등의 반복된 결과에 불과하다고 보는 견해도 다수 존재하며(林謙作 2004), 대규모 취
락을 재검토해야 한다는 논리는 다음과 같다(土井義夫 1988).

① 분석의 대상이 되는 취락 유적이라고 하는 것은 시간적으로 누적된 최종적인 모습일

뿐이지만 기존의 연구에서는 이러한 점이 잘 인식되지 않았다.

② 그 결과 여러 시기에 걸쳐 만들어진 취락의 양상을 기반으로 정형적, 거점적 취락의 틀이 만들어지게 되었다.

③ 그리고 이 범주에 포함되지 않는 취락유적은 임시적, 파생적, 특수한 성격의 것으로 여겨지고, 성격이 다른 두 종류의 취락유적이 존재하는 이유에 대해서는 검토되지 않았다.

④ 그 결과 취락유적에서 출토되는 여러 토기 형식의 순서, 변천을 그대로 단절 없이 이어지는 취락의 모습으로 잘못 해석하게 된다.

⑤ 따라서 하나의 토기 형식이 점하는 연대 폭 중에, 취락이나 주거의 폐기, 주민의 이입, 방출이 일어날 가능성이 본격적으로 문제시되는 경우는 없었다.

이러한 문제점은 일본고고학 뿐 아니라 한국고고학에도 동일하게 적용되는 것으로, 향후 이에 대한 구체적 고민이 필요할 것이다.

__ '분절 구조'는 취락에서만 보이는가?

20세기 초반 일본고고학에서 공간적인 분절 배치를 근거로 '단위'를 추출하고자 하였을 때에는 취락 뿐 아니라 분묘 유적 역시 그 대상이었다. 1930년대 카가미야먀 다케시鏡山猛은 이미 당시부터 많은 수가 확인되었던 북부 구주지역의 옹관묘군을 취락군과 관계지어 이야기하였다. 당시까지는 취락과 분묘군을 동시기의 것으로 확인하지는 못하였지만, 분묘=가족묘 또는 분묘군=공동묘지, 분묘군 내의 1군(분절구조)=가족묘라는 인식은 이때부터 존재하였다.

1950년대 들어와 이러한 논의는 본격적으로 진행되었다. 카나세키 히로시金関恕는 히에比惠유적의 옹관묘군이 몇 개의 군으로 구성되어 있는데, 하나의 환호 내의 집단이 일군의 묘지를 조영하였다고 해석하고, 이 집단은 3세대 정도의 혈연가족으로 구성되었다고 파악하였다.

1970년대 들어와 츠데 히로시都出比呂志는 세대공동체라는 개념을 제시하면서, 방형주구묘의 대상부의 피장자를 가장과 그 세대구성원, 주구 외부의 무덤을 이외의 세대원으로 보았다. 즉 특정의 구획이 있는 무덤, 다른 것과는 공간적으로 구분되는 묘가 바로 '세대공동체'를 표시한다고 해석한 것이다. 이후 타카쿠라 히로아키高倉洋彰는 주거지 뿐 아니라 묘지 내부에 분절구조를 가지고 있지 않은 것은 '혈연적 유대로 이어진 단일가족묘적 양상' 그리고 묘지 내부에 분절구조를 가지고 있는 것은 '몇 개의 소위 단위집단을 배경으로 하는 주거군이 집합하여 만든' 공동묘지로 보았다(山田康弘, 2011). 결국 이것은 주거군과 묘지 내에서 확인되는 小群이 대응될 가능성이 크며, 이것은 혈연관계를 유대로 하는 소집단 즉 특정 단위의 무덤으로 파악하였던 것이다.

즉 분묘 연구는 묘지군에서 고고학적 특징을 가지고 군을 구분하고 그 구분 원리가 무엇이었는지를 확인하는 것이 일반적인 연구 경향이다(田中良之 1995). 취락 내에서 추출하는 단위처럼 몇 기 등의 구체적인 수치가 제시되지는 않지만 '취락 내에서 확인되는 개개의 주거군=묘지내의 소군=가족 또는 세대 단위'라는 이해는 일반적인 인식이라고 할 수 있다.

그리고 한발 더 나아가 취락 유적의 분석에서는 개념적으로만 존재하였던 '혈연관계' 또는 '친족 관계'에 대한 연구를 분묘 출토 인골의 DNA 분석을 통해 검증할 수 있다는 점 역시 분묘를 통한 단위 추출의 장점이라고 할 수 있을 것이다(田中良之 1995).

한국고고학, 특히 청동기시대 고고학에서 취락 내의 분절구조를 확인하여 단위를 확인하는 작업이 매우 활성화되어 있는 것에 비해 분묘군에서의 단위 확인이 미진한 것은 일본처럼 대규모의 무덤군이 확인되는 사례가 매우 적기 때문인 것으로 생각된다.

과거 사회를 연구하는데 있어 주거지 또는 분묘를 대상으로 '단위'를 파악하고, '단위'의 결집체인 '공동체'의 성격을 구명하는 것은 고고학 연구에 있어 매우 중요한 주제 중의 하나임은 분명하다. 그리고 이러한 '단위', '공동체'의 확인·해석에 있어서 한국고고학이 여러 측면에서 마르크스주의에 기반한 일본고고학의 영향을 받았음은 부정할 수 없을 것이다.

물론 지금에 와서 마르크스주의를 다시금 논하는 것은 너무 시대에 뒤떨어진 것일지도 모른다. 그러나 일본고고학에서는 수 십 년간에 걸친 치열한 논쟁과 고고학적 발굴 성과의 반영을 거쳐 여러 개념들이 제기, 검증, 폐기 등의 과정을 겪어왔다.

그에 비해 한국고고학에서는 논쟁의 과정은 생략된 채 개념과 용어만을 그대로 차용하여 사용하는 경향을 쉽게 찾아 볼 수 있다. 한국고고학의 독자적인 성격과 방법론을 구축하기 위해서는 지금부터라도 논쟁의 장이 필요할 것이다. 그렇기 위해서는 지금 한국고고학에서 빈번히 사용되는 여러 개념 등이 어떻게 등장하고 어떠한 연구 배경을 가지고 있는지에 대한 이해가 선행되어야 할 것이다.

참고(인용) 문헌

權五榮, 1996,「三韓의 '國'에 대한 硏究」, 서울大學校 大學院 博士學位論文.

———, 1997,「한국 고대의 聚落과 住居」,『韓國古代史硏究』12.

김권구, 2004,「靑銅器時代 사람들의 居住方式과 社會最小構成單位에 대한 考察」,『계명사
    학』15.

金範哲, 2006,「錦江 中·下流域 松菊里型 聚落에 대한 家口考古學的 접근: 多次元尺度法을
    이용한 家口 간 貧富差/位階 분석을 중심으로」,『韓國上古史學報』51.

———, 2011,「靑銅器時代 前期 住居樣相과 家口發達週期: 호서지역 驛三洞 및 欣岩里類型
    聚落을 중심으로」,『韓國上古史學報』72.

———, 2012,「靑銅器時代 家口變化의 社會經濟的 意味: 中西部地域을 중심으로」,『韓國上
    古史學報』76.

———, 2014,「'住居址'에서 '居住者'로: 한국 선사시대 가구고고학을 위한 제언」,『한국고고
    학보』90.

金正基, 1968,「韓國竪穴住居址考 1」,『考古學』1.

———, 1974,「韓國竪穴住居址考 2」,『考古學』3.

김종일, 2006,「공동체 형성과정에 대한 이론적 검토: 공동체와 개인 간의 관계를 중심으로」,
    『고고학』5(2).

林永珍, 1985,「움집의 分類와 變遷」,『韓國考古學報』17·18.

송만영, 2001,「南韓地方 農耕文化形成期 聚落의 構造와 變化」,『제25회 한국고고학전국대
    회 발표문: 한국 농경문화의 형성』.

———, 2013,「중도식 주거 문화권의 주거지와 취락」,『제37회 한국고고학전국대회 발표문:
    주거의 고고학』.

安在晧, 1996,「無文土器時代 聚落의 變遷: 주거지를 통한 중기의 설정」,『碩晤 尹容鎭 敎
    授 停年退任紀念論叢』, 碩晤 尹容鎭敎授 停年退任紀念論叢 刊行委員會 編, pp.
    43~90, 서울: 碩晤 尹容鎭敎授 停年退任紀念論叢 刊行委員會.

———, 2000,「韓國農耕社會의 成立」,『韓國考古學報』42.

———, 2001,「中期 無文土器의 聚落 構造의 轉移」,『嶺南考古學』29.

———, 2004,「중서부지역 무문토기시대 중기 취락의 一樣相」,『韓國上古史學報』43.

이기성, 2011,「초기 북한 고고학의 신석기·청동기시대 구분」,『湖西考古學』25.

———, 2013,「주거와 공동체에 대한 고고학적 접근」,『제37회 한국고고학전국대회 발표문:
    주거의 고고학』.

한강문화재연구원, 2012, 『원주 문막리유적』.

황기덕, 1965, 「무덤을 통하여 본 우리나라 청동기시대의 사회관계」, 『고고민속』1965(4).

─────, 1978, 「조선에서 농업공동체의 형성과 계급사회로의 발전(1)」, 『력사과학』1978(3).

高倉洋彰, 1975, 「弥生時代の集団組織」, 『九州考古学の諸問題』, 東京: 東出版.

谷口康浩, 1986, 「縄文時代の親族組織と集団表象としての土器型式」, 『考古學雜誌』72(2).

近藤義郎, 1959, 「共同体と単位集団」, 『考古学研究』6(1).

都出比呂志, 1970, 「農耕共同体と首長権」, 『講座日本史』1, 東京: 東京大学出版会.

──────, 1989, 『日本農耕社会の成立過程』, 東京: 岩波書店.

藤尾慎一郎·李昌熙, 2012, 「日韓先史時代の集落研究 開催報告」, 『国立歴史民俗博物館研究報告』160, 千葉県: 国立歴史民俗博物館.

藤田憲司, 1984, 「単位集団の居住領域−集落研究の基礎作業として−」, 『考古学研究』31(2).

鏡山猛, 1941, 「日本原始聚落の研究−福岡市比恵遺跡の紹介」, 『歴史』16(2).

山田康弘, 2011, 「弥生集団論の検証と行方」, 『弥生研究のあゆみと行方 弥生時代の考古学』9.

水野正好, 1963, 「縄文式文化期における集落構造と宗教構造」, 『日本考古学協会第29回総会研究発表要旨』.

──────, 1969, 「縄文時代集落復元への基礎的操作」, 『古代文化』21(3)·(4).

小林謙一, 2008, 『縄紋社会研究の新視点』, 東京: 六一書房.

小杉康, 2006, 「地域よ集団: 林論文と縄文文化へのオマージュ」, 『ムラと地域の考古学』, 東京: 同成社.

松木武彦, 2008, 「総論 弥生時代の集落と集団」, 『集落からよむ弥生社会 弥生時代の考古学』8, 東京: 同成社.

林謙作, 1975, 「縄文期の集団領域(補論)」, 『考古学研究』21(3).

─────, 2004, 『縄文時代史 Ⅱ』, 東京: 雄山閣.

田中良之, 1995, 『古墳時代親族構造の研究』.

田中善昭, 1984, 「弥生時代集落研究の課題」, 『考古学研究』31(3).

土井義夫, 1988, 「考古資料の性格と転換期の考古学」, 『歴史評論』454.

和島誠一, 1948, 「原始聚落の構成」, 『日本歴史学講座』, 東京: 東京大学歴史学研究会.

03

고고학적 설명에서의
시간 축과 시간성

김종일

과거에 존재했던 다양한 사회와 그러한 사회를 만들어 갔던 인간 주체들의 물질적 자취인 고고학유적 및 유물을 시공간적 틀 위에 위치시키려는 노력은 근대 고고학의 시작과 함께 지금까지도 지속적으로 이루어져 왔다. 주지하다시피 인류가 사용해 온 도구의 재질이 돌, 청동, 그리고 철의 순서대로 변해왔다는 인식은 이미 고대 그리스와 로마에서도 있었음이 확인된 바 있다. 예를 들어 기원전 700년경 활약했던 고대 그리스 시인 헤시오도스의 〈일과 나날〉에 서술된 "그들은 무구도 청동이요, 집들도 청동이요"라는 구절과 "청동으로 농사를 짓소. 아직은 검은 무쇠가 없었소"라는 구절에서, 그리고 기원전 1세기에 활약했던 로마의 시인 루크레티우스가 그의 시 〈사물의 본성에 관하여 De rerum natura〉 제5권 1283행~1287행에서 "처음 불이 알려진 다음에 철의 힘과 청동의 힘이 발견되었는데 철보다 청동의 유용함이 먼저 알려졌다"라고 말한 바 있다(김종일 2014). 르네상스 시대 이래 우리는 '과거'와 '현재'의 차이에 대한 보다 분명한 인식과 아울러 지질학 및 고생물학의 발전에 따른 성과를 바탕으로 조물주에 의한 세상의 창조가 불과 몇 천 년 전이라는 성경의 세계관을 극복하고 현재와는 전혀 다른 먼 과거distant past에 대해 보다 분명하게 인지하게 된다. 이러한 인식의 변화와 더불어 유럽 각지에서 성장하고 있던 민족주의적 의식에 힘입어 자기가 살고 있는 지역의 물질문화, 즉 자기의 조상들과 관련이 있을 것으로 추정되는 그러한 물질문화에 대한 보다 적극적 관심은 근대 고고학이 성립할 수 있었던 시대적 배경이 된다.

다시 말해서, 근대 고고학의 성립은 그 시작 단계에서 현재와는 다른 먼 과거의 물질문화를 시공간 안에 위치시키면서 이러한 물질문화를 남겼던 사람들에 대한 연구와 깊은 관련이 있다고 할 수 있다. 실제로 근대고고학이 성립하는 19세기에 톰센과 보르소, 그리고 몬텔리우스로 대표되는 스칸디나비아 출신의 고고학자들은 앞에서 언급한 유물의 재질에 따른 삼시기 구분에 대한 인식과 함께 시간의 흐름에 따라 유물의 형태가 변한다는 관찰 결과 및 그러한 유물의 공반 관계에 대한 인식에 기반한 초기적인 형태의 순서 배열법을 사용하여 유럽 선사시대의 대체적인 편년을 시도하게 된다. 이후 오스카 몬텔리우스와 구스타프 코지나, 고든 차일드 그리고 파울 라이네케 등이 이러한 편년과 더불어 물질문화의 공간적 분포에 대한 체계적인 연구를 진행하여 유럽 선사문화의 대체적인 그림을 그릴 수 있게 되었다. 이렇듯 근대 고고학의 성립 자체가 시간과 공간이라는 두 축에 물질문화를 위치 짓는 작업을 토대로 하고 있으며 이후에 등장하는 문화사적 고고학Culture Historical approach, 과정고고학Processual approach 그리고 후기과정고고학Post Processual approach, 또한 물질문화의 공간적 분포에 대한 지식과 함께 물질문화의 변화양상을 설명 또는 해석하기 위한 첫 단계로써 물질문화의 정확한 편년을 요구하게 되었다.

이와 같이 고고학 연구에서 시공간상에 유적 유물을 위치시키기 위해 많은 노력을 기울였음에도 불구하고 정작 시간과 공간 자체에 대해 본격적인 질문을 던지지 않은 것 또한 사실이다. 이는 시간과 공간 축 위에서 유적 유물의 편년과 분포의 파악을 위해 사용할 수 있는 실제적이고 기능적인 방법 및 기술의 개발과 응용을 등한시 했다는 뜻이 아니라 과연 우리가 전제하고 있는 시간과 공간이 의심할여지 없이 받아들일 수 있는 자명한 인식의 틀 혹은 개념인가 하는 질문을 던지는데 소홀했다는 의미이다. 다만 공간의 경우 최근 경관고고학의 발달과 함께 그 개념과 의미에 대해 심도 있는 논의와 더불어 실제 고고학자료에 대한 적용 연구 사례가 지속적으로 제시되고 있는 반면, 시간의 경우 아직까지 공간(혹은 경관 또는 장소)에 대한 연구만큼 충분한 논의가 진행되었다고 보기는 힘들다.

따라서 이 글에서는 이와 같은 점을 염두에 두고 고고학에서 시간이 어떻게 이해될 수 있고 어떠한 의미를 가질 수 있는지에 대한 시론적 검토를 시도하고자 한다. 비록 지금까지 고고학계에서 방법론적 측면에서 시간의 측정과 시간 단위의 구분, 그리고 과거 사회의 시간에 대한 인식을 고찰하고자 하는 시도가 없었던 것은 아니지만 적어도 하나의 인식 범주로서의 '시간' 그리고 그러한 시간(혹은 시간들)이 어떠한 사회적 의미와 역할을 하는지에 대해서는 아직 본격적인 검토가 이루어졌다고 할 수는 없다. 따라서 과거 사회의 물질자료에 대한 보다 풍부하고 다양한 해석을 하기 위해 '시간'의 개념과 의미에 대한 검토는 반드시 거쳐 가야 할 필수적인 과정이라고 생각하며, 이 글 또한 앞으로 이루어질 본격적인 논의에 앞선 일종의 문제 제기의 시작이라는 측면에서 나름의 의미가 있으리라 생각한다.

__시간에 대한 기존의 고고학적 인식과 문제점

시간에 대한 다양한 정의와 개념에 대해서는 인류학이나 사회학, 그리고 물리학을 포함하는 다른 인접학문에서 이미 오랜 동안 논의된 바 있다(e.g. Holland 1999).[1] 뒤에서 보다 자세히 언급하겠지만 고고학에서도 이러한 인접학문의 성과를 받아들이려는 시도가 일부 이루어 졌음에도 불구하고 고고학에서 시간은 주로 편년의 측면에서 이해되고 있는 것이 현실이다. 어떤 경우에는 물질문화의 변동에 관한 고고학적 논쟁의 대부분이 편년에서 시작하여 편년에서 끝난다고 해도 과언은 아닐 정도이다. 심지어 특정 유적 혹은 유물의 등장과 소멸 시점에 대한 논쟁을 포함하여 상대 편년과 절대편년 간의 간극에 대한 논쟁, 편년 단위에 대한 논쟁 등 편년을 둘러 싼 논쟁의 종류도 매우 다양하다. 특히 한국고고학에서는 특정 형식 혹은 양식의 유물(그 가운데에서도 토기)의 등장과 소멸, 그리고 존속기간에 대한 논쟁이 대부분이며, 이러한 편년 논쟁을 전제하지 않고는 도저히 한국고고학을 이해할 수 없을 정도이다. 심지어 편년에 대한 중요성을 '지나치게' 강조하는 바람에 어느 한 연구자의 학문적 배경을 알기 위한 가장 쉬운 방법은 그 연구자의 편년관을 파악하는 것이라고도 할 수 있을 정도이다. 상당히 많은 경우, 그러한 편년관에 따라 그 연구자의 학문적 입장과 위치가 정해진다고도 할 수 있다. 비록 정도의 차이는 있지만 이러한 상황은 영미 고고학을 제외한 세계의 대부분 지역에서도 크게 다르지는 않다고 할 수 있다.

　실제로 고고학에서는 지금까지 다양한 종류의 편년방법이 개발되거나 제시된 바 있다. 콜

1　시간의 정의와 개념에 대한 보다 자세한 자료는 이 책의 참고문헌을 참조할 것.

린 렌프류와 폴 반이 지은 『*Archaeology*』 초판 및 2판에 제시된 편년 방법을 간략히 정리하면 다음과 같다.[2]

Measuring Time I (Relative Chronology)

1. Stratigraphy

2. Bone Age

3. Typology

4. Seriation

5. Linguistic Dating

6. Climate and Chronology

6.1. Pleistocene Chronology

6.2. Deep Sea Cores and Ice Cores

6.3. Pollen Dating

6.4. Faunal Dating

Measuring Time II (Absolute Chronology)

1. Calendars and Historical Chronology

2. Annual Cycles

2.1. Varves

2.2. Tree-Ring Dating(Dendrochronology)

3. Radioactive Clocks

4. Thermoluminescence(TL) Dating

5. Electron Spin Resonance

6. Potassium-Argon Dating

7. Uranium-Series Dating

6. Fission Track Dating

---

2 여기에서 제시된 편년방법은 지금으로부터 거의 30년 전에도 이미 다양한 편년 방법이 제시되고 있음을 강조하기 위해 1991년에 출간된 초판과 1996년에 출간된 2판의 내용을 전제했음을 밝혀둔다. 이후에 출간된 3판을 포함하여 최근에 출간된 7판에는 최근 고고학에서 보편적으로 사용되기 시작한 OSL dating 등 최신의 연대측정방법이 소개되고 있다.

Measuring Time III (Calibrated Relative Method)

 1. Obsidian Hydration

 2. Amino-Acid Racemisation

 3. Cation-Ratio Dating

 4. Archaeomagnetic Dating

이러한 편년 방법을 통해 구해지는 연대와 이를 바탕으로 한 편년은 그것이 상대연대인지 아니면 절대연대인지를 불문하고 몇 가지 측면에서 공통점을 갖고 있다. 우선 대부분의 상대연대와 절대연대의 경우, 공히 '객관적'으로 파악되는 물질 혹은 자연세계의 질적 혹은 양적 변화를 시간 변화의 중요 근거로 삼고 있다. 예를 들어 상대연대의 경우, 물질의 형태의 변화나 발생 혹은 순서 빈도, 층위관계 등을 파악하여 상대 편년을 하고 이와 관련된 행위나 사건 혹은 변화의 선후관계를 정하고자 시도한다. 그런데 일단 시간적 선후 관계가 결정되면 여기에서 한 걸음 더 나아가 상대적 순서를 절대연대(특히 역연대나 방사성탄소연대)와 연관 지어 전체적인 편년을 시도하는 경우가 대부분이다. 절대연대의 경우, 자연 상태의 물질이 변하는 주기, 즉 반감기나 변화율을 측정하고 이를 현재의 시점으로부터 역산하여 연대를 정하고 이를 바탕으로 절대 편년을 시도한다. 이렇듯 상대편년과 절대편년 모두 소위 캘린더 연대, 즉 역연대를 연대와 편년 설정(혹은 시간의 변화)의 중심축으로 여기고 있다. 따라서 이러한 상대연대와 절대연대에 기반을 둔 고고학 편년은 그 종류를 불문하고 대부분의 경우에서 시계와 달력으로 대표되는 한쪽 방향에서 다른 한쪽 방향으로 흘러가는 선형linear의 시간관에 기초하여 그러한 일직선상의 시간 축 위에 과거의 유적 유물, 그리고 그 이면에 놓여있는 인간의 다양한 행위를 배치한다. 시간 축 위에 펼쳐진 유적과 유물, 그리고 인간의 행위들은 내적인 상호연관관계의 정도에 따라 분절되어 일정한 간격 혹은 단위로 묶이는데3 이러한 간격 혹은 단위의 범위는 자료의 성격과 연구의 목적, 그리고 편의에 따라 결정된다. 한편 이러한 분절과 이에 따라 고안된 단위들은 상호간에 밀접한 관련을 맺고 있는데, 특히 이들을 일종의 (문화적) 변화 단계로 여기는 동시에 이를 기술적 변화나 확산 그리고 인간 집단의 이주나 확산 등을 포함하는 사회적 변화와 관련하여 해석하고자 한다.

유물과 유적의 변화와 변이를 시간적 순서와 변화에 초점을 맞추어 설명하기 위해 시도되는 연대 결정 및 편년은 무엇보다도 근대적이고 수학적인 시간관, 즉 시간은 단선적이고 일차원적이며 (가치)중립적인 동시에 등 간격으로 나뉠 수 있다는 점을 전제한다. 특히 자연에

---

3 특정한 속성의 유무와 형태적 유사성에 따라 일정한 단위로 분절되는 형식분류와 이에 따른 시기구분 혹은 편년이 이러한 경우의 대표적인 사례라고 할 수 있다.

존재하지만 경험적으로 관찰되지 않는 변화들, 예를 들어 특정 동위 원소의 반감기나 특정 원소의 진동 주파수(초 단위) 등을 기준으로 하여 시간 단위를 결정하는데, 이러한 시간 단위가 자연적이고 과학적이며 동시에 수학적이기 때문에 객관적이라고 믿는다. 결국 우리가 일상생활에서 경험할 수 없는 자연현상의 변화를 특정한 단위로 분절한 다음 이렇게 분절된 단위가 바로 객관적인 동시에 가치중립적이라고 믿으며 이러한 시간단위가 연속해서 일차원 상에 단선적으로 존재하는데, 이러한 특징을 갖는 시간 축 위에 각종 고고학적 현상을 위치시키며 이를 통해 제시되는 고고학적 편년은 마치 객관적이고 가치중립적인 것처럼 받아들여지게 된다.

이러한 시간관 혹은 편년관은 많은 문제를 안고 있으며 따라서 많은 질문이 제기될 수 있다. 이러한 질문들은 다음과 같다.

1) 시간은 반드시 단선적이고 일차원적인가?
2) 자연의 변화를 기준으로 설정된 시간 혹은 더 정확하게는 시간을 측정하기 위한 단위는 객관적이고 절대적인가
3) 만약 위의 전제가 반드시 옳은 것은 아니라면 사회적으로 그러한 단위들을 설정하는 것은 가능한가?
4) 지역과 시간(특히 과거)에 따라 다양한 시간의 개념은 존재할 수 있는가?
5) 물질문화의 변화는 이러한 단선적이고 일차원적인 시간의 개념 위에서만 해석 가능한가?
6) 시간은 가치중립적인 동시에 하나의 배경으로써 수동적인 존재인가?
7) 과거와 현재, 그리고 미래는 서로 간에 분절적인가?

이러한 시간관에 대한 비판과 대안을 살펴보기 위해서는 시간과 더불어 또 다른 하나의 축인 공간, 특히 근대적인 공간에 대한 비판과 대안을 살펴 볼 필요가 있다. 이에 관해서 필자는 이미 경관고고학의 관점에서 '근대적' 의미의 공간 개념에 대해 비판과 그 대안을 제시한 바 있다(김종일 2006, 2011). 이를 간단히 요약하면 다음과 같다. 기존의 고고학 연구에서 전제되고 있는 공간은 서구 근대적 관점에서 제시된 것으로서 인간 주체의 구체적인 경험으로부터 분리된 채 대상화되고 타자화되는 동시에 단순한 배경, 혹은 수동적이거나 부정적인 역할만을 담당한다. 또 한 공간은 정복과 길들여짐의 대상으로 취급되는데 이는 서구의 식민지 운영의 경험에서 비롯되었다. 또한 공간은 정치, 경제, 사회, 문화 등 사회에 대한 근대적 범주가 덧씌워진 채 인식되는데 특히 경제적 가치와 논리에 의해 그 의미가 결정되기도 한다.

이에 대한 대안으로 다음과 같은 견해를 제시한 바 있다.

1) 경관은 대상화되고 타자화 된 공간이 아닌 의미화 된 장소이다

2) 경관의 의미와 해석은 하나의 층위에서 이루어지는 것이 아니라 다양한 층위에서 이루어지며 따라서 이러한 의미들과 해석은 때로는 갈등하고 경쟁하며 동시에 타협하기도 한다.

3) 경관상의 변화는 어느 한 측면이 아니라 모든 측면의 변화를 포함할 수 있으며 따라서 경관에 대한 해석에는 다양한 변화 모두가 포함될 필요가 있다.

4) 경관 안에서 공간(혹은 장소)은 시간화되고 그 반대로 시간이 장소화되기도 한다.

5) 경관의 형성과 해석은 권력의 한 행사 방식이다.

6) 경관의 이해와 해석은 단순한 암기나 기억이 아니라 이미지를 통해서 가능하며 그 이미지는 느낌과 움직임을 통해 형성되고 내재화된다.

7) 동일한 형태의 고고학 유적을 포함하고 있는 문화적(혹은 역사적 경관)에 대한 인식은 시대에 따라 달라질 수 있다.

8) 경관과 개인 혹은 집단 정체성을 형성하는데 매개체의 역할을 한다.

이러한 논의는 다른 글에서 이미 자세히 살펴본 바가 있으므로 여기에서는 이를 다시 반복하기보다는 시간에 대한 논의와 관련하여 한 가지 중요한 시사점만을 지적해 두고자 한다. 즉 공간에 대한 기존의 인식은 서구의 근대적 경험으로부터 유래한 산물이며 따라서 이러한 근대적 관점의 공간 개념이 적극적 비판과 함께 극복되어야 할 많은 문제점을 안고 있다면 시간 역시 앞서 언급한 바와 같이 이러한 비판으로부터 자유롭지 못하다는 점이다. 따라서 기존의 시간 개념에 대한 비판과 더불어 그 대안에 대해 다음 장에서 자세히 살펴보도록 하겠다.

__시간과 시간 축에 대한 새로운 접근

지금까지 고고학에서 시간과 시간 축에 관해 적지 않은 연구 성과들이 발표된 바 있으며 (Holdaway and Wandsnider 2008; Karlsson 2001; Lucas 2005; Murray 1997; Rosen 2004), 이러한 성과들을 소개하는 논문 또한 국내에서 발표된 바 있다(고일홍 2015). 이러한 연구들은 크게 시간 축 상에서 고고학자료의 형성 과정과 특징(Binford 1981; Schiffer

1972, 1982), 고고학자료와 연구의 시간 단위(Bailey 1981, 1993, 2006, 2007, 2008; Bintliff 1991; Gosden and Kirsanow 2006; Leone 1978; Lyman and O'Brien 2006), 개인주체와 시간 그리고 다양한 사회적 시간의 역할(Barrett 1994; Bradley 2002; Edmonds 1999; Gosden 1994; Thomas 1996)등으로 구분할 수 있다. 이러한 연구들을 통해 "폼페이의 전제"논쟁에서 잘 나타나듯이 고고학자료는 형성에서 폐기까지 그 자체의 생명주기life cycle를 갖고 있거나 현재 보이는 그대로 드러나는 과거의 기록이 아닌 장기간에 걸쳐 형성된 일종의 양피지 또는, 다양한 과정을 거치면서 변형된 결과라는 인식이 확산되었고 고고학자료의 성격과 연구의 목적에 따라 다양한 시간의 분석 단위를 고안할 수 있으며 이러한 시간의 분석 단위들이 상호 맥락화 될 수 있다는 점도 강조되었다. 또한 과거 사회에서 무덤 등으로 대표되는 그들의 과거(특히 조상과 관련하여)가 기억과 재기억을 통해 새로운 유적의 형성과정(현재)에서 그리고 그 이후(미래)의 행위에 영향을 끼치는 과정에 대해서도 어느 정도 이해할 수 있게 되었다.

이러한 연구 성과를 통해 앞서 제기한 시간에 관한 몇 가지 질문에 대하여 어느 정도 대답할 수 있는 단서를 얻을 수 있지만 보다 근원적인 차원에서 시간 자체는 어떻게 형성되며 인식되고 시간을 분절하는 단위는 어떻게 결정되며 한 사회에서 그러한 단위들은 어떻게 동시에 존재하며 인식되는가, 그리고 더 나아가 그럼에도 불구하고 많은 사회에서 그러한 시간 혹은 시간단위들이 공통의 방식으로 혹은 유사한 방식으로 존재하는가에 대한 질문은 여전히 해결되지 않은 채 남아 있다.

이러한 근본적인 문제들과 질문들에 답하기 위해서 다음과 같은 시간에 대한 근본적인 철학적 논의를 소개하는 것부터 시작하고자 한다. 주지하다시피 하이데거의 현존재에 대한 논의와 시간 개념이, 한 인간(혹은 집단)의 시간에 따른 공간적 이동 패턴 등을 이해하고자 시도 했던 헤거스트란드의 시간 지리학Time Geography과 함께 사회학에 도입되어 구조화이론으로 정립되는 것을 알 수 있다(하이데거 1924; Giddens 1979, 1984).또한 고고학에서도 후설의 시간 개념이 소개되어 논의된 바 있다(Lucas 2005). 그러나 후자의 경우, 단지 후설의 시간 개념을 간략히 소개하고 있을 뿐 실제 고고학자료의 해석에 직간접으로 적용되고 있지 않다. 따라서 이 글에서는 후설의 시간에 대한 논의를 다시 한 번 소개하고 이를 바탕으로 앞서 제기한 질문들에 대한 해답을 구하고자 한다.

후설에 따르면[4] 19세기 말 20세기 초반 자연과학의 놀라운 성취 덕분에 자연과학적 혹은 실증과학적 세계관이 인문학뿐만 아니라 우리의 일상생활, 이른바 '생활세계'에 침투해 들어

---

4 후설의 시간관에 대한 내용은 후설, 에드문트 저·이종훈 역, 1996, 『시간의식』의 내용을 참조하되, 김태희, 2012, 「근대생활세계 시간의 위기」, 『시간과 문명』의 주요 부분을 요약하여 소개하였음을 밝혀 둔다.

와 주류를 차지하고 있는 현상을 비판하는 동시에 이러한 현상이 학문(특히 인문학)의 위기를 초래했다고 비판한 후설(그리고 그의 철학인 현상학)은 시간 역시 이러한 상황에서 크게 벗어나지 않는다고 한다. 주지하다시피 후설의 현상학은 노에마(대상) – 노에시스(의식)의 관점에서 의식의 지향성 자체와 그 의식에 나타나는 의미로서의 세계를 파악하려는 시도이다. 이를 위해 이미 우리의 상식과 편견의 근저에 깔려 있는 철학적, 자연과학적, 상식적 편견, 즉 세계가 우리의 주관으로부터 독립적으로 존재한다는 '자연적 태도'를 괄호 안에 넣어 판단중지를 하고(현상학적 환원), 초월론적 태도로의 태도변경을 통해 의미로서의 세계가 의식이 수행하는 구성의 산물이라는 측면에서 의식과 세계를 상관적으로 탐구한다. 시간 역시 그 자체가 아니라 시간 의식과 우리의 의식에 나타나는 현상으로서의 여러 차원과 영역의 시간을 연구대상으로 삼는다고 한다. 따라서 현상학적 환원을 통해 객관적 시간 대신 주관적 시간의식을 연구한 다음 이렇게 파악된 시간 의식의 토대 위에 다시 객관적 시간을 구축해 나간다고 한다.

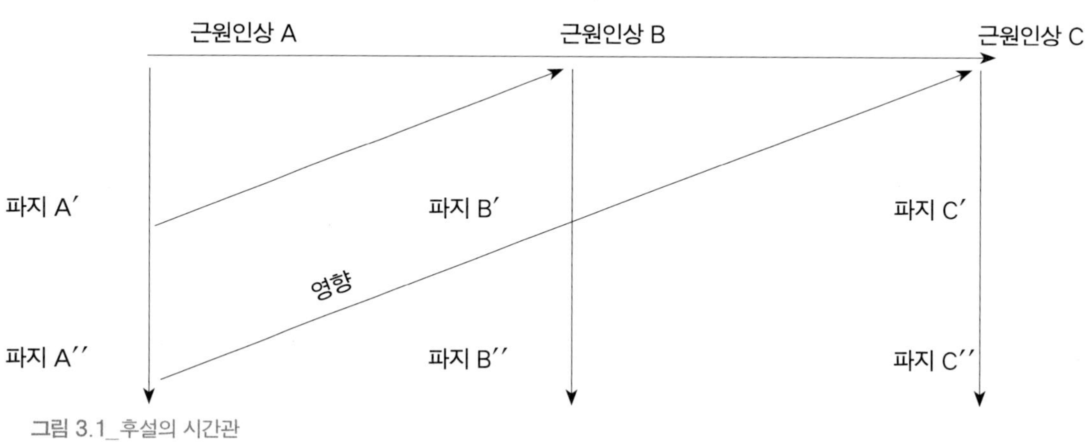

그림 3.1_후설의 시간관

주관적 시간 의식은 다시 구체적인 현재 안에서 가장 근원적인 시간적 차이인 파지 – 근원인상-예지를 통해 구성되는데 의식 자체, 즉 대상에 대한 의식 자체는 이러한 파지 – 근원인상-예지의 연속체로서 대상의 시간적 연장을 보유하며 이에 기초하여 대상에 대한 재현이나 반성 등을 통해 개체적이고 자기동일적인 대상에 대한 파악이 가능하다고 한다. 즉 지금은 과거 지평 및 미래 지평의 연속체와 함께 나타나기 때문에 현실적으로 경험될 수 있다고 한다. 이를 간단한 그림으로 도식화하면 〈그림 3.1〉과 같다. 즉,

"주관적 시간의 대상은 근원인상과 파지 및 예지의 현전장 안에서 고유하고 고정된 시간 위

치를 얻음을 통해 일단 개체성을 획득하며, 기억을 통해 언제라도 다시 의식의 대상이 될 수 있다는 가능성을 통해 동일성을 획득한다. 이렇게 개체성과 동일성을 획득한 주관적 시간의 대상들은 서로 간에 시작적 관계, 즉 동시성과 연속의 관계 속에서 나타나며 이를 통해 주관적 시간의 질서를 구성한다(김태희 2012: 23)".

한편 이러한 주관적 시간을 토대로 생활세계 내 시간이 구성되며 다시 생활세계 내 시간에 대한 이념화를 바탕으로 자연과학적 시간이 구성되며, 마지막으로 구성되는 자연과학 시간이 다시 생활세계로 유입되어 마치 가장 객관적이고 근원적인 시간인 것처럼 여겨진다는 것이다. 여기에서 생활세계의 시간은 의사소통에 의해 구성된 상호주관적 시간성으로서 원칙적으로 개별 주관들의 내적 시간 의식에 토대를 두고 구성되는데 이러한 생활세계 시간은 밤과 낮 그리고 계절 등의 자연적 리듬과 이에 따라 노동과 휴식이 이루어지는 일상세계의 실천적 시간이다. 즉 의식의 흐름에 토대를 주관적 시간이 신체의 리듬과 같은 생물학적 시간과 교차하고 달력이나 계절과 같은 사회적 시간과 교차하는 곳에 구축된다고 한다.

그런데 이러한 생활세계 시간에 대해 이론적 관심에 기초한 순수 사유의 이념적 실천을 수행하여 이론적 수준의 완전한 정확성을 요구하게 되는데 이러한 이념화, 즉 무한한 완전화를 통해 이념화된 공간과 시간 형식이 나타난다. 자연의 수학화, 그리고 수학적 이념화를 통해 과학적 세계는 생활세계로부터 떠나 그 자체의 객관성과 확실성을 담보하며 스스로 생활세계의 토대로 자처하게 된다고 한다. 다시 말해서 생활세계 내 시간의 이념화를 통해 나타나는 수학적 자연과학의 시간은 생활세계의 직관적 시간경험을 넘어서서 고정된 시간 위치들의 직선적 계열들이라는 객관적 시간으로 나타난다고 하며 수학적 이념화에 의해 성립하는 자연과학적 시간은 양적 측정의 가능성과 무한성이라는 이념을 가진다고 한다. 이러한 시간의 양적 측정가능성은 지금이라는 기준점 없이 시간점들의 동질화(동질적 계열화)라는 시간의 공간화와 유사한 것이며 이는 시계시간이라는 무한한 직선적 시간이 주기적인 생활세계 시간을 대체해 갔음을 의미한다고 한다.

결국 시간은 시간에 대한 내적 의식에서 시작하여 생물학적 리듬과 사회적 시간과 교차하면서 생활세계의 시간이 구성되는데, 이러한 생활 세계 시간에 근거하여 이념화된 과학적 시간이 등장하지만 현재에는 이렇게 이념화된 수학적 시간이 생활세계의 시간을 대체하여 주인을 자처한다는 것이다. 이러한 후설의 현상학적 시간관을 통해 우리는 다음과 같은 몇 가지 중요한 사실을 확인할 수 있다. 첫째, 우리가 익숙해져 있는 시간 혹은 시간관은 본래적인 것이 아닌 이념화된 것이고 따라서 본래의 시간은 우리로부터 분리되어 존재하는 자명하거나 객관적인 것은 아니다. 둘째, 생활세계의 시간은 내적인 시간 의식을 바탕으로 한 생물의 탄생, 성장 그리고 소멸의 생명 주기나 심장의 박동과 같은 반복적 리듬 등을 포함하는 다양한 생물학적 리듬과, 계절의 변화나 주기적인 홍수와 범람 같은 자연세계의 순환적 변화, 그리고 자연세계의 변화나 신화와 상징 구조를 포함하는 여러 시간 구조들로 이루어진 다양한 사회적 시간들이 결합하여 형성된다. 셋째, 한 사회에서 시간의 구조와 단위는 그 사회의 자연적, 생물학적, 사회적 환경에 따라 다양하게 설정되어 공존할 수 있다. 넷째, 선사시대 이래 수많은 사회가 등장했다가 사라졌지만 유사한 환경에 놓여 있는 사회의 경우에 공통된 혹은 유사한 시간의 구조와 단위가 확인될 수 있다. 실제로 현대사회에서 우리가 느끼거나 체감하는 시간 구조는 분과 초, 시와 일로 구성되는 역연대와 같이 단선적이고 일차원적인 시간부터 생일이나 기념일과 같이 매해 주기적으로 돌아오는 순환하고 반복되는 시간, 그리고 양자가 결합해서 반복과 계승, 그리고 앞으로의 진전이 동시에 경험되는 나선형 구조의 시간 구조, 그리고 계속적으로 현재 우리의 행위와 앞으로의 진행방향에 영향을 주는 파지로서의 과거를 포함하는 시간 등과 같은 다양한 시간 구조 및 단위들을 포함하고 있다. 이러한 시간에 대한 근본적인 성찰은 고고학에서의 시간 연구에 많은 참고가 될 수 있으리라 생각하며 다음 장에서 이를 구체적으로 살펴보도록 하겠다.

__새로운 시간과 시간관 그리고 고고학 연구

뒤르케임이 한 사회 내에 다양한 시간이 존재할 수 있음을 지적한 이후(Durkheim 1915), 사회학과 인류학 등의 다양한 분야에서 자연과학적 시간에 대응하는 사회적 시간에 대한 실제 사례 연구가 활발하게 진행된 바 있으며(Adams 1990; Evans-Pritchard 1940; Gell 1992; Geertz 1973; Munn 1992; Lévi-Strauss 1963, 1966), 최근 이러한 성과들에 대한 소개 혹은 논의가 국내에서 이루어진 바 있다(고일홍 2015; 이진경 2010). 고일홍에 따르면 사회적 시간에 대한 연구는 크게 세 주제로 구분되어 진행되었는데(고일홍 2012, 2015), 해당 연구에 따르면 첫째, 시간관 혹은 시간지향Time perspective, 즉 시간을 단선적으로 볼 것인지 아니면 순환하는 것으로 볼 것인지를 포함하여 과거와 현재, 그리고 미래 가운데 어디에 초점을 맞출 것인지 등의 시간 지향의 문제 등에 대한 연구가 진행되었다고 한다. 둘째, 시간 계산 체계와 시간표와 같은 시간의 정리Temporal ordering도 매우 중요한데 특히 시간 계산 체계에서 시간의 기준점이 자연적 현상인지 아니면 사회적 현상인지에 대한 연구와 시간 분절

단위에 대한 연구가 진행되었다고 한다. 셋째, 시간구조Time structure 역시 중요한데 여기에서 시간구조는 예를 들어 사회적 맥락과 요구에 따라 어떤 시간 단위가 중요시되는지, 시간이 어떻게 짜여질 수 있는지, 그리고 각기 다른 시간구조가 어떻게 비교될 수 있고 그 차이가 어떠한 사회사적 의미를 가지고 있는지 등의 연구가 진행되어왔다고 한다.

이렇듯 철학과 사회과학에서 지금까지 이루어진 시간에 대한 기존의 연구성과들을 감안해 본다면 지금까지 고고학의 절대불변의 인식 틀이자 가장 중요한 연구주제로 전혀 의심 없이 받아들여져 온 시간과 편년이 사실상 단일하거나 동질적이며 단선적인 것으로 시간을 이해하는 근대 세계 이후의 자연과학적 시간관에서 기원한 것이라는 점을 기억해 둘 필요가 있다. 따라서 이러한 자연과학적 시간관에서 유래한 현재의 고고학적 시간관을 비판적으로 검토하고 이를 바탕으로 물질문화와 시간 사이의 관계에 대한 새로운 문제 제기를 시도할 필요가 있다. 예를 들어 고고학 연구에서 가장 일반적으로 이용되는 방사성탄소연대의 경우, 하나의 유구에서 나온 모든 측정 가능한 샘플에 대해 연대 측정을 하지 않는 한, 그리고 그 샘플이 유적의 형성과 사용, 그리고 폐기 과정의 어느 시점과 관련된 것인지에 대한 정확한 이해가 없는 한 방사성탄소연대 측정치는 그 유구의 지속 기간 가운데 어느 한 맥락 안에서 특정한 시점만을 가리키고 있다고 할 수 있다. 또한 그 유구가 속한 전체 유적에서 비슷한 방사성탄소연대를 가진 유구가 여러 개 발견되는 경우에도 이러한 점을 감안하면 그 유구들이 반드시 동시기에 존재했다고 확신할 수는 없다. 측정치의 오차 폭은 측정치 자체의 확률적 오차범위일 뿐 그러한 유구 혹은 유적의 존속기간을 의미하는 것은 아니라고 할 수 있다. 형식 분류에 의한 편년도 엄밀하게 말하면, 일종의 이념형으로써 여러 속성들의 결합으로 이루어진 특정한 형식이 가장 특징적으로 드러나는 시기를 의미할 뿐 그러한 형식을 가진 특정 유물 혹은 그 유물이 속한 유물복합체의 연대를 직접적으로 가리키는 것은 아니다. 물론 이러한 사실이 기존의 연대 결정법이나 이에 근거한 편년이 무의미하다는 것은 아니다. 다만 그러한 연대 결정법이 말해주는 연대는 그것이 속한 특정한 맥락 안에서 이해되어야 한다는 점을 분명히 인식할 필요가 있다는 점을 강조하고자 한다.

따라서 시간과 관련하여 지금까지 살펴 본 바를 간략히 정리하면 다음과 같다.

1) 시간은 생활 세계 내에서 다양한 생물학적, 자연적, 그리고 사회적 기준에 따라 그 지향과 정리 및 구조가 정해질 수 있으며 시기와 지역에 따라 각기 다른 다양한 시간들이 존재할 수 있음을 염두에 두어야 한다. 또한 한 사회 내에서도 다양한 시간 지향, 시간 정리, 그리고 시간 구조가 존재할 수 있다는 점도 기억해두어야 한다. 따라서 시간과 관련한 우리의 고고학적 연구는 과거의 어느 한 사회에 어떠한 시간의 지향, 정리, 그리고 구조가 존재하는지, 그들이 어떠한 관계를 맺으면서 공존하는지, 그리고 사

회의 변화에 따라 그러한 시간의 지향, 정리, 그리고 구조(혹은 그들 간의 관계)가 어떻게 바뀌어 가는지(고일홍 2015)에 관심을 두어야 한다.

2) 따라서 어느 한 사회에는 일반적으로 인식되는 단선적인 시간 외에 생활세계에서 존재하는 다양한 시간 지향, 정리, 구조들이 존재한다. 즉 템포와 리듬으로서의 시간, 지속으로서의 시간, 참조와 근거로서의 시간, 그리고 순서로서의 시간 등이 바로 그것이며 과거 사회의 생활세계에서 실제 고고학 유적, 유물들이 이러한 다양한 시간들을 어떻게 가능하게하고 매개하는지, 그리고 그러한 시간들이 어떻게 특정한 의미연관들을 구성하는지에 대해 살펴볼 필요가 있다. 특히 한 사회 내에서 다양한 시간을 서로 중재하고 동시에 공존이 가능하게 하는 제의의 역할에 대해서도 주목할 필요가 있다. 즉, 상징과 신화 세계의 시간과 생활세계의 시간, 그리고 과거와 현재 및 미래가 서로 충돌하지 않고 공존할 수 있도록 하는 제의의 역할을 중시할 필요가 있다.

3) 시간은 가치중립적이 아닌 오히려 가치지향적이며, 따라서 한 사회 내에서 권력과 사회적 통제 또한 이러한 시간 지향, 정리 혹은 시간 구조를 매개로 하여 생활세계 내에서 행사될 수 있음도 염두에 두어야 한다. 예를 들어 이와 아울러 제의나 근대의 제식훈련과 같이 템포와 리듬의 통제를 통해 일종의 아비투스로서 시간이 어떻게 신체와 장소를 구속 혹은 구성하는지, 그리고 이와 동시에 그 시간들이 어떻게 신체와 장소에 내재화되는지에 대해 살펴볼 필요가 있다.

4) 경관의 특징을 논의하는 과정에서 이미 언급한 바가 있지만 시간과 공간 혹은 장소는 각각 따로따로 분리되어 존재하는 것이 아니라 서로에게 영향을 주고받으며 서로에게 새겨진다. 즉 시간은 공간 안에 새겨지며 공간은 시간 축 위에 펼쳐지거나 응축되어 나타난다. 르페브르의 연구(정기헌 역 2013)에 이미 언급된 바와 같이 도시는 도시 대로 그리고 시골은 시골 나름대로 형성되는 여러 리듬들과 템포들이 그 안에 존재하는 다양한 사물들에 따라 조화롭게 때로는 부조화를 이루며 구성된다. 또한 시간의 지향, 정리, 구성은 공간 혹은 장소를 매개로 기억되거나 해석되기도 한다.

삶과 죽음, 기억과 영원: 거대분묘를 포함한 경관과 시간의 다층적 해석

지금까지 살펴 본 시간의 특징들은 경우에 따라 분리되어 나타나기도 하지만 대부분의 경우

그림 3.2_스톤헨지와 인근 원형봉토분

그림 3.3_스톤헨지와 인근 유적들

에 함께 등장하기도 한다. 이러한 사실은 다음과 같은 해외의 사례 연구를 통해 보다 분명하게 알 수 있다. 1990년대 이후 영국을 중심으로 후기과정고고학 내에서 경관에 대한 고고학적 연구가 활발해지면서 영국 각지의 선사시대 경관에 대한 다양한 해석이 제시된 바 있다. 특히 신석기시대의 거석기념물과 청동기시대 원형 봉분묘 등으로 구성된 경관에 대한 해석 고고학적 연구가 주목되는데, 특히 스톤헨지가 위치하고 있는 웨섹스지역 솔즈베리 평원의 경관에 대한 연구가 대표적이다. 이 지역에는 스톤헨지 외에도 우드헨지wood henge와 에이브버리Avebury유적, 그리고 생츄어리Sanctuary유적과 더링턴 월Durrington Wall과 같은 헨지유적들, 웨스트 케넷West Kennet유적을 포함한 10기 이상의 신석기시대 장방형 고분들, 그리고 350여 기의 청동기시대 원형 고분들이 발견된 바 있다.

이 가운데 웨스트 케넷을 포함한 장방형 고분들은 대체로 기원전 4000년에서 3000년경까지 축조되어 사용된 것으로 확인되고 있다. 이러한 장방형 고분들이 일상생활과 제의의 과정에서 갖는 역할에 주목하여, 거석무덤의 축조과정과 축조 후 그곳에서 행해졌을 장례의식 및 제의를 통해 당시 사람들이 공동체의식과 규범을 형성하고 재확인했다고 한다(Barrett 1994). 이에 따르면 거석무덤에서 치러지는 장례의식 과정에서 살아있는 있는 사람들 사이의 지위와 의무가 새롭게 결정되었다고 한다. 실제로 거석무덤의 정면이나 측면에 있는 출입구를 통해 반복적으로 일어나는 조상들의 시신과 유골에 대한 접근은 일부 개인들에게만 허용되었을 것이며, 이 과정에서 재조정된 지위와 의무가 제의의 진행과정을 통해 살아있는 사람들 사이에서다시 한 번 정당화되고 각인될 수 있다. 또한 무덤 내 시신과 부장품에 더 이상 접근할 수 없을 때 형성되는 거석무덤의 기념물적 성격은 조상에 대한 기억이 또 다른 방식으로 이미지화되어 영속화될 수 있도록 한다. 따라서 거석무덤은 산 자로 하여금 조상과의 관계를 매개로 한 자신의 정체성을 경험하게 한다. 특히 웨스트 케넷 무덤의 축조와 지속적인 사용은 조상을 중심으로 한 특정 혈연집단이 자신들의 권리를 정당화하거나 현실의 모순을 은폐하기 위한 수단으로서, 혹은 제의에서 일어나는 시신에 대한 접근 가능성을 통해 살아 있는 사람들 사이에 차별이 이루어지는 기제로서 무덤이 축조되고 계속적인 추가장이 이루어지는 것으로 해석할 수 있다.

반면 헨지 유적들은 기원전 3000년 전 이후부터 축조되기 시작한 것으로 알려져 있다. 스톤헨지는 비록 최근 발굴성과가 종래에 알려졌던 축조과정에 대해 많은 의문을 제기할 수 있는 기반을 마련하고는 있지만 적어도 기존의 일반적인 견해에 따른다면 대략 기원전 3000년부터 기원전 1500년까지 대략 1500년의 기간 동안 맨 처음 단계에서 원형 도랑과 둑으로 이루어진 헨지 유적으로 출발하여 여러 단계를 거치면서 석조 건축물들이 지속적으로 추가되는 방식으로 축조되어 온 것으로 논의되고 있다. 스톤헨지의 등장은 보다 광역의 지역집단

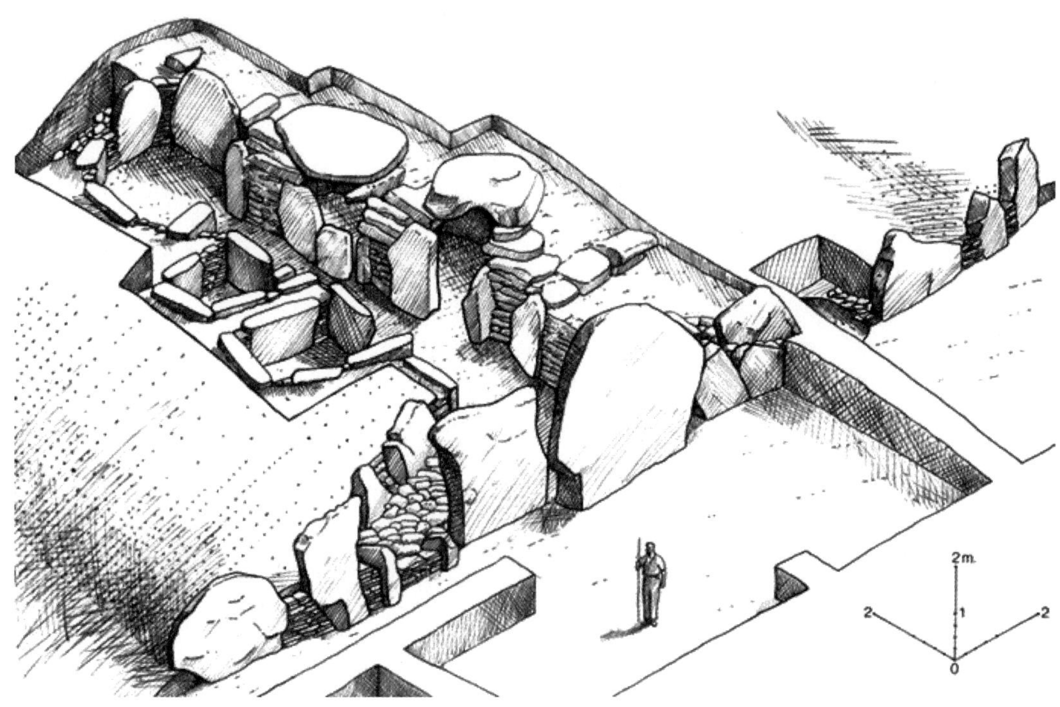

그림 3.4_ 웨스트 케넷 장방형 고분의 내부구조

들 혹은 지역공동체들(물론 혈연관계가 기본적인 배경을 이루고 있을 가능성은 크다)이 일 년 중 특정한 시점을 기해 다 같이 공동체 제의에 참여하거나 스톤헨지의 지속적 축조에 참 여했을 가능성을 암시한다. 이러한 추론이 맞는다면 여기에는 제의의 주 대상이 특정한 혈 연 집단의 공동조상에서 광의의 지역공동체를 포괄할 수 있는 초자연적 대상으로 변했을 가 능성도 추론할 수 있으며 조상의 유체를 만나는 것으로부터 권위의 정당성을 부여받는 것에 서, 그 제의와 지속적인 축조를 이끌어가는 것으로부터 현실의 권위와 권력을 유지하는 것으 로 변화되었을 가능성도 짐작해볼 수 있다. 이러한 현실 속에서의 권위와 권력의 강화가 바 로 죽음에서 개인(성)의 강화로 이어지고 이러한 현상이 바로 기원전 2000년 이후 스톤헨지 를 둘러싸고 존재하는 웨섹스 문화의 청동기시대 개인 원형 무덤들이 등장하는 배경이 된다 고 할 수 있다.

따라서 웨스트 케넷지역의 가장 높은 고지에 축조된 웨스트 케넷 무덤은 더 이상 사용되지 않으면서 먼 과거를 대표하는 동시에 조상과 관련된 기억들을 신비화하며 영속화하는 역할 을 담당했을 것으로 생각된다. 이를 대체해 갔던 스톤헨지는 스톤헨지와 관련한 제의에 참여 하는 지역집단들이 우드헨지와 생츄어리유적을 비롯한 비슷한 형태의 유적을 축조했던 다른 지역 집단에 비해 건축물의 규모나 질의 측면에서 다른 집단을 압도하면서 지역의 주도권을

쥐는 동시에, 이러한 주도권 획득에 많은 기여를 했던 개인들이 궁극적으로 개인무덤의 축조를 통해 개인성을 강조할 수 있는 근거를 마련한다고 할 수 있다. 이들의 권위는 또한 이들 무덤의 선형 입지 패턴에서도 알 수 있듯이 자체 내의 계승적 관계의 강조를 통해, 그리고 주제의 장소인 스톤헨지와의 경관상의 관계에 의해, 그리고 멀리는 먼 과거를 대표하는 웨스트 케넷과의 관계에 의해 합법화되고 정당화된다고 할 수 있다.

한편 최근 조사에 따르면 스톤헨지 부근 지역에서 동시대의 주거지들이 지속적으로 발견되고 있다(e.g. P. Pearson 2013). 그런데 이 주거지들은 일 년 내내 지속적으로 사용된 정착 주거지라기보다는 아마도 일 년 중 특정한 시기에 스톤헨지의 지속적인 축조에 참여하거나 스톤헨지에서 이루어졌던 제의에 참여하는 동안 사용되었던 일종의 임시주거지로 추정되고 있다. 만약 이러한 추론이 타당하다면 이를 통해 몇 가지 중요한 사실들을 확인할 수 있다. 첫째, 스톤헨지의 축조 혹은 제의는 당시 해당 농경사회의 시간을 분절하며 규칙화했을 가능성이 크며 따라서 당시 사람들의 시간(관)의 근거가 되었을 가능성이 크다는 점이다. 둘째, 스톤헨지의 축조 혹은 제의의 참여를 통해 스톤헨지, 그리고 이와 관련한 각종 행위들의 여러 규범과 구조들이 공동체 구성원들에게 내면화되었을 것이라는 점이다. 이러한 규범과 구조들은 축조 또는 의례의 과정에서 공통적으로 받아들여졌을 템포(몸의 움직임과 리듬)로서의 시간, 먼 과거로 환원되어 영속성을 가지게 된 시간 등과 깊은 관련이 있다. 우드헨지에서 보는 것처럼 제의에 직간접적으로 참여한 사람, 제의에 참여하지 못하고 구경만 하는 사람, 그리고 그 밖에 우드헨지와 별 관련이 없는 제 3자에게 우드헨지를 포함한 경관이 제의의 공간이라는 일차적 의미와 함께 다양한 부차적 의미를 가질 수 있었을 것이며, 이러한 다층적 의미들은 그것을 해석하는 사람들의 사회적 관계에 따라 그리고 그 의미들이 이해되는 맥락에 따라 타협되고 조정되며 때로는 경쟁하거나 갈등을 빚기도 한다.

또한 제의가 행해지는 헨지 유적뿐만 아니라 웨스트 케넷West Kennet 무덤 유적을 향하는 길Avenue에 거석들이 세워진 에이브버리Avebury유적의 경우처럼 사람들의 움직임과 동선을 통제하면서 이 지역의 경관을 특정한 방식으로 경험하고 해석하게 했을 것이다. 따라서 자연스러움을 가장한 움직임과 동선, 그리고 시선의 통제는 통제를 받는 사람들의 경관에 대한 경험을 특정한 방식으로 제한했을 것이고 따라서 경관을 느끼거나 해석하는 방식도 제한되었을 것이다.

이렇듯 웨섹스 지역의 솔즈베리 평원의 복합유적은 시간과 장소, 여러 형식의 유구들에 의해 매개되고 조건 지워지는 과거와 현재 및 미래, 일상과 죽음, 그리고 제의, 기억과 영원이 서로 교차하면서 영향을 주고받으며 이를 포함한 다양한 관계(혹은 관계들에 대한 담론)들이 형성되고 기억되며 타협되고 경쟁하는 일종의 장이라고 할 수 있다.

고고학에서 시간의 문제에 대한 깊이 있는 이해는 종래 유적 유물의 편년표에서 잘 드러나는 단선적이고 일차원적이며 동질적이며 균등하게 나뉘는 시간 혹은 시간관 대신, 복합적이며 다차원적이고 가치지향적이며 다양하게 분절될 수 있는 생활세계의 경험적, 실체적 시간에 대한 이해를 필요로 한다고 할 수 있다. 따라서 고고학에서의 시간과 시간 축은 물질문화와 우리의 몸(몸의 움직임과 감각, 그리고 인지 등을 통한), 생물학적, 자연적, 사회적 리듬과 템포, 상징 구조와 신화적 세계, 일상생활과 제의, 그리고 기억과 재기억 간의 다채로운 관계를 염두에 두었을 때에 보다 풍부하게 해석될 수 있을 것이다.

※ 이 글의 일부는 이미 발표된 「삶과 죽음의 지도화, 그리고 장 (field): 고고학적 시공간, 그리고 그 안의 물질적 자취들에 대한 심층적 이해」(제39회 한국고고학전국대회, 2015)의 내용을 수정·보완한 것임을 밝힌다.

참고(인용) 문헌

고일홍, 2012, 「사회적 시간: 문명을 이해하는 하나의 틀」, 『시간과 문명』.

――――, 2015, 「'사회적 시간'의 고고학적 연구」, 『인문논총』72(4).

김종일, 2006, 「경관고고학의 이론적 특징과 적용가능성」, 『한국고고학보』58.

――――, 2011, 「경관의 고고학적 이해」, 『한국선사시대 사회와 문화의 이해』, 중앙문화재연구원 학술총서2, 서울: 서경문화사.

――――, 2014, 「유럽내 철기 시대의 개념과 시기구분」, 『중부고고학회 2014년 정기학술대회 발표문』.

――――, 2015, 「삶과 죽음의 지도화, 그리고 장 (field): 고고학적 시공간, 그리고 그 안의 물질적 자취들에 대한 심층적 이해」, 『제 39회 한국고고학전국대회 발표문: 고고학과 현대사회』.

김태희, 2012, 「근대생활세계 시간의 위기」, 『제17회 서울대 인문학연구원 문명연구 심포지엄 발표문: 시간과 문명』.

하이데거, 마틴 저·김재철 역, 2013, 『시간개념』, 서울: 길.

르페브르, 앙리 저·정기헌 역, 2013, 『리듬분석』, 서울: 갈무리.

후설, 에드문트 저·이종훈 역, 1996, 『시간의식』, 경기: 한길사.

이진경, 2010, 『근대적 시공간의 탄생』, 서울: 그린비.

Adams, B., 1990, *Time and Social Theory*, Cambridge: Polity Press.

Bailey, G.N., 1981, Concepts, time scales and explanations in economic prehistory,

In *Economic Archaeology*, A. Sheridan and G.N. Bailey, eds., pp. 97-117, Oxford: British Archaeological Reports 96.

—————, 1993, Concepts of time in quaternary prehistory, *Annual Review of Anthropology* 12: 165-192.

—————, 2006, Time's arrow, the measurement and theory of archaeological time, *Antiquity* 80: 717-720.

—————, 2007, Time perspectives, palimpsests and the archaeological time, *Journal of Anthropological Archaeology* 26(2): 198-223.

—————, 2008, Time perspectivism: Origins and consequences, In *Time in Archaeology: Time Perspectivism Revisited*, S. Holdaway and L. Wandsnider eds., pp. 13-34, Salt Lake City: University of Utah Press.

Barrett, J., 1994, *Fragments from Antiquity*, Oxford: Blackwell.

Binford, L.R., 1981, Behavioral archaeology and the "Pompeii Premise", *Journal of Anthropological Research* 37(3): 195-208.

Bintriff, J., 1991, *The Annales School and Archaeology*, Leicester: Leicester University Press.

Bradley, R., 2002, *The Past in Prehistoric Societies,* London: Routledge.

Durkheim, E., 1915, *Elementary Forms of Religious Life,* London: Allen Unwin.

Edmonds, M., 1999, *Ancestral Geographies of the Neolithic*, London: Routledge.

Evans-Pritchard, E., 1940 , *The Nure*, Oxford: Clarendon.

Gell, A., 1992, The anthropology of time, *Cultural Construction of Temporal Maps and Image,* Oxford: *Berg*.

Geertz, C., 1973, *Interpretation of Culture*, New York: Basic Books.

Giddens, A., 1979, *Central Problems in Social Theory*, London: Macmillan.

—————, 1984, *The Constitution of Society*, Cambridge: Polity Press.

Gosden, C., 1994, *Social Being and Time*, Oxford: Blackwell.

Gosden, C., and K. Kirsanow, 2006, Timescales, In *The Archaeology of Scale*, G. Lock and B. Molyneux eds., pp. 27-37, New York: Springer.

Holdaway, S., and L. Wandsnider., 2008, *Time in Archaeology: Time Perspectivism Revisited*, Salt Lake City: University of Utah Press.

Karlsson, H., 2001, *It's About Time: The Concept of Time in Archaeology,* Goteborg:

Bricoleur Press.

Leone, M., 1978, Time in American archaeology, In *Social Archaeology: Beyond Subsistence and Dating,* C.L. Redman et. al. eds., pp. 25-36, New York: Academic Press.

Lévi-Strauss, C., 1963, *Structural Anthropology,* Harmonds worth: Penguin.

——————————, 1966, *The Savaged Mind,* London: Weiden feld and Nicolson.

Lucas, G., 2005, *The Archaeology of Time,* Oxford: Routledge.

Lyman, R.L., and M.J. O'brien, 2006, *Measuring Time with Artefacts,* Lincoln: University of Nebraska Press.

Munn, N.D., 1992, The cultural anthropology of time: A critical review, *Annual Review of Anthropology* 21: 93-123.

Murray, T., 1999, *Time and Archaeology,* London: Routledge.

Parker, P.M., 2013, Researching Stonehenge: Theories past and present, *Archaeology International* 16: 72–83.

Schiffer, M.B., 1972, Archaeological context and systemic context, *American Antiquity* 37(2): 156-165.

——————————, 1985, Is there a "Pompeii Premise" in archaeology?, *Journal of Anthropological Research* 41(1): 18-41.

Shanks, M., and C. Tilley, 1987, *Social Theory and Archaeology,* Oxford: Polity Press.

Thomas, J., 1996, *Time, Culture and Identity,* London: Routledge.

Richard, J., 2011, *Stonehenge,* London: English Heritage.

Rosen, R.M., 2004, *Time and Temporality in the Ancient World,* Philadelphia: University of Pennsylvania Press.

04

시간적 변이에 대한 고고학적 설명의 논리구조와 실상

천 선 행

고고학자료는 연구자가 형태변이와 그 의미에 대해 인식하지 않는다면 그 자체만으로는 고고학 연구에서 적절하게 활용되지 못한다. 연구자의 선험적 경험이나 가설에 따라 고고학자료는 정보의 총체로서도 중요하지만, 자료에 담겨 있는 다양한 정보(속성)들은 일정한 기준에 따라 질서 있게 분류되고 구분되며 재조합되는 기본 처리과정을 거치면서 비로소 과거를 다양한 측면에서 재구성하는 의미 있는 재료가 된다. 따라서 자료를 구성하는 속성(형태변이)을 분류하는 작업이 고고학 연구의 출발점이 되고, 결과를 좌우하게 된다. 분류의 타당성이 문제되는 것도 이 때문이다.

간혹 이러한 분류와 분석방법 자체가 하나의 연구방법으로 잘못 이해되어 연구자들이 자신의 분류방안 및 분석방법과 맞지 않다고 비판하는 사례를 볼 수 있다. 물론 분류방식과 분석방법의 타당성은 논문의 결과를 좌우하므로 매우 중요하다. 여기서 이야기하고 싶은 것은 분류와 분석방법은 연구목적에 도달하기 위한 수단이고, 심지어 객관적이지도 않은 가변적인 것이므로 연구자들간에 그 방법이 다르다는 사실 자체가 문제가 되지 않는다는 점이다. 오히려 더욱 중요한 것은 자료를 구성하는 의미 있는 요소를 기준으로 분류 및 분석하였는가? 선정한 기준과 방법이 어떤 의미를 가지며, 결과를 도출하는 데 적절한가? [분류-분석-결과]에 이르는 과정이 논리적으로 타당한가? 이다. 즉 분류와 분석을 위한 전제의 타당성, 수많은 변이들 가운데 의미 있는 요소의 선정과 형태변이의 의미파악, 결과를 도출하기까지의 설명이 논리적인가하는 일련의 과정, 즉 연구방법에 대한 검토가 더욱 중요하다.

고고학에서의 시간성에 대한 내용은 본 책 앞의 김종일「고고학적 설명에서의 시간축과 시간성」을 참고하길 바라고, 본 글에서는 형태변이[1] 중에서도 시간적 변이, 특히 형식학적 연구법과 교차연대결정법의 논리적 구조와 문제점을 확인하고, 교차연대결정법의 한 수단으로 최근에 많이 활용되고 있는 AMS연대측정치의 활용에 대해 살펴보고자 한다.[2]

_형식학적 연구법에 대한 비판과 재인식

형태의 시간적 변이[3]를 고고학적 연구로 표현해내는 방법이 연대결정(편년)이다. 연대를 짜

---

1 형태변이는 다양한 원인에 의해 발생하는데 쉽게 이해할 수 있는 예로는 시간변천, 지역차이, 개인 또는 집단의 정체성, 사회적 규범, 기술발달 등을 들 수 있다. "고고학자료가 어떻게 인식되느냐에 따라 고고학 연구의 전략과 유의미한 해석의 범위가 결정"(고일홍 2012: 284)되므로 고고학자료의 형태변이의 의미를 무엇으로 파악할 것인지와 형식 설정, 그리고 고고학자료에서 무엇을 읽어낼 것인가는 전적으로 연구자의 몫이지만, 매우 중요한 문제이다.
한편, 형태변이의 의미는 하나로만 국한되는 것은 아니다. 한 형식(또는 속성)이 어느 지역에서는 시간적 변이가 되지만, 다른 지역에서는 지역차이 또는 집단차를 나타내는 경우도 있듯이, 형태변이의 의미가 중층적일 수 있다. 그리고 연구자마다 같은 형식을 두고 그것에서 파악하는 의미를 서로 다르게 인식하는 경우도 있어, 연구자마다 선보이는 형식과 그것에 부여된 의미가 검증을 거치기 전까지는 타당하다고 할 수 없다.

2 본고는 물질자료를 시간적으로 배열하고, 역연대를 부여하는 편년인 '측정된 단위'로서의 시간성을 다룬다. 그러나 고고학에서는 각 사회에서 시간이 가지는 의미, 즉 시간관이 다르게 적용된다는 연구들이 있고, 이는 '사회적 시간'이라는 개념으로 규정된다. 이와 관련된 내용은 고일홍(2015)의 논문에 잘 정리되어 있으므로 참고하길 바란다.

3 시간적 변이란 물질자료가 가진 여러 형태변이들 가운데, 시간성을 띤다고 판단되는 요소를 일컫는다. 그러나 형태변이 가운데 어느 요소가 시간적 변이이고 어느 요소가 공간적 변이이며, 어느 요소가 사회적 변이를 반영하는지 선정하는 일은 말처럼 그렇게 쉽지 않다. 심지어 동일한 변이를 두고 연구자마다 부여하는 변이의 의미가 다른 경우도 있는데, 한국 신석기시대 빗살무늬토기에 시문된 문양을 시간적 변이 또는 공간적 변이로 바라보는 사례를 보아도 쉽게 알 수 있다.

맞추는 방법은 크게 상대연대결정법_{ralative dating}과 절대연대결정법_{absolute dating}이 있고, 양자가 상호보완적 관계에 있음은 주지의 사실이다. 먼저 절대연대결정법은 유적·유구·유물에 대한 역연대를 부여하기 위해 실시되는 이화학적인 방법으로, 측정치는 통상적으로 표준오차 범위인 '±'로 표현된다. 그러나 이것을 통해 얻어진 연대가 절대적인 연대가 아님은 당연하다. 절대연대와 유사하게 역연대라는 용어를 사용하기도 하는데 역연대는 특정 역법으로 산출된 연대를 뜻한다면, 절대연대는 역사적 사실에서 움직일 수 없는 연대, 즉 확실한 연대를 지칭하므로 사용용법에 차이가 있다.

　상대연대결정법은 유물의 나이를 명확하게 판정할 수 없는 대부분의 고고학자료에 적용되는 방법으로 특정 유물·유구·유적이 다른 유물·유구·유적과 동시기인가, 이른가, 늦은가의 순서를 매기고 배열하는 것이다. 상대연대결정법에는 전통적으로 층서법, 형식학적 연구법, 순서배열법과 교차연대법이 주로 이용된다.

형식학적 연구법의 논리구조와 재인식

층서법은 층위 역전이나 교란이 없는 한 아래층일수록 오래되었다는 지층누중의 원리를 이용한 것으로 층위간의 상대적 선후관계를 파악하는 것을 말한다. 그러나 유적에서 층위의 재퇴적과 역전현상은 비일비재하게 나타나므로 이에 대한 검토과정이 필요하다. 뿐만 아니라, 단순히 신구관계를 파악하는 것만이 아니라, 층의 퇴적과정 즉 유적이 형성되는 과정에 대한 이해가 필수적이다. 한편, 층서법은 동일층으로 연결된 한정된 범위에서만 활용할 수 있으므로 다른 지역 다른 유적과의 비교가 불가능하다는 한계점이 있다.

형식학적 연구법의 전제　　이러한 층서법의 한계를 보완하는 방법으로 제시된 것이 형식학적 연구법, 순서배열법, 교차연대결정법이다. 힐데브란트_{H. Hildebrand}에 의해 주창되고, 몬텔리우스_{Gustave Oscar Montelius}가 체계화시킨 형식학적 연구법은 이미 많은 연구자들에 의해 재조명되고 비판된 바가 있어 재차 언급하는 것이 새삼스럽다. 간단하게 살펴보자면, 몬텔리우스의 형식학적 연구법은 형식배열과 검증의 두 과정으로 이루어진다. 먼저 형식배열을 하기 위해서는 몇 가지 전제가 필요한데, 같은 시기에 제작·사용된 것은 형태와 분위기가 유사하다는 점, 특정시기 및 특정지역에서 발생한 물질문화는 다른 지역 및 시간의 것과 구별되는 점, 인공유물의 양식(외형과 장식)상 변화가 점진적이거나 진화적이라는 점, 동일 기형 내 형식간에는 시간적으로 공존하지 않는다는 전제를 바탕으로 한다(김장석 2013, 2015). 따라서 형식학적 연구법이 얼마나 성공적인가는 선택한 자료의 형태변이가 시간변화를 의미한다는 것이 분명하고 그 변화가 진화과정과 동일하다는 점이 확인되어야 한다고 볼 수 있다(김장석 2015).

바로 이 측면이 형식학적 연구법을 지지하는 쪽과 그렇지 못한 쪽의 논란이 되는 부분 중의 하나이다. 형식학적 연구법에 대해 비판적 태도를 견지하는 연구자들은 변이의 분류 타당성(시간적 변이인가의 판단)을 문제 삼고, 형식학적 연구법을 지지하는 연구자들은 형식을 설정하는 작업 자체에서 이미 시간적 변이를 선별하여 배열하므로 이 문제는 해결되었다고 보고, 형태변이의 시간적 변화는 이후의 검증방법(일괄유물, 흔적기관)으로 보증된다고 본다(안재호 2016). 두 견해는 모두 타당하다. 이론적으로는 후자의 견해처럼 형식을 설정하고 배열할 때, 진화론에 입각하여 시간적 속성을 반영하는 형태변이를 선택하고 작업을 진행시키므로 이미 시간을 반영하는 형태변이가 선택되는 것이다. 그러나 시간을 다루는 고고학 논문에서 형태변이의 시간적 방향성을 제시하기는 하지만, 실제로 그 방향성의 타당성이 모든 논문에서 검토되는 것은 아니다. 따라서 두 견해는 형식학적 연구법을 적용할 때의 문제와 이론적 과정을 각각 지적한 것이라고 할 수 있다. 분명한 것은 형식학적 연구법을 시행하기에 앞서 연구자 개개인이 선택한 시간적 속성이 과연 시간적 흐름을 반영하는가와 방향성의 검토는 필수이며, 그러한 확신하에 작업이 이루어져야 타당성이 확보될 것이다.

흔적기관과 형태변이의 동인　　몬텔리우스의 형식학적 연구법에서 형식배열은 흔적기관과 일괄유물에 의한 평행관계라는 두 가지 방법으로 검증된다. 먼저 흔적기관에 대해 살펴보면, 유물은 생물의 종에 대비되므로 유물의 어떤 기능을 가진 형태가 시간이 지남에 따라 본연의 기능을 상실하면서 형태가 퇴화된다고 보고 진화적 관점에서 유물의 변화상을 확인하는 것이다. 그러나 널리 알려져 있듯이, 형식배열 시에 이미 흔적기관을 인식하고 배열하므로, 형식배열의 검증수단으로 흔적기관을 이용하는 것은 순환론법이라는 비판이 일찍부터 제기된바 있다.

여기서 한 가지 더 추가하고 싶은 것은 몬텔리우스의 형식학적 연구법은 진화론적 관점에서 흔적기관을 기준으로 형식을 배열하므로, 시간적 속성의 변화 요인을 기능이라는 하나의 동인으로만 국한시킨다는 점이다. 몬텔리우스가 실시한 청동부의 변화가 그러하다. 석부를 모방하고, 점차 실용적으로 사용하면서 병부가 빠지지 않도록 단시설을 만들고 鎏部를 형성하는 변화 등 기능의 필요와 불필요에 따라 형태변화가 발생하는 것으로 설명하는 것이 형식학적 연구법의 이론적 기본 틀이다.

그러나 몬텔리우스가 소개한 북유럽의 브로치처럼 유물의 형태변이를 발생시키는 원인은 기능에만 있지 않다. 예를 들어 한국 선사고고학에서 토기의 구연부형태와 문양이 형식학적 연구법의 분석대상이 되기 일쑤다. 그러나 문양은 세대교체, 유행, 집단표상의 변화, 혼인, 문화접변, 기술체계 등 다양한 원인에 따라 변이를 일으키고 그 결과는 형태변이 즉 형식에 반영된다. 바꾸어 말하면, 몬텔리우스의 형식학적 연구법에서 형태변이는 점진적, 진화적, 단선적이지만, 실제로는 유물의 형태변이가 점진적이지도 진화적이지도 단선적이지도 않을 수 있다는 점이다. 앞서 이야기한 바와 같이 형식학적 연구법의 성공여부는 올바른 시간적 속성의 선택여부에 달려 있다. 여기서 한 걸음 더 내딛어, 선택한 시간적 속성의 변화 동인을 인식하고 접근한다면, 연속하는 형식의 계통과 분기하는 계통을 파악하여 형식배열의 의미를 더 구체화시키면 고고학적 설명이 풍부해지지 않을까? 또한 앞서 설명한 시간적 속성의 타당성 여부에 대한 인식차를 좁히는 데 도움이 되지 않을까한다.

한편 몬텔리우스의 형식학적 연구법은 기능이라는 측면을 중시하므로 당연하게도 서로 다른 기능을 가진 유물(즉 서로 다른 종)을 포함하여 분석하는 것이 불가능하다. 신뢰성이 높은 결과를 도출하기 위해서는 서로 다른 제작 규범이 반영된 기종은 분리시켜 보는 것이 바람직하다. 그러나 이러한 양상이 늘 고고학자료에 통용되는 것은 아니다. 예를 들어 한국 선사고고학에서의 문양을 주분석대상으로 삼는 토기연구가 그러하다. 그 이유는 여타 기능차를 반영하는 형태변이가 육안으로 쉽게 인지되지 않는 반면, 문양은 변화상이 비교적 쉽게 확인되기 때문이다. 특정 지역에서 특정 문양이 유행할 경우, 특정 문양은 기형에 관계없이 심발형, 천발형, 호형토기 모두에 시문되기도 한다. 이럴 경우 특정 문양의 시문규제가 기종을 초월해 적용되므로 문양만을 분석하는 것도 가능해진다. 유사한 예로 일본의 조몬토기를 들 수 있는데, 조몬토기의 경우 토기형태와 관계없이 문양대 변화만으로 시간성을 확인할 수 있다(하야시 켄사쿠 2015). 그러나 이와 같은 특수 사례를 제외하고 결과적으로 오류를 줄이는 법은 같은 기종 내의 분석, 동일한 계열 내의 분석이 효과적일 것이다.

　　　형식학적 연구법의 두 번째 검증방법이 일괄유물에 의한 평행관계 검토이다. 개별 유물의 형식배열은 어디까지나 가설에 지나지 않지만, 유물간 평행관계 검토를 통해 타당성이 확보된다. 그 골자는 이른 형식의 유물은 이른 형식의 유물과 공반하고 늦은 형식은 늦은 형식의 유물과 공반한다는 것이고, 그 공반상을 확인하는 수단이 일괄유물의 파악이다. 잘 알려져 있듯이 일괄유물은 동일시기에 폐기되었다는 것만을 알려주는 것으로 그 내부에는 전세품이 포함될 가능성이 있다. 따라서 타당성확보를 위해 적어도 30회 이상의 평행관계가 확인되어야 한다고 하지만, 현실적으로 적용하기는 힘들고, 그 만큼 평행관계가 많이 확인되면, 형식배열의 개연성이 높아진다고 볼 수 있다.

따라서 일괄유물을 이용한 평행관계를 검토하기 위해서는 유물의 일괄성 확보가 중요하다. 한국 고고학에서는 추가장이 가능한 구조의 무덤을 제외한 무덤부장품, 주거지 출토품을 일괄유물로 파악하는 경향이 있고, 일괄성을 가지고 출토된 유물을 공반관계에 있는 공반유물이라고 통칭하다. 무덤부장품의 경우, 앞서 이야기한 전세 가능성이 있으므로 실제적으로 일괄유물의 평행관계에 그대로 이용할 수 없지만, 폐기단계에서의 공반관계가 확실하므로, 특정 유물이 제작된 후 오랫동안 사용되다가 폐기된 사실을 알려주므로 중요하다.

한편 주거지의 내부 출토품은 전세품과 성격이 다른데, 주거 내 출토 유물이 모두 동시폐기라고 할 수 있는가의 문제점이 있다. 주거 내 출토유물의 일괄성을 확인하기 위해서는 토기의 수직적, 수평적 출토위치, 출토정황, 주거 내 퇴적양상을 종합적으로 검토하여 판단해야할 것이다. 그럼에도 불구하고 한국 고고학에서는 주거 내 출토품을 일괄유물로 전제하고 사용하는 경향이 많다. 예를 들어 청동기시대 전기 무문토기(가락동식·역삼동식·흔암리식 토기)의 주거 내 출토유물을 일괄유물로 인정하느냐의 여부에 따라 연구자마다 무문토기 편년이 달라져 혼란을 초래하고 나아가 시기구분 연구에도 문제를 가중시키고 있다. 따라서 일괄성의 확보, 즉 확실한 공반관계에 있는 공반유물임을 검토하는 과정은 형식학적 연구법의 검증수단으로서만이 아니라, 한국 선사고고학의 상대연대결정을 위한 수단으로서 꼭 검토할 필요가 있다. 그러기 위해서는 일괄성을 확인할 수 있는 객관적 지표의 정보화가 선결되어야 하는데, 발굴시 퇴적층위의 파악과 출토유물의 위치정보가 정확하게 기재되어야 할 것이다. 정보들의 누적을 통해 향후에라도 연구자들이 공반관계의 여부를 확인하고 검증하여 사용할 수 있도록 도모할 필요가 있겠다.

결과로서 형식배열과 형식, 그리고 단계설정　　일찍이 형식학적 연구법의 문제점으로 형식으로만 편년을 얻는 점, 형식이 정적인 것이어서 유물의 양식적 변화의 중복상을 부정한다는 점, 분기를 함으로써 각 분기별 다른 형식이 존재하는 모순성, 형식의 변화속도와 빈도의 개념이 없는 점, 검증방법의 불충분 등이 지적된 바 있다(李熙濬 1983). 그 중에서 두 번째와 세 번째 문제는 위의 김장석(2013, 2015)이 이야기한 형식학적 연구법의 전제 중의 하나인 동일 기형 내 형식 간에는 시간적으로 공존하지 않는다는 전제가 있다는 지적과 관련된다.

형식학적 연구법은 기능을 중시하고 형태변이의 출현을 형식배열의 근거로 삼는다. 따라서 분명하게 형식학적 연구법으로 설정된 형식은 제작단계에서의 신구관계를 의미하고 제작적 측면에서 하나의 계열 안에는 형식간 중복이 일어나지 않고 그래서도 안된다. 반면, 형식의 공존양상은 일괄유물의 공반관계를 통해 확인할 수 있고, 우리는 이것을 단계설정이라고 부른다. 즉 위의 비판은 제작단계의 형식배열이 사용·폐기를 반영하는 단계설정을 대변할 수 있어야 한다는 것인데, 그것이 과연 현실적으로 가능한가를 먼저 따져봐야 한다.

고고학자료가 제작되는 순간 개별적으로 바로 폐기되는 경우는 드물다. 오히려 대부분은 [제작-사용-(전세)-폐기]의 과정을 겪게 된다. 게다가 화석화의 과정을 거치면서 변형되기도 한다. 고고학 연구자의 손에 들어오는 고고학자료는 바로 제작에서 폐기까지 일정한 시간이 경과한 후의 누적결과물인 것이다. 이는 곧 제작단계의 편년과 사용·폐기단계의 편년은 각각의 분석시점이 다르다는 것을 의미하는데, 제작단계의 편년은 결코 시간적으로 누적되어 다양한 변수가 발생한 사용·폐기단계의 편년과 같을 수 없는 별개의 것으로 구별해야한다. 이러한 고고학자료의 특성을 고려하면, 하나의 편년(형식배열-제작)이 모든 단계의 편년(공반관계-사용·폐기)을 두루 충족시켜야 하고, 형식학적 연구법으로 도출된 결과가 그렇지 못하다는 비판은 아마 현실과 괴리된 이상에서 비롯된 것이 아닐까싶다.

제작단계의 편년과 사용·폐기단계의 편년은 서로 독립적이지만, 상호보완적인 관계에 놓여있고 두 편년을 적절히 활용해야 고고학적 해석의 폭이 넓어진다. 앞서 이야기한 바와 같이 형식학적 연구법은 형태변이의 출현을 근거로 삼는 이상, 제작에서의 신구관계만을 알려주고, 일괄유물을 통한 공반관계의 확인은 사용·폐기단계의 형식간 공존관계를 알려준다. 특히 후자의 편년을 수립하기 위해서는 일차적으로 제작단계의 편년이 수립되어야 활용가능하다. 즉 고고학에서는 제작단계의 편년수립 후 이를 활용한 사용·폐기단계의 편년수립이라는 작업이 필요하며, 두 편년체계의 비교를 통해-형식학적 연구법의 또 다른 비판점으로 지적되어 왔던-형식의 변화속도, 물질문화의 변화상 즉 동적인 형태로 물질자료의 양식적 변화를 파악할 수 있게 된다.

형식학적 연구법의 다양한 변모

형식학적 연구법은 그간 많은 수정과 변형을 겪어 왔다. 특히 한국의 형식학적 연구법은 구미에서 성립하고 발달한 것과 차이가 있고, 오히려 일본에서 변형된 방법과 유사하다. 일본의 형식학적 연구법은 몬텔리우스 형식학의 영향을 많이 받기는 하였지만, 그것과 완전히 같지 않다.

예를 들어 몬텔리우스의 형식이 개체로 파악되는 반면, 조몬시대의 형식은 문양 및 문양대의 변화로 파악되고, 야요이시대 양식은 형식군으로 인정된다. 또한 몬텔리우스의 형식과 조몬시대 형식은 제작단계의 신구관계를 나타내지만, 야요이시대의 양식은 형식차(제작·의도)와 공반관계(사용·폐기)의 파악이라는 두 절차를 통해 설정되므로 제작·사용단계의 측면이 모두 투영되는 이중성이 있다. 따라서 각 형식과 양식의 시간 폭이 의미하는 바도 다른데, 몬텔리우스의 형식이 주민차·계통차·민족차로 인식되는데 비해, 일본의 형식과 양식은 시간은 물론 집단, 문화 등 다양한 의미를 가진다. 뿐만 아니라, 몬텔리우스의 형식이나 일본에서의 형식은 생물에서의 종에 대비되는 개념이다. 그러나 생물에서의 종과 몬텔리우스의 형식은 상이한 종과의 교배를 통해 자손을 만들 수 없는 계통적 측면이 강하지만, 일본에서의 형식은 형식을 구성하는 요소 속에 타 지역의 다른 형식요소가 수용되거나 전파되는 점을 인정한다는 점에서 차이가 있다(鈴木公雄 1994: 72).[4]

뿐만 아니라, 형식을 설정하고 조열하는 방식에서도 차이가 있다. 몬텔리우스의 형식학적 연구법은 점진적 형태변이를 기준으로 삼고, 야요이시대의 형식은 형식학적 연구법으로 설정되나, 양식은 일괄유물 내 형식군의 뺄셈을 통해 설정된다. 반면, 조몬시대 편년을 주도한 야마노우치 스가오山內淸男는 형식을 일괄유물의 뺄셈으로 추려내어 세분하고, 대별할 때 최종적으로 문화의 변천사를 서술해야하므로 그 때의 검증방법으로 형식학적 연구방법을 이용해야한다고 이야기한다. 즉 형식설정 시에 미리 형식학적 연구법을 근거로 사용하는 것은 연구자 자신이 순환론에 빠지게 될 것을 염려했고, 이러한 순환론법에 빠지지 않기 위해서 형식학적 연구법과 거리를 두고자하였다(山內淸男 1937).

이처럼 형식학적 연구법이 원래와 다르게 적용되면서 일본의 형식은 지나치게 연대상의 단위로만 규정된다고 비판을 받기도 하였다(崔盛洛 1984). 그러나 이는 잘못된 이해라고 생각되는데, 일본의 형식학적 연구의 주축을 이루는 조몬시대 연구의 형식, 야요이시대 연구의 양식은 모두 시공간의 함수로 파악되기 때문이다(천선행 2008, 2010). 위의 비판에 대한 반론이 있어 인용하여 덧붙여둔다.

> '지방차, 연대차를 나타내는 연대학적 단위'인 형식(중략)이 연대 척도에 지나지 않는다고 단정하는 사람은 '지방차, 연대차를 나타내는' 부분을 무시하고, '연대학적 단위'로만 해석한 것이다. 이 해석은 분명히 잘못되었다. 이 문장을 "형식이란 '지방차를 나타내는 연대학적 단위이고', 나아가 '연대차를 나타내는 연대학적 단위'이기도 하다"로 바꿔 읽어도 전혀 의미가 변하지 않는다. "'지방차와 연대차를 나타내는 단위이고', '연대학적 단위이다'"라고 읽을 수도 있다. '형식이 연대(만)를 나타내는 단위'라면, '연대차를 나타내는 연대학적 단위'라는 문장은 전혀 의미가 없는 반복어가 된다. '지방차와 연대차를 나타내는 단위'와 '연대학적 단위'는 각각 다른 의미를 가진다고 봐야 한다. (중략) 또한 이 문장에는 형식의 위치를 결정하는 작업수순도 제시되어 있

---

4 따라서 김장석(2014: 8)이 몬텔리우스의 형식과 일본의 형식이 계통이 다른 유물 사이의 혼합에 의한 형태변이가 발생하지 않는다고 가정한다는 설명은 잘못된 이해이다.

다. 한 형식의 위치를 결정할 때 그 형식과 다른 형식 간에 연대차가 있는지 우선 검토해야 한
다는 것이다. 한 형식과 다른 형식 사이에 연대차가 없다면, 이들 형식차는 지방차라고 볼 수 있
다. 한 형식의 위치는 시간(=연대)과 공간(=분포)의 함수라고 볼 수 있다. 형식을 설정하는 토
대가 되는 자료는 그 형식의 공간축 상의 위치를 나타낸다. 그러므로 그 형식이 시간축에서 다
른 형식과 겹치는지를 살펴보면, 그 형식을 다른 형식과 구별하는 필요조건이 있는지 판단할 수
있다. 두 변수의 값을 동시에 결정할 수 없는 한, 우선 시간 변수를 결정해야 한다. '연대학적 단
위'라는 문구에는 이러한 의미도 담겨 있다(하야시 켄사쿠 2015: 79~80).

이처럼 형식학적 연구법은 실제로 적용되는 와중에 많은 변형을 겪어왔다. 이러한 변형이
발생하는 이유는 고고학자료를 바라보는 연구자의 관점, 서술하고자 하는 목적이 다르기 때
문으로 하나의 잣대로만 보면 모든 방법에 문제가 있을 수밖에 없다. 그러나 특정 지역의 특
정 시간대의 고고자료가 가지는 특성을 고려한다면, 형식학적 연구법을 좀 더 유연하게 적용
할 수 있지 않을까한다.

한편, 형식학적 연구법에 빈도개념이 없다는 문제점이 제기되면서 순서배열법의 유효성을
높이 평가하기도 한다. 확실히 형식학적 연구법은 흔적기관의 유무, 형태변이의 유무를 통해
형식이 설정되므로 빈도개념이 없는 것이 사실이다. 그렇다고 형식학적 연구법에 빈도개념
이 없으므로 잘못되었고, 빈도개념이 있으므로 순서배열법이 타당하다는 것은 아닐 것이다.
형식학적 연구법은 개량을 거듭하고 있고, 형식을 설정할 때 유무로만 표현하는 것이 아니
라, 수량과 비율을 모두 제시하게 되면, 일괄유물의 공반관계 검토를 통해 그 한계를 극복할
수 있다.

수치라는 과학성으로 비호받는 듯한 순서배열법seriation은 "고고학적 편년단위의 집합체를
각 단위가 가진 형식의 상대빈도나 속성의 공유여부에 의거하여 유사도에 따라 배열함으로
써 편년을 구하는 방법"(李熙濬 1983: 139~140)으로 발생순서배열법과 빈도순서배열법이
있다. 전자는 시간성을 나타내는 속성 또는 형식의 유무를 파악하여 발생과정이 연속되도록
배열한 것이다. 후자는 속성 또는 형식의 빈도가 수치상 점이적으로 연속되도록 배열하므로,
연속분포가 군함형태 또는 렌즈형을 이루게 된다. 순서배열법은 한정된 유물이 아니라 유물
복합체로 확대하여 분석할 수 있고, 출현에서 사용·폐기되기까지의 변화, 타 형식과의 공존
상을 보여준다는 이점이 있다. 그러나 순서배열된 것 중 어느 쪽이 오래되고 새로운지를 바
로 파악할 수 없다. 순서배열법도 여러 전제를 필요로 하는데, 분석 대상이 같은 지역에서 나
온 것 즉 같은 문화전통에 속해야 하고, 분석 단위의 존속 시간이 그다지 길지 않아야 하며,
문화적 연속성 즉 시간적 차이가 나타나야한다(李熙濬 1983: 144~149; 김장석 2013). 무엇

보다 순서배열법은 해당시기에 제작된 유물을 모두 집성해야 편년가능한데, 수량과 다수 기종의 공반이 확인되어야 유효하게 활용할 수 있다. 또한 변화상 파악에는 용이하지만, 시간적 군집화라는 단계 설정 즉 유적의 변천을 규명하는 데에는 유효하지 못하고, 순서배열법에서 설정된 각 형식이 과연 시간적 속성으로 결합된 것인지에 대한 검증이 없다는 점에서 실제 적용의 한계점이 있다(安在晧 2015: 23).

형식학적 연구법과 순서배열법의 한계를 극복하고자 최근에는 형식학적 속성분석법의 활용이 대두되고 있다.[5] 이는 형식학적 연구법의 레벨을 속성의 단계로, 일괄유물에서의 평행관계 검증을 형식 내 속성간의 상관성을 통해 확보하는 방법이라고 할 수 있다. 그러나 이것도 유물의 양이 어느 정도 확보되어야 하며 속성의 상관관계로 변화성이 확인되지만, 어느 방향으로 변화하는지에 대한 검토가 필요하며, 결락자료가 있을 경우 상관성확보가 어려우며, 한 기종의 단계설정만이 아니라 여러 기종을 포함한 단계설정이 시도되어야 유구 및 유적의 변화를 파악할 수 있으므로 분석단계를 계속 통합시켜야 하는 번거로움이 있다.

이상으로 형식학적 연구법을 무조건적으로 유물에 적용하여 연대를 결정하는 것은 적합하지도 올바르지도 않다. 그러나 속성이든 형식이든 유물복합체이든 형식학적 연구법은 연구자가 고고학적 시간과 공간을 인지하는 과정과 직결된다는 점에서 무조건적으로 배척할 수 있는 사항이 아니다. 형식학적 연구법은 고고학자료를 이리저리 조리하여 과거를 복원하고 그에 대한 적절한 설명을 부가하기 위해서 활용되는 수단이다. 형식학적 연구법과 그 속에서 이루어지는 분류작업은 더 이상 편년을 위한 수단만이 아니라, 공간, 분포, 관계를 파악하기 위한 기본 수단으로 활용되고 있다. 또한 개량되면서 빈도, 속성레벨, 개체레벨, 유물복합체레벨의 연구가 이루어지고 있다. 형식학적 연구 자체가 고고학적 연구의 목적이 되지도 않고 되어서도 안된다. 바꾸어 말해 형식자체가 문화이고 시간이 아니다. 어디까지나 고고학자료를 문화와 시간, 공간이란 틀에서 설명하기 위해 일차적으로 분류되는 방식이고 납득할만한 논리로 설명하기 위한 수단인 것이다.

---

5 형식학적 속성분석법의 자세한 과정은 안재호(2016)의 논문을 참조해주길 바란다.

__교차연대결정법의 구조와 실상

교차연대결정법의 구조

상대연대결정법 중, 교차연대결정법cross dating은 다른 지역의 층서에서 발견되는 유물을 비교하여 두 지역 간의 관계, 즉 동시성을 확인하는 방법이다. 층서법은 동일층위로 연결된 한 유적 또는 한정된 범위의 공간에서만 활용가능하고, 형식학적 연구법도 다른 지역에 적용할 수 없다.

　예를 들어 〈표 4.1〉처럼 변화한다고 가장할 때, A와 B지역에서 A1·A2와 B1·B2가 오래된 것임을 알 수 있지만, A1와 B1, A2와 B2가 동시에 존재했는지 알 수 없다. 각각이 동시에 존재한 사실, 즉 병행관계에 있었음을 파악하는 방법이 "교차편년(혹자는 지역편년의 공시화)", 편년을 연계하는 것이다. 하부 지층부터 순차적으로 화석군이 변해가고, 표준화석을 통해 지층의 연대를 측정할 수 있다는 지질학의 동물군 천이의 법칙에서 기인한 것으로 동시성을 확보하기 위한 재료로 표준유물index fossil 또는 horizon marker을 이용한다. 따라서 원론적으로 표준유물은 두 지역 이상에 광범위하게 분포해야하고, 제작에서 폐기까지의 시간이 짧아야한다(김장석 2014a).

　위의 두 전제 외에 고려해야할 사항이 있다. 청동유물처럼 계통을 파악하기 쉬운 舶載品이 표준유물로 선정될

표 4.1_지역편년의 변화

A지역 편년	A1 → A2 → A3 → A4 → A5 계열
B지역 편년	B1 → B2 → B3 → B4 → B5 계열

확률이 높지만, 고고학자료에 늘 박재품이 구성되는 것은 아니다. 그렇기 때문에 신석기시대 이중구연토기의 형성을 팽이형토기에서 찾고 연대를 열결시키던 연구처럼 토기의 문양 속성, 혹은 현지 제작된 청동기의 속성을 교차편년에 활용하는 경우가 현실적으로 더 많다. 이는 후술하는 교차편년의 확대경향과 일맥상통한다. 그렇다보니 형태적 유사성을 두 지역을 연결하는 표준유물로 삼고 무조건적으로 연결시키는 오류를 범하기 쉽다. 따라서 표준유물을 선정하기 위해서는 형태적 유사성만이 아니라 양 지역의 요소가 동일 계통에 해당하는 것인지 추가적으로 검토할 필요가 있다.

　교차편년의 잘못된 사례로 일본 야요이시대 중기 스구식須久式 옹관에 부장되는 前漢鏡을 들 수 있다. 전한경을 표준유물로 삼아 교차편년에 활용하기 위해서는 일차적으로 전한경이 중국에서 제작되어 폐기되기까지 단기간에 이루어져야한다. 그러나 실제로 중국에서 전한경

이 제작되고 바로 일본으로 박재되었다는 사실이 입증되지 않았다. 구체적으로 중국 내에서 제작되어 사용되는 기간(전세포함)이 어느 정도인지, 일본으로 유입되기까지의 시간차, 나아가서 일본 내에서 사용기간을 거쳐 무덤에 부장되기까지의 기간에 대한 검토가 없이 고고학적 교차편년에 그대로 활용된 바 있다.

이러한 점을 감안하여 일본에서는 경사편년이라는 것을 적용한다. 즉 전한경의 일본 유입연대를 서기전 1세기 전반으로 파악하는데 이는 한사군의 설치연대를 감안한 것이다. 일반적으로 중국에서 어느 정도의 시간을 거쳐 일본으로 전한경이 박재되는지 알 수 없으므로, 좀 더 분명한 역사적 사건을 이용하여 박재까지의 시간을 확정짓는 방식으로, 중국에서 전한경이 제작되고 일본으로 박재되기까지의 동인, 즉 역사적 근거인 한사군 설치를 적극적으로 활용하여 경사편년을 설정한다. 어떻든 일본 야요이시대 중기후반의 스구식 옹관묘에 전한경이 출토된다는 사실은 표준유물이 갖추어야 할 전제의 타당성이 검토되지 않는 한, 고고학적 사실에서 알 수 있는 것은 스구식 옹관이 전한경의 제작시기를 넘어설 수 없다는 점, 즉 상한연대만 파악할 수 있을 뿐이다.

교차연대결정법에서 경사편년을 두는 경우는 선사고고학에서 두드러진다. 왜냐하면 선사시대는 정보를 빠르게 전달하는 수단 및 네트워크의 형성이 미비하다고 보는 경향이 강하기 때문에 한 지역에서 다른 지역으로 단시일의 박재는 특정한 사건 없이는 이루어지지 않을 것이라는 인식이 팽배해 있다. 따라서 현재 교차연대결정법을 적용하는 데 있어서 표준유물이 갖추어야 할 조건만이 아니라, 한 지역에서 다른 지역으로 박재되기까지의 시차를 어느 정도 둘 것인가에 대한 객관적 근거마련도 고려해야 할 사항이다.

교차연대결정법의 변형

전통적인 교차연대결정법은 다른 지역과의 동시성을 확보하는 상대연대결정법의 하나라는 점, 그리고 그 재료로 표준유물을 사용한다는 점으로 압축된다. 현재 한국 고고학에서 이를 통해 알고자하는 목적과 대상이 확대되어 사용되고 있다.[6] 먼저 다른 지역과의 동시성 확보,

---

6 한편 김장석(2014a: 11~12)은 한국에서의 교차편년이 "문화요소의 기원지와 계통을 파악하는 데에", "집단계통 파악과 형식의 시간적 배열이라는 두 가지 서로 다른 접근을 연결시키는 매개체로서의" 역할을 한다고 지적한다. 한국에서의 교차연대결정법이 계통과 계보를 파악하는 연구로 확대되고 편년 연구에 활용되는 점은 동의하지만, 계통을 파악한 후 기원지에서의 전형적 형태에서 멀어지는 방향으로 형식학적 배열을 하는 식으로 편년이 이루어진다는 주장에는 동조할 수 없다. 대부분의 연구가 형식학적 연구법에 따라 형식을 배열한 후, 편년과 별개로 기원지 및 계통연구가 이루어지기 때문이다.

즉 연대를 연계시키는 목적에서 벗어나 편년 연구의 일환으로 활용된다는 점이다. 다음으로 편년 연구의 일환이라는 측면에서 당연한 이야기가 되겠지만, 표준유물만이 아니라 형식 또는 속성으로 확대시켜 검토하고 있다.[7] 이는 물질자료에 내재된 타 지역 요소가 동시기의 인적교류로 나타나는 결과라고 보기 때문이다. 이때 비교 대상지역으로 절대연대가 알려진 지역의 편년을 이용하는 경우가 많다.

교차연대결정법의 목적과 대상이 확대되면서 기존에 습관적으로 이루어지던 경사편년을 지양하는 경향이 생겨나는데, 이는 AMS연대측정결과에 힘입은 바가 크다. 즉 중국이나 한국에서 제작된 유물이나 요소가 제작됨과 동시에 거의 시차 없이 한국과 일본으로 유입된 것으로 보는 것이다. 그러한 사례로 중국동북지역과 무문토기의 병행관계(천선행 2014) 및 야요이시대 개시 연대가 그러하다. 전자는 상대편년과 교차편년으로 조직된 병행관계에서 한반도 남부로 도달하기까지 어느 정도의 시차가 있더라도 문화적 차이를 인지할 만큼의 시차가 인정된다고 보지 않는다. 특히 한반도 남부로의 파급 배경이 당시 중국동북지역의 지역관계 변동이라고 보기 때문에 시차를 둘 수 없기 때문이기도 하다.

한편, 후자는 AMS연대측정치를 교차편년에 이용하는 방법으로, 2003년 이후 국립역사민속박물관 연구팀이 주도하여 제창한 연대이다. 기존의 야요이시대 연대보다 대폭 상향조정되어, 야요이시대 조기는 서기전 10세기 후반(B.C. 930), 전기는 서기전 8세기 초(B.C. 780), 중기는 서기전 380년으로 변경되었다. 이러한 연대관을 앞서 설명한 전한경을 이용한 전통적 연대관과 비교하자면, 중국에서 전한경이 제작되는 시점과 야요이사회로 유입되기까지 거의 시차가 없어지게 된다. 결과적으로 도작농경 및 금속기문화가 중국에서 한반도로 파급·정착한 후 일본으로 2차 파급된 것이 아니라, 중국에서 한반도, 일본으로 동시 확산된 것으로 보는 결과를 낳게 된다.

야요이문화 형성을 어떻게 볼 것인가의 문제와 별도로, 야요이시대 신연대관에 대한 문제점을 제기하면서 야요이시대 연대를 재편하는 연구가 진행되는데, 대부분 청동기(비파형동검)를 표준유물로 삼는 교차연대결정법이 주류를 이룬다. 연구자마다 차이는 있지만 요서지역의 비파형동검 연대를 상한으로 거의 같거나 약간 늦은 시기에 야요이시대가 시작된 것으로 본다.

야요이시대 개시연대를 둘러싼 일련의 연구는 ①비교대상 지역과 방법, ②형식의 존속시간 폭의 차이라는 측면에서 문제점이 있다. 먼저 상품경제와 같은 원거리에 걸쳐 발달한 지역 및 시대가 아니라면, 일반적으로 물질자료의 유사도와 파급력은 인접지역에서 가장 빠르

---

7 뿐만 아니라, 상호 비교하여 결정한다는 측면에서 지형의 형성과정, 유물과 공반하는 고생물, 화분 등을 통해 특정지역 연대의 상·하한을 파악하는 방법이 활용되기도 한다. 예를 들어 화산회연대를 이용하는 방법으로는 구석기시대에 아이라탄자와(AT) 화산재와 신석기시대에 아카호야(Ah) 화산재를 들 수 있다.

고 높게 나타난다. 따라서 교차연대결정의 비교지역도 인접지역으로 확대되는 것이 상식적인 수순이다. 비파형동검 재가공품으로 판단되는 몇몇 예를 제외하고 일본에서는 비파형동검 자체가 출토되지 않는다. 그럼에도 불구하고 비파형동검을 이용하는 이유는 비파형동검이 요서지역에서 중원청동기와 공반하므로 비교적 정확한 역연대를 얻을 수 있다는 점, 비파형동검이 유행하는 [송국리유형=야요이조기]로 치환하여, 비파형동검의 상한을 야요이시대 조기의 연대로 파악할 수 있다고 보기 때문이다. 어떻든 비파형동검을 표준유물로 파악하여 중국과 일본의 연대가 직접적으로 연계되는 것이다. 주지의 사실과 같이 약 1만년 전 중국 장강유역에서 도작문화가 탄생한 이래 요동지역으로 파급되기까지 6000년의 세월이 흐른다. 다시 한반도 남부로 파급되기까지 500여 년의 시간이 필요했다. 중국 내의 도작농경문화의 확산과 한반도로 확산되기까지의 시간을 고려할 때, 한반도를 거치지 않고 중국에서 바로 일본에 이르는 네트워크가 형성되었다는 설명과 배경에 대한 설명 없이는 지역을 뛰어넘는 병행관계 및 교차연대의 수립은 논리적이라고 할 수 없다.

두 지역에서 형식의 동시성을 확인했더라도, 특정 형식이 각 지역에서 제작·사용되는 시간 폭 마저 동일하다고 볼 수 없다. 즉 송국리단계와 야요이조기 간에 형식이 동시 공존하였더라도 송국리단계와 야요이시대 조기의 시간 폭마저 같다고 단정할 수 없다. 시간 폭을 고려하지 않은 사례로 조몬시대 만기중엽의 구로카와식黒川式토기와 전기 무문토기의 교차편년을 들 수 있다. 일본에서 공렬토기는 조몬 문양요소에서 보아지 않아 일찍부터 전기 무문토기와의 관계가 주목되었고, 공렬토기를 매개로 [구로카와식=무문토기 전기]로 여겨져 왔다. 그러나 조몬토기의 형식은 한 세대, 즉 25~50년의 시간 폭을 가지는 반면, 한반도 무문토기 전기는 시기구분상 약 400년간의 시간 폭을 가진다. 따라서 공렬토기를 매개로 구로카와식토기가 전기무문토기의 어느 지점에 공존한 것은 사실이겠지만, 교차연대로 짜여진 병행관계에서 구로카와식토기와 전기무문토기의 시간 폭이 같지 않은 것이다.

이상으로 교차연대결정법에서는 광범위하게 분포하는 표준유물을 선택해야하는데, 표준유물은 일차적으로 동일 계통의 것임을 확인해야 한다. 다음으로 기원지에서 표준유물이 제작되어 폐기되기까지 단기간인지를 확인해야 한다. 이 때 확실한 근거가 있으면 더할 나위 없지만, 그렇지 못할 때는 부차적으로 고고학자료의 출토정황을 고려해야한다. 기년명, 중복관계를 비롯해 유물·유구·유적을 둘러싼 정황, 즉 수직·수평적 출토위치, 공반관계association, 유물(형식)이 출토되는 그 지역의 편년적 위치관계 등에서 유물(형식)이 제작되어 폐기되기까지 시간차가 크지 않음을 확인해야 한다. 나아가 원지에서 다른 지역으로 박재되고 문화요소가 파급되기까지의 시간, 즉 경사편년이 필요한가를 확인해야 한다. 각 지역에서의 유물(문화요소)은 서로 다른 편년체계에 포함되어 있기 때문에 형식의 비교, 편년의 비교만으

로는 경사편년의 적용여부를 확인하기 어렵다. 게다가 경사편년을 적용한다고 하여도 어느
정도의 시차를 둘 것인지를 결정하기 어려운데, 이를 보완할 수 있는 방법이 절대연대측정치
를 이용하는 것이다.

마지막으로 표준유물(형식)이 동시기라는 사실을 입증하여도 각 유물(형식)의 존속기간
즉 연대의 시간 폭이 같은지를 알 수 없으므로 유물(형식)의 연대가 어떻게 상호 교차하는지
에 대한 고려가 필요하다. 동시성이 있다는 사실만 도출하는 것이 아니라, 그 동시성에 정확
성을 더할 필요가 있다. 교차연대결정법은 유적 내에서도 [유적-유적], [유적-지역], [지역-
지역] 간에도 활용할 수 있다. 또한 결론으로 도출된 편년체계가 정확하고, 세분되면 될수록
이를 바탕으로 이끌어낼 수 있는 고고학적 설명 내용들이 많아지고, 더욱 정확한 과거 복원
의 수단으로 활용될 수 있다.

한편, 교차연대결정법으로 타 지역에서 확인되는 표준유물의 동시성을 확보하는 작업은
사실상 위의 이야기처럼 그리 쉬운 일이 아니다. 대부분의 고고학자료는 동시일 가능성이 높
다는 가정을 바탕으로 논의가 전개된다. 이러한 부정확성에 양자의 동시성을 말해줄 수 있는
근거로 활용되는 것이 절대연대측정법이다. 절대연대측정치는 서로 다른 지역간의 불확실
한 평행관계를 파악하는 수단으로 유용하다. 그러나 한국 특히 선사고고학 연구에서 절대연
대측정치는 교차편년의 주된 수단으로 이용되기보다 편년 수립, 형식학적 연구법의 검증수
단으로 이용하는 경향이 많다. 다음 장에서는 최근에 많이 회자되고 있는 AMS연대측정치와
그 활용방안에 대해 이야기하고자 한다.

__방사성탄소연대 활용의 논리적 구조와 문제점

방사성탄소연대측정법이 형식학적 연구법에 미친 영향은 재삼 언급할 필요도 없다.[8] 특히
역연대를 알 수 있는 지역과 교차연대결정법으로 부여된 연대에 수정이 필요한 것으로 밝혀
지는 등 큰 성과를 이룬 바도 있다. 고고학은 상대연대결정법을 거쳐 역연대의 부여를 통해
비로소 역사의 틀 속에 편입된다. 그럼에도 불구하고 방사성탄소연대측정치는 측정치의 통
계적인 의미, 연대교정의 인식 미비, 채집시료의 문제 등이 지적(崔盛洛 1982: 64)되면서 적
극적으로 활용되지 못하였다. 지금까지 위의 문제점들은 상당부분 해소되었지만, 여전히 대

---

8 한국에서의 방사성탄소연대측정법의 활용 역사와 당시의 문제점은 崔盛洛(1982)에 상세하게 나와 있으
   므로 참고 바란다.

부분의 연구자는 절대연대측정치를 활용하는 데 주저한다. 현재 한국 고고학계에서 유적 발굴시에 의무적으로 방사성탄소연대측정을 의뢰하고 보고하면서도 그것을 충분히 활용하지 못하고 사장시킨다는 비판과 더불어 그 이유로 동일 자료에 대한 연대측정치의 이상, 중복관계와 적합하지 않은 연대, 기존 연대관과의 차이가 지적된 바 있다(김장석 2014b).

그러나 위 지적과 달리 2000년대 이후의 선사시대 관련연구에서 절대연대측정치가 언급되지 않은 논문이 없을 정도이다. 청동기시대 개시연대가 서기전 15세기까지 올라가고, 각 시기별 존속기간도 더욱 분명해지는 등 방사성탄소연대측정치는 분명하게 고고학적 성과에 활용되고 있다. 그럼에도 이를 문제 삼는 진의는 방사성탄소연대측정치를 이용하는 데 있어서 연구결과에 부응하는 방사성탄소연대측정치의 선택적 활용이라는 방법론적 문제 때문일 것이다.

그러면 방사성탄소연대측정치의 활용, 무엇이 문제일까? 크게 방사성탄소연대측정치의 의미와 한계, 측정치 채택의 타당성 문제, 새롭게 제기된 방사성탄소연대측정치의 잘못된 활용처라는 세 가지 문제점을 지적할 수 있다.

방사성탄소연대측정치의 의미에 대한 인식

방사성탄소연대를 적극적으로 활용하지 못하는 원론적인 이유로는 '무작위적 에러random error'와 '체계적 에러systematic error'를 들 수 있다(김장석 2014b). 전자는 측정시마다 발생하는 것으로 측정을 반복함으로써 오차를 줄이는 방법밖에 없다. 후자는 측정방법과 측정조건이 문제인 경우로, 해양리저브 효과, 고목효과, 시료의 처리문제 등을 들 수 있다. 이는 측정시의 정밀도를 높이는 수밖에 없는 것으로 고고학 연구자가 어떻게 해 볼 차원이 아니다(김장석 2014b).

그러면 고고학에서는 어떤 문제가 있을까? 바로 측정치가 의미하는 바와 고고학에서 원하는 바가 다르다는 사실이다. ①측정치는 시료의 사멸연대를 의미할 뿐, 시료를 포함하는 고고학적 유구의 연대가 아니다. 더구나 ②점적点的인 측정값은 고고학적 유구의 존속기간을 대변하지 않으며, ③오차범위로 표현된 측정값의 연대 폭이 고고학적 유구 혹은 유적의 존속기간을 의미하는 않음은 당연하다.

① 방사성탄소연대측정치가 시료의 사멸연대를 의미할 뿐, 고고학적 사건의 발생시점을 의미하지 않는 것은 시료로 이용되는 대상과 고고학적 사건의 동시성이 확보되지 않기 때문에 발생한다. 일반적으로 노지부근의 탄화된 목재나 취사할 때 토기에 부착된

그을음이나 탄화물을 시료로 이용한다. 모두 목재가 사멸한 시점 이후에 바로 인간행위에 이용되었다고 보장할 수 없다. 오히려 주거의 경우, 기둥은 뒤틀림이 있을 수 있어 적어도 벌채 후 일정 기간이 흐른 후의 목재를 사용하는 사례(하야시 켄사쿠 2015)를 감안할 때, 주거 내부의 탄화된 목재와 그을음의 측정값을 고고학적 사건의 시점이라고 보지 않는 편이 안정적일 것이다. 측정시료로 탄화미 등의 탄화곡물을 이용하자는 견해도 이러한 측면을 고려한 것일 것이다.

② 방사성탄소연대측정치는 오차범위로 표현되지만, 그것은 시료가 사멸한 점적인 시간이다. 고고학에서 점적인 시간은 생몰연대가 분명한 사마왕이 묻힌 무령왕릉처럼 고고학적 편년수립의 기준이 되거나, 특정 유구 혹은 유적의 상한, 하한처럼 기준연대를 제시해준다는 측면에서 매우 중요하고 필요하다. 그러나 대부분의 측정값은 고고학적 행위의 결과라고 보기 어렵고, 설사 유구와 관련된다고 하더라도 그것이 유구의 형성에서 폐기까지의 어느 시점에 해당하는지 알 수 없다면, 고고학에서 필요로 하는 존속기간, 즉 선적인 시간단위가 되지 않는다. 물론 한 유구의 형성에서 폐기까지의 과정을 고스란히 남기고 있는 퇴적층에서 각 층별로 시료를 많이 채취하여 측정하면 고고학적 연대를 얻어낼 수 있는 가능성이 높아진다. 그러나 이 또한 유구의 형성에서 폐기까지의 과정이 연속되었음이 확실하고 시료들의 사멸연대가 각 층을 대변한다는 전제가 필요하며, 측정값들의 정밀도가 높고 연속적으로 정합을 이루어야 가능하다. 즉 시료의 측정값이 참값이라고 하여도 그것이 곧바로 우리가 알고자하는 고고학적 유물 내지 유구, 유적의 연대가 되지 않는다.

③ 오차범위로 제시된 측정치의 폭을 곧바로 유구 내지 유적의 연대로 치환시켜 사용하는 경우를 종종 볼 수 있다. 가령 한 유구에서 얻어진 여러 시료의 측정치 값의 교집합 부분을 유구의 존속연대를 나타내는 것으로 오인하거나 전제하여 사용하는 것이다. 오차범위로 표시되는 연대는 점적인 연대가 포함될 확률일 뿐, 그것이 그대로 유구의 연대 폭이 아님은 너무 자명하다.

이상으로 방사성탄소연대측정값이 의미하는 바를 분명하게 인식할 필요가 있음에도 그 사실을 묵인 혹은 전제하고 검증 없이 측정값을 고고학적 사건의 연대로 치환시키는 것이 문제이다. 측정값이 고고학적 연대가 아니므로 쓸모없다는 이야기를 하는 것이 아니다. 선사고고학에서 방사성탄소연대측정방법을 제외하고 역연대를 부여하는 것은 거의 불가능하다. 장작이 되는 목재의 벌채시점과 주거의 축조시점이 일치하지 않아도 주거의 사용 중에 장작을 채집하였을 것이고 이를 위해 나무가 벌채되었을 가능성이 많다고 쉽게 짐작할 수 있다. 게다가 목재의 사멸시점과 주거의 축조·사용시점에서 차이가 있더라도 고고학적 연대에 크나큰 의미를 가질 정도의 시차는 나지 않을 것이라고 보는 것이 상식적이다. 두 연대의 시간차가 큰 경우 고고학자료를 기반으로 그것을 변별해 낼 수 있을 것이다. 한편으로 한 유구에서 채집한 시료에서 의미 있는 시간차가 확인되는 경우에는 주거의 폐기와 재사용의 과정을 파악하는 계기가 되기도 할 것이다.

따라서 방사성탄소연대측정치의 의미를 직시하지 않은 채, 일률적으로 고고학적 연구에 활용하거나 측정치가 고고학적 연대가 아니라고 일률적으로 배제시키는 것은 고고학의 발전에 도움이 되지 않는다. 방사성탄소연대측정치가 가진 의미와 특징을 분명하게 인지하고 고고학적 맥락과 더불어 측정값이 무엇을 의미하는지 해석해야 하는 것이다. 그리고 여러 측정치 가운데 어느 값을 선택하고 어떻게 활용할 것인가를 진지하게 고민할 필요가 있다.

측정치 채택의 타당성

측정치의 채택 경향 방사성탄소연대측정치를 채택할 때, 일반적으로 최다중복 범위, 중심연대, 평균연대, 중간값, 중위수, 늦은 연대, 이른 연대를 선택한다(김장석 2014; 황재훈 2014). 어떤 연대를 채택하는냐에 따라 결과가 좌우되고, 여기에는 연구자의 주관성과 목적성이 개입된다. 대표적 사례로 앞서 언급한 야요이시대 개시연대와 중국의 하상주 단대공정을 들 수 있다.

일본 야요이시대에 대한 신연대관은 국립역사민속박물관이 주도하는데, 2004년까지 573점의 시료를 측정하였다. 그 가운데 야요이시대 조기에 해당하는 시료는 단, 3점으로 각 연대는 서기전 930~800년(서기전 865±65년), 서기전 550~390년(서기전 470±80년), 서기전 900~790년(서기전 845±55년)이다. 측정값이 3점뿐이라는 점도 문제이지만, 여러 측정값이 제시되었을 때, 일반적으로 중간값을 채용한다. 그럼에도 불구하고 왜 제시된 연대의 다른 값을 버리고, 가장 상한치인 서기전 930년을 채용하는지에 대한 설명이 결여되어 있다. 이는 연구자의 목적성이 반영된 연대채택이라고 밖에 볼 수 없다.

하·상·주 단대공정으로 발표된 하·상·주의 개시연대도 마찬가지인데, 유적의 방사성탄소연대측정치를 참고할 뿐 정작 연대를 확정하는 작업은 공화원년에 가까운 주나라 연대를 설정하고, 여기에 각각 상나라와 하나라의 존속기간을 더하면서 연대가 채택된다. 가령, 월상에 착안하여 주 무왕의 상왕조 정벌시기를 서기전 1094년, 서기전 1083년, 서기전 1046년으로 추정하고 그 중 서기전 1046년을 채택한다. 그러나 고고학자료인 풍서유적H18는 서주시대의 것으로 무왕이 풍으로 천도하고 상나라 주왕을 정벌할 때까지 13년간이어야 하나,

AMS연대 측정결과 서기전 1060년에서 서기전 995년(65년 오차)에 집중하여 정합을 이루지 않는다. 또한 현재 중국학계에서 이리두문화를 하왕조의 소산으로 여기는데, 이리두문화는 대체로 서기전1880년에서 서기전 1521년 사이에 연대가 밀집하고 있어, 정식발표된 하나라 개시연대인 서기전 2070년과의 괴리가 여전하다. 하상주 단대공정을 시행하면서 수많은 연대측정을 실시하지만, 그 중에서 고고학자료, 문헌 자료, 천체현상에 비추어 얼추 맞는 이른 연대를 선택하는 것이다.

　　형식학적 연구법은 많은 한계점을 가지고 있다. 이에 대해 AMS연대측정치는 축적된 질적, 양적 수준을 감안할 때, 편년 방법으로 강력한 잠재력을 지니고 하나의 대안이 된다고 주장한다(황재훈 2014: 59). 그리고 기존 편년틀에 부합하는 연대만 취사선택하는 방식은 순환논리의 오류일 수밖에 없고, 현 편년안을 보조하기 위한 수단이 아닌 독립된 고고자료로서 자의적인 취사선택이 지양되어야 하며 객관적이고 논리적 절차에 따라 채택 및 조정 여부가 결정되어야한다(황재훈 2014: 68)고 한다.

그러나 황재훈이 이야기하는 바와 같이 측정값은 물리적인 문제점과 고고학적 해석의 문제점이 있다. 이러한 문제를 최소화시키고 측정치를 객관적으로 채택하기 위해 이상 측정치를 일정한 과정에 따라 선별하는 연구가 진행되고 있다(황재훈 2014, 2015; 황재훈·양혜민 2014). 그 과정을 간략하게 살펴보면, 이상 측정치를 처리하고, 복수 시간간의 상호 결집성을 고려한다는 것이다. 첫 번째는 표준오차 100년을 상회하는 것 제외, 청동기시대 조·전기 상·하한에서 벗어난 연대 제외, 동일유적이나 유구 내 연대 범위와 큰 편차(100년 이상)를 보이는 자료 제외라는 조건을 둔다. 두 번째는 OxCal R-Combaine방법과 Long의 결합방법을 이용하고, 통계적 결합이 불가할 경우에는 동일 유적 내 유사한 유물 양상을 보이는 시료와 가까운 연대 값을 채택하며, 없다면 평균값을 채택한다.

표준오차 100년을 상회하는 것을 제외하는 것은 일반적인 청동기시대의 측정연대의 오차범위, 측정정밀도라는 측면에서 오류라고 볼 수밖에 없는 사항일 것이다. 그러나 청동기시대 조·전기 상·하한(3200~2400B.P.)에서 벗어난 연대를 제외시키는 데에는 동의할 수 없다. 왜냐하면 청동기시대 개시연대는 아직 확정된 것이라 보기 어렵다. 조기 상한을 3200B.P.로 한정할 경우, 새로운 결과가 도출될 가능성을 차단하는 것이고 오히려 연구자의 의도된 결과를 이끌어내기 위한 방편으로 비춰지기 때문이다. 통계적 방법은 유효하겠지만, 이는 주거가 구축되어 사용, 폐기되기까지 주거의 일회성만을 전제로 하므로, 유적에서 있을 수 있는 주거 및 취락의 재점유, 취락의 형성과 전개 패턴을 이해할 가능성을 차단시킬 위험성이 내재해 있다.

　더구나 황재훈과 양혜민은 청동기시대 전기편년에 대한 사례연구에서 A-H군의 문양군 별로 측정치가 나타나는 건수를 제시하고 있다(황재훈·양혜민 2014). 각 문양군의 연대 건수에 각 문양이 독립적으로 출토되는 것만을 선택한 것인지 아니면 공반하는 모든 문양의 연대를 중복적으로 헤아린 것인지 알 수 없다. 예를 들어 한 주거에서 돌대문과 이중구연이 모두 출토되는 경우, 주거의 측정치를 돌대문과 이중구연의 어느 토기를 대변한다고 보는지, 아니면 둘 다의 연대로 상정하였는지 알 수 없다. 어떤 문양을 선택하여 측정값을 부여하느냐에 따라 결과가 가변적인데, 여러 문양별로 중복하여 측정치를 적용하였다면, 방사성탄소연대 측정값을 이용할 필요도 없이 문양이 공반되므로 문양의 연대는 모두 공존이라는 결과가 나올 수밖에 없다. 즉 측정치와 고고자료를 연결시키는 과정이 명쾌하지 않다. 무엇보다 측정값을 이용해 기존 편년관을 검증하려면, 측정값이 무엇을 대표하는지와 그 이유에 대한 설명이 부가되어야 한다.

　따라서 위와 같은 일정한 규칙에 따라 일률적으로 처리하여 그 범주에 벗어나는 것을 제거한 측정치와 연대조정은 고고학적 연대를 대변하지도 않고, 고고학적으로 어느 단계를 의미하는지도 불분명하다. 오류를 최소화시킨 측정치를 채택하기 위해서는 이상 측정치 처리와 통계적 처리보다 두 가지 고고학적 처리과정을 거쳐야 한다. 먼저 측정값을 동일 유적 및 유구의 연대와 비교할 필요가 있다. 이는 유구 내 혹은 유구와의 비교를 통해 측정값의 편차를 고려하여 개별적으로 처리하는 것이다. 여기에 유적 차원에서의 측정치 오류검토도 필요한데, 유구가 유적 내 구성물임을 감안할 때, 유적의 형성과정이라는 측면에서 다른 시기 유구들의 측정치와 정합을 이루는지의 검토가 필요할 것이다.

　다음으로 측정값이 얻어진 유물 및 유구의 고고학적 검토과정을 거쳐야한다. 위 연구는 주거지 내 출토유물을 일괄유물로 파악하고, 출토유물이 주거지의 연대를 대변한다는 전제에서 출발한다. 구체적으로 살펴보면, [바닥의 목탄=주거의 사용연대]로, [주거의 사용연대=출토토기의 연대]로 치환되어 있는 것이다. 측정치가 주거의 사용연대인지도 알 수 없거니와 출토유물이 일괄유물이라고 검증한 것도 아니다. 주거 내 출토토기는 출토 정황이 중요하다. 어느 면에서 확인되느냐에 따라 사용연대, 상한 또는 하한을 나타내며 때로는 혼입된 경우도 있다. 이러한 수순을 거치지 않는다면, 일괄적 방식으로 처리된 측정치로 도출된 결과는 정확하다 할 수 없으며, 그렇게 채택된 연대도 역시 전제 위에 세워진 가설에 지나지 않는다.

　황재훈은 측정치의 자의적 선택이 아닌 독립적이고 통계적 처리방식을 피력하면서도 정작 측정치의 취사선택에 있어서 "기존 편년안에서 보이고 있는 토기와 주거의 시간적 위치를 감안한다면 수용하기 어려운 연대이다"(황재훈 2014: 64)라고 하여 일부 측정치를 배제시키거나 현 편년안 특히 상·하한을 정해두고 그것에서 벗어난 자료를 제외시킨다. 방사성탄소연대측정치를 전적으로 편년 연구의 검증방법으로 활용하고자 한다면 이러한 기계적 처리방식은 몬텔리우스의 형식학적 연구법이 검증방법인 흔적기관을 형식배열 수단으로 이용하는 문제점과 마찬가지로 순환논리에 빠져들 위험을 내포하고 있다. 기존의 측정치 처리방법보다 객관성을 유지하고 측정치의 정확도를 높이려 한 의도와 목적은 분명하게 달성되었을지 몰라도, 형식학적 연구법에서 형식 분류에 연구자의 자의성을 배제시킬 수 없다는 비판과 마찬가지로, 위와 같은 AMS연대측정치의 채택도 결국 연구자의 자의성이라는 비판에서 완전히 자유로울 수 없다.

현재의 AMS연대측정치 활용방안과 문제점

황재훈(2014), 황재훈·양혜민(2014)의 연구는 기존 편년 연구의 문제점을 지적해야 논의를 성립시킬 수 있다. 구체적으로 기존의 편년 연구 가운데 조·전기 토기문양이 [미사리식-가락동식-흔암리식-역삼동식]으로 변한다는 결과에 반론을 제기하고, 조·전기에 거의 모든 토기문양이 공반하며, 나아가 토기문양의 차이, 즉 형태변이가 시간성이 아니고 지역성임을 보여준다고 결론짓는다. 최종적으로 이러한 작업을 통해 형식학적 연구법으로 도출된 편년은 어디까지나 가설이고, 방사성탄소연대 측정치가 그 검증수단으로 유효하다고 주장한다.

　기존 편년 연구가 토기문양의 차이를 시간차로만 인식한다고 비판한 내용은 타당하다. 그러나 기존 편년안의 문제점을 제시하는 과정에서 납득하기 어려운 점도 있다. 가령 비판의 근거로 문양의 공반관계를 제시하였는데, 중서부지역에서 ①하나의 형식만 공반하는 사례가 많은 점, ②특정 형식이 공백을 보이는 유적이 적지 않음, ③공백 없이 둘 이상의 형식이 연속적으로 확인되는 사례는 소수라는 경향을 통해 이중구연 변화상을 입증하기 어렵다고 하였다(황재훈 2014: 55). 그러나 ①처럼 각 형식만 출토되는 유적이 있다는 것은 각 형식마다의 시간차가 있을 가능성을 내포한다. 다음으로 ②의 경우 필자가 이야기하였듯이 주거의 반복점유 가능성이 있지만, 대부분 존속기간이 짧은 소형 취락에서 여러 형식이 공존하므로 각 문양 형식이 시차 없이 공존하였을 것이라고 주장한다. 그러나 반복점유가 아니고, ①의 양상이 대부분이라는 점을 고려할 때, ②와 ③과 같은 결과에서는 유물의 일괄성을 검토해야 토기문양의 공반여부를 논의할 수 있을 것이다.

　또한 위 연구의 결과로 도출된 [미사리식-가락동식-흔암리식-역삼동식]의 시간성이 잘못되었다는 지적은 방사성탄소연대측정치를 이용하지 않아도 이미 지적되고 있다(김장석 2011; 천선행 2010, 2015). 더구나 편년의 타당성 여부를 떠나, 위 배열은 문양의 출현순서

일 뿐이지 실제 단계설정에서는 가락동식, 흔암리식, 역삼동식의 문양 요소가 동시기에 존재한 것으로 이해된다. 즉 제작단계의 편년과 사용·폐기단계의 편년을 구분해야하지만, 황재훈은 양자를 구분하지 않고 오히려 사용·폐기단계의 편년을 제작단계의 편년에 적용하는 오류를 범하고 있는 셈이다. 방사성탄소연대측정치의 시료는 폐기된 유구와 유적에서 출토되므로, 측정치는 대체로 유구 혹은 유적의 사용·폐기 연대를 나타내는 것이지 제작연대를 반영하지 않는다. 따라서 사용·폐기단계의 편년입장에서 보면 제작단계의 편년은 잘못된 것으로 비춰질 수밖에 없다.

한편, 돌대문토기와 공반하는 이중구연토기가 가락동식토기가 아니라고 보는 견해가 이미 많이 제기되고 있다. 황재훈이 주장하듯이 각 이중구연의 지역적 분포가 상이한 점을 고려하여도 대부분의 형식학적 연구법을 바탕으로 하는 연구자들은 이중구연을 하나의 계통으로 보지 않으며, 시간적으로 연결된다고도 보지 않는다. 게다가 위 연구에서는 오로지 특정 문양요소의 유무로만 공반관계를 파악한다. 그러나 현재 청동기시대 주거에서 출토되는 조·전기 무문토기를 공반유무로만 따진다면 청동기시대 시작부터 송국리문화단계까지 모두 동시공존으로 귀결될 수밖에 없다(천선행 2015). 따라서 현재의 편년 연구 성과를 고려하지 않은 채, 이중구연과 음각선문의 계통을 분리하지 않고, 공반문양의 일괄성의 여부를 검증하지 않으며, 비율을 고려하지 않고 공반관계를 검토한다면, 당연히 조·전기의 문양은 모두 동시기로 간주될 수밖에 없게 된다.

형식학적 연구법을 비판하고 AMS연대측정치를 활용하자고 주장하는 연구자들은 돌대문토기를 비롯해 여타 문양이 출토된 주거의 연대측정치가 이른 것이 있으므로 기존 편년이 잘못되었다고 주장한다. 그러나 지금까지의 측정치 가운데 그러한 사례는 극히 일부분에 지나지 않는다. 고고학자료는 혼재라는 노이즈를 제거시켜도 제작될 당시의 개인적 차원의 변이들이 존재한다. 고고학적 정황에 따른 해석이라는 처리과정을 거치지 않은 채, 극소수의 일부분을 계속 고려한다면, 문화의 형성에서 소멸이라는 과정의 전체적 흐름을 파악할 수 없게 된다. 숫자에 의존하여 고고학적 연구결과가 몇몇 측정치와 맞지 않으므로 잘못되었다고 치부하는 것은 반대로 고고학적 연구결과와 맞지 않으므로 측정치가 잘못되었다고 이야기하는 논리와 다를 바가 무엇인가?

누구나 인지하듯 방사성연대측정치는 수치로 제시된, 고고학에서 보면 굉장히 매력적인 모습을 띄고 있다. AMS연대측정치를 활용한 연구 결과가 토기문양의 변이 의미를 시간이 아닌 공간임을 이야기하고, 기존의 형식학적 연구법이 잘못되었다고 이야기하는 것이라면, 이제 고고학 연구자로서—통계적으로 올바른 측정치를 채택할 수 있다고 주장하는—절대연대측정치를 통해 편년 연구수립에 한 몫 할 것을 기대한다. 그러나 지금의 AMS연대측정치를 적극적으로 활용하자고 주장하는 연구들은 한결같이 기존 편년 연구의 불확실성만을 논하고, 측정값이 형식학적 연구법의 검증수단으로 유용하다고만 주장한다. 방사성탄소연대측정치의 활용방법이 이것뿐이라면, 그것의 활용가치가 절대로 높다고 할 수 없다.

앞서 설명한 바와 같이, 고고학적 측면에서 방사성탄소연대측정치의 문제를 최소화시키고 있지만, 여전히 그것의 전제와 자의적 선택이라는 문제가 뒤따른다. 게다가 측정치의 오차문제를 최소화시킨다고 하여 측정치를 고고학적으로 활용하는 데 모든 문제가 해결되는 것은 아니다. 따라서 이러한 전제하에 선택된 측정치가 형식학적 연구법의 검증수단으로 유용한지 의문스럽다. 게다가 전제하에 채택된 측정치와 그 활용 결과에 대한 검증은 어떻게 할 것인가?

방사성탄소연대측정치는 통계적 처리와 고고학적 처리를 거친 후에 편년 연구의 검증수단은 물론 편년 연구 자체, 교차편년 등의 다방면에 활용되어야 한다. 그럼에도 불구하고 위 연구자들은 본의는 그렇지 않을지라도 AMS연대측정치를 형식학적 연구법의 검증방법으로만 활용할 것을 주장하는 것은 일부 형식학적 연구법의 오류를 편년 연구 전체의 문제인양 착각하게 만든다. 이는 반대로 형식학적 연구법이 편년에 맞지 않은 일부 연대를 근거로 방사성탄소연대측정치의 무용론을 전개시키게끔 종용한다. 그리되면 동일한 목적을 이룩할 수 있는 형식학적 연구법과 방사성탄소연대측정치의 활용이 서로 절대 합의할 수 없는 상황으로 치닫게 될 우려도 있다. 형식학적 연구법과 방사성탄소연대측정치는 편년단계에서 상호 보완해야할 관계에 있고, 서로의 결과를 검증하며 각각의 문제를 재검토해 나가야 한다. 두 분야의 연구자들이 함께 형식학적 연구법이 안고 있는 여러 전제의 타당성을 확인하고, 측정치의 오류를 최소화하여 양자의 대응이 적합한지 확인해야 한다. 그런 다음 고고학자료의 맥락과 방사성탄소연대 측정치의 결합을 통해 편년 연구에 함께 이바지해야 할 것이다. 이후 확고한 증거, 예를 들어 중복관계나 층위관계, 기년명 등을 통해 서로가 또는 함께 검증되어야 할 것이다.

__방사성탄소연대측정치의 올바른 활용을 위한 방향제시

계획적인 시료채취와 측정　　　앞서 이야기한 바와 같이 방사성탄소연대측정값을 활용하기 위해서는 측정값에 대한 올바른 이해가 선결되어야 한다. 측정값이 시료의 참값이 아니라는 점을 인식하고, 측정값을 참값에 가까워지도록 만들기 위해서는 측정치의 정밀도를 높이고, 동일한 시료를 여러 번 측정하면서 가능해진다(최선호 2014: 340). 즉 동일시료를 복수 측정하고, 동일유구 내 복수시료를 채취하여 측정할 필요가 있다. 그리고 시료는 지금처럼 목탄이나 그을음에 국한된 것이 아니라, 고고학적으로 근접한 시료, 종자 등과 같이 측정시료의 다변화를 꾀할 필요가 있다.

그러면 무조건 복수 시료의 채취만이 능사인가? 그렇지 않다. 발굴단계에서부터 계획성 있는 시료 선정이 이루어져야 할 것이다. 현재 유적 내 유구(특히 주거지)마다 골고루 시료가 채취된다. 그 중에는 유물이 출토되지 않거나 상대연대결정을 할 수 있는 유효한 정보가 없는 주거의 시료도 많고 이를 통해 연대를 파악하려 한다. 고고학적 측면에서 측정치의 신뢰도가 확인되지 않는 상황에서 상대연대를 결정할 수 없는 유구나 유적의 연대를 파악하고자 하는 시도는 아직 시기상조일지 모른다.

지금과 같이 유물이 풍부하지 못하고 시간적 위치를 추정하기 어려운 유구에서의 시료채취는 오히려 지양해야할 것이다. 반대로 형식판별이 가능하고 유물이 풍부하여 고고학자료와의 대조가 가능한 유구를 선정할 필요가 있다. 이렇게 선별된 유구 안에서 복수의 시료를 채취하되, 유구 안의 평면적 수직적 채취 위치를 기록하여 보고서에 함께 공개할 필요가 있다. 가령 바닥, 퇴적층, 기둥, 노지부근 목탄, 형식이 분명한 토기에 부착된 그을음, 종자 등 주거의 형성에서 폐기까지의 과정을 엿볼 수 있는 평면적·수직적 시료채취가 바람직하다. 이러한 시료들의 측정값과 고고학적 정황을 통한 해석을 바탕으로 신고관계가 확실한 주거의 연대를 하나하나 밝히고 추적해 나감으로써 안정된 편년 연구에 활용할 수 있게 될 것이다. 또한 이러한 자료가 축적됨으로써 주거의 사용·폐기·재점유 패턴을 연구하고, 주거의 증·개축의 시간차를 파악하며, 상대연대결정이 어려운 유구 및 유적의 연대확인을 위한 자료로 활용할 수 있을 것이다.

과거 측정값의 올바른 활용을 위한 처리과정　　　그러면 위 과정으로 처리되지 못한 과거 측정값은 어떻게 활용해야할까? 과거의 모든 측정값을 사용할 수 있다면 좋을 테지만, 현 상황은 그렇지 못하다. 그렇다고 신뢰도가 낮은 자료를 그대로 활용하는 것은 고고학적 연구결과의 오류를 양산하는 것 밖에 되지 않는다. 좀 더 냉정하고 과감하게 여러 장치를 통해 걸러 타당하게 활용하기 위한 방법론들에 대한 논의가 필요하다.

측정시료의 오염과 측정과정에서 오류가 생기는 것을 원천봉쇄할 수 없고, 측정값이 고고학적 내용을 그대로 반영하지 않으며, 편년체계와 상충하는 결과도 많다. 이러한 상황에서 임의의 자의적 선택은 확실하게 지양되어야 한다. 통계적 방법은 하나의 방편이지만, 이것만이 능사는 아니다. 앞서 이야기한 바와 같이 측정값과 유물, 유구 및 유적과의 정합, 측정값을 얻는 유구의 고고학적 검토를 통해 측정치의 오류를 줄이고 고고학적 내용과 부합하는 연대 채택이 이루어져야 할 것이다. 이는 비단 방사성탄소연대측정치의 활용에서만이 아니라, 형식학적 연구법에도 필요하다. 이러한 처리과정을 거친 시료마다 신뢰도를 점수화하여 사용하는 것도 하나의 방법일 것이다.

실질적 교육의 필요성과 환경조성　　적절한 과정을 거쳐 채택된 측정치를 통합할 때, 최다 중복범위와 같은 통계적 방법이 오류를 줄이는 방법일 것이다. 일반적으로 OxCal을 이용하거나 위글매칭, 베이지안 통계를 이용하지만, 연구자마다 사용방법을 일관되게 고수하기도 하고, 각각 어떤 방법으로 측정치를 통합했느냐의 언급이 없는 경우도 있다. 사실상 통계적 방법을 활용하면서 그 방법의 장단점이 무엇인지, 통계적 처리에 감안해야할 여러 변수에 대한 이해가 부족한 채 수행하는 방법만 머릿속에 입력해서 사용하는 경우도 없지 않을 것이다.

　이러한 한계점을 보완할 수 있는 체계적인 교육이 필요하다. 고고학도의 입장에서 특정 방법을 철저하게 파악해야만 사용할 수 있는 것도 아니고, 필요한 부분을 선택적으로 이용하는 것이 요즘처럼 정보가 넘쳐나고 빠르게 바뀌는 세상에서 더 적합할지 모른다. 더구나 교육이 늘 학교라는 틀 내에서만 이루어져야 하는 것도 아니므로, 그와 같은 방법을 파악하는 것은 연구자 개인의 역량문제이며 개인이 개별적으로 파악해야할 문제라고 할지도 모르겠다. 그러나 필자를 포함하여 고고학에 몸담고 있는 대부분의 연구자가 수십년간 인문학적 소양만으로 겹겹이 방어해왔고, 선택적으로 흡수한 방법과 결과는 또 다른 자의적 선택을 종용하게 될지도 모른다. 주어진 방법을 수동적으로 활용하는 것이 아니라, 연구자가 주도적으로 여러 방법을 고고학자료에 맞게 적용할 수 있는 환경을 조성할 필요가 있고, 이는 체계적인 교육에 대한 필요성을 인지하고 실행할 때 가능하다.

절대연대측정방법의 다양화를 통한 측정치의 상호검증　　현재 고고학에서 AMS연대측정법이 가장 일반적으로 이루어진다. AMS연대측정법이 가진 장점과 정밀도를 고려하면 최선의 선택일 것이다. 그러나 절대연대측정방법은 매우 다양하게 개발되고 시료의 특징에 맞게 활용할 수 있다. 따라서 AMS라는 최선의 방법과 여타 절대연대측정방법을 통해 얻는 측정값을 상호 비교함으로서 측정치의 정확도를 높여가는 것도 하나의 방법일 것이다.

상대연대결정법이나 절대연대결정법 모두 일정한 전제를 바탕으로 성립된다. 따라서 연구 방법론이 타당해지려면 출발점인 형식설정부터 전제들을 충족하는가를 먼저 검토해야 한다. 그러나 고고학적 현장에서 이러한 자료가 구비되어 있는 경우는 거의 드물다. 전제의 타당성이 확보되지 않았다고 연구를 실시할 수 없는 것일까? 그럴 수는 없다. 고고학의 특성상 귀납적 방법이 전부이고 당연한 수순인 것 같아 보여도 그러기 위해서는 너무 많은 시간을 기다려야하고, 기다린다고 해도 고고학자료는 [제작-사용-폐기-화석화]의 과정을 거쳐 우리 손에 들어오기에 과거를 완전하게 복원할 수 있는 자료는 결코 갖추어지지 않을 것이다. 또한 자료가 갖추어 진다해도 과거의 무엇을 알고자하는가, 그것을 알기위해 어떤 방법을 구사할 것인가에 대한 고심이 없다면, 자료는 자료일 뿐, 연구자에게 의미 있는 자료가 되지 않는다. 이를 극복할 수 있는 것이 주어진 자료로부터 유추하는 것이다. 즉 그간의 고고학자료를 통해 얻은 선험적 경험을 바탕으로 연역적 가설을 세우고 그것을 검증해가는 것도 하나의 방법이다. 오히려 이것이 고고학적 연구의 실상에 더 적합한지도 모른다.

이렇듯 정황과 근거가 불충분한 자료에서 가설을 세우고 그것을 논증해나가는 과정은 가설 전제의 타당성과 적합성을 확보해가는 과정인 셈이다. 그렇기 때문에 전제의 타당성이 확보되지 않은 상대연대결정법의 제 수단들은 그 결과도 확고한 답이 될 수 없고, 어디까지나 가설에 머물러 있을 수밖에 없다. 필자는 형식학적 연구법이 완벽하지도 최상의 방법이라고도 생각하지 않는다. 그렇기 때문에 형식학적 연구법을 비롯한 기초 작업인 분류부터 철저하게 수단이 되어 고고학적 목적을 달성하기 위한 방법으로 활용되어야 한다고 생각한다. 또한 사실상 고고학자료에서 모든 전제의 타당성을 해결할 수 없으므로 일부는 전제를 안고 갈 수밖에 없으며, 이는 언젠가 양호한 자료가 나타나면 해결될 수 있을 것이라고 낙관적으로 스스로를 위로하며 위태위태한 고고학의 길을 걷고 있다.

그렇다고 지금의 방사성탄소연대측정치가 편년 연구의 검증수단으로 뛰어나다고 생각하지도 않는다. 왜냐하면 방사성탄소연대측정치의 채택과정에서 발생하는 자의성, 고고학자료와의 매개방식에 있어서도 역시 전제를 바탕으로 하는 가설에 지나지 않기 때문이다. 어느 한 쪽에 문제가 있으니 다른 한 쪽이 최선이다라는 방식은 한국고고학에서 편년 연구가 안고 있는 문제 해결에 도움이 되지 않는다. 서로가 가진 문제점이 무엇인지 정확하게 직시하고 양 연구가 동시에 머리를 맞대고 문제점들을 최소화시키고 합의해가야 한다. 그러한 과정을 통해 채택된 측정치여야 상대연대 연구는 물론 교차편년, 편년 연구의 상호 검증수단으로 활용될 수 있을 것이다. 나아가 그러한 과정으로 도출된 결과가 더 축적되어야 고고학적 연구와 해석의 다양화가 실현될 것이라 생각한다.

참고(인용) 문헌

고일홍, 2012,「고고학 해석의 지평 넓히기: ‘고고학자료’에 대한 다양한 인식 검토」,『인문논
　　　총』68.

───, 2015,「‘사회적 시간’의 고고학적 연구」,『인문논총』72(4).

김장석, 2013,「상대연대결정법」,『고고학연구입문: 2013년도 매장문화재조사 전문교육』.

───, 2014a,「한국고고학의 편년과 형태 변이에 대한 인식」,『韓國上古史學報』83.

───, 2014b,「방사성탄소연대에 대한 고고학, 물리학, 통계학 융합연구: 기획취지」,『제38
　　　회 한국고고학전국대회 발표문: 한국고고학의 신지평』.

───, 2015,「형식학적 연구법의 비판적 검토」,『형식학적 연구의 이해: 2015년도 매장문
　　　화재조사 전문교육』.

安在晧, 2010,「韓半島 靑銅器時代의 時期區分」,『考古學誌』16.

───, 2015,「中國 双陀子3期土器의 基礎的編年」,『韓國上古史學報』90.

───, 2016,「型式學的屬性分析法의 理解」,『考古廣場』18.

李熙濬, 1983,「形式學的 方法의 問題點과 順序配列法의 檢討」,『韓國考古學報』14·15.

───, 1984,「韓國考古學 編年研究의 몇 가지 問題: 相對編年을 中心으로」,『韓國考古學報』
　　　16.

───, 1986,「相對年代決定法의 綜合的 考察」,『嶺南考古學』2.

천선행, 2008,「양식과 시간」,『제32회 한국고고학전국대회 발표문: 樣式의 考古学』

───, 2010,「繩文時代‘型式’·彌生時代‘樣式’·無文土器時代‘類型’」,『釜山大學校 考古學
　　　科 創設20周年 紀念論文集』, 釜山大學校 考古學科 編, 부산: 釜山大學校 考古學科
　　　創設20周年 紀念論文集 刊行委員會.

───, 2014,「한반도 무문토기문화 형성기의 중국동북지역과의 관계」,『湖南考古學報』48.

최선호, 2014,「방사성탄소연대특정법의 실험오차에 대한 이해」,『제38회 한국고고학전국대
　　　회 발표문: 한국고고학의 신지평』.

崔盛洛, 1982,「放射性炭素測定年代 問題의 檢討: 理論的 檢討 및 그 活用方法에 대하여」,
　　　『韓國考古學報』13.

───, 1984,「한국고고학에 있어서 형식학적 방법의 검토」,『韓國考古學報』』16.

───, 2006,「일본 야요이시대 연대 문제에 대하여」,『한국고고학보』58.

켄사쿠, 하야시 저·천선행 역, 2015,『일본 신석기시대 생업과 주거』, 한강문화재연구원 학
　　　술총서2, 서울: 사회평론.

황재훈, 2014,「중서부지역 무문토기시대 전기의 시간성 재고: C14연대 분석을 중심으로」,

『한국고고학보』92.

――――, 2015, 「청동기시대 전기 편년 연구 검토: 형식편년과 유형론, 그리고 방사성탄소연대」, 『고고학』14(1).

황재훈·양혜민, 2014, 「방사성탄소연대 분석을 통한 청동기시대 전기 토기 편년의 재검토」, 『제38회 한국고고학전국대회 발표문: 한국고고학의 신지평』.

鈴木公雄 저·尹 煥 역, 1994, 『고고학입문』, 서울: 학연문화사.

山內清男, 1937, 「繩文土器型式の細別と大別」, 『先史考古学』1(1).

小林行雄, 1933, 「先史考古学に於ける樣式の問題」, 『考古学』4(8).

05

고고학자료의 공간성에 대한 연구의 현황과 과제

조 대 연

__고고학 연구에서 '공간' 개념의 변화   __공간범위에 따른 연구방법의 문제

과거 인간의 활동에 대한 정보를 담고 있는 고고학자료는 특정 공간에 존재하고 있으며, 고고학자는 유적, 유구, 유물의 공간적인 분포양상을 규명하고 이를 통해 과거 인간 행위를 이해하고자 한다. 최근 한국고고학에서 발굴 조사되는 유적, 유구의 수가 급증하고 있고 다양한 기법에 근거한 공간연구의 시도들이 지속적으로 이루어지는 사정을 감안하면 이 방면 연구 흐름에 대해 살펴보고 이 분야 연구의 이론적·방법론적 전제를 검토해 볼 필요성이 제기된다. 따라서 본 장에서는 공간적으로 분포되어 있는 다양한 고고학자료를 어떻게 분석해야 하는지를 학사적 검토와 공간범위에 따른 사례 검토를 통해 다루고자 했다. 먼저 고고학 연구에서 공간 개념의 변화과정을 연구사를 중심으로 살펴봄으로써 고고학자들의 공간에 대한 이해가 어떻게 변모해 왔고, 이에 따라 연구주제와 연구방법이 어떻게 변천해 왔는지를 다루었으며, 이를 통해 현재 공간연구의 현황을 살펴보고자 했다. 다음으로 공간연구의 범위scale에 따른 연구방법의 쟁점사항과 문제점에 대해 논의했다. 특히 공간에 관련된 고고학적 연구

에서 나타나는 문제점들을 사례연구들을 통해 검토하고 보다 적절한 연구방향에 대해 논의해 보았다. 덧붙여 이 글에서 다루는 공간분석이란 인공유물, 자연유물, 퇴적물 등에 대한 공간적 분포양상 연구를 포함하는데, 사실 모든 고고학자료는 공간 내에 분포한다. 따라서 여기에서 공간 분석의 전모를 다루는 것은 본 논문의 범위를 벗어나므로 주로 고고학자료에 대한 '공간적' 접근과 관련된 쟁점 사례들에 초점을 맞추고자 했음을 밝혀둔다.

__고고학 연구에서 '공간' 개념의 변화

고고학에서 흔히 사용되는 공간분석spatial analysis이란 유적 혹은 유물들이 어떤 방식으로 공간적으로 분포하고 있는지를 연구하여 그 기저에 있는 인간행위를 이해하려고 하는 분야라고 정의할 수 있으며, 이 분야의 연구는 단독 유구에서부터 보다 광역의 지역에 이르기까지 다양한 규모에서 이루어진다. 또한 어떠한 방법을 이용해 공간분석을 실시하더라도 여기에는 공간에 대한 모종의 인식이 전제되어 있는데, 고고학 연구에서 공간에 대한 관념은 20세기 이후 극적인 변화를 겪어 왔다. 여기에서는 공간에 대한 개념이 과연 어떻게 변모해 왔는지를 살펴봄으로써 공간연구의 기저에 깔린 논리를 파악해 보았다.

먼저 근대고고학의 성립 이후 20세기 중반까지 고고학 연구의 주류를 이루었던 문화사적 접근법 또는 문화사고고학에서는 고고학적 문화의 시공간적 전개과정을 서술하는데 초점을 맞추었다. 여기에서 (고고학적) 문화란 발굴 과정에서 반복되어 공반되는 몇 가지 물질문화의 요소들의 조합으로 간주되는데, 이것은 특정 시간과 공간에 걸쳐 나타나기 때문에 고고학자는 적절히 분류한 유구나 유물들을 삼차원적 공간에 도시하여 이를 바탕으로 집단의 출현과 이동양상을 추적하고자 했다. 즉 이렇게 문화영역culture areas은 지도에 표시되며 문화들 사이의 관계가 논의될 수 있는 것이다. 하지만 문화사적 접근법에서 공간은 흔히 집단이나 아이디어가 자유롭게 움직이는 '배경'으로만 간주되며 그것이 가져다주는 환경적 제약이나 물리적인 한계, 그리고 공간적으로 편중되어 있을 법한 특정한 자연자원에 대한 고려 등은 사실상 없다는 문제점이 제기되었다(Binford 1962; Johnson 1999).

1950년대 이후 고고학 연구에 문화생태학이 영향을 미치게 되고 자연과학 분석이 적극적으로 활용되기 시작하면서 문화사적 접근법에서 탈피하고자 하는 시도가 이루어지게 되며, 결국 1960년대에 신고고학의 등장에 따라 고고학 연구에서 공간에 대한 인식은 근본적으로 재정립된다. 이즈음에 이미 뒤르켐의 영향을 받아 사회를 일종의 체계로 간주하는 기능주의Functionalism적 접근이 유행했는데 이 흐름에 편승한 고고학자들은 문화사적 접근법에 대해 비판적이었고 물질자료에 대한 새로운 접근법을 강조하였다(Trigger 1989). 신고고학 역시 이러한 흐름에 영향 받았는데 문화는 환경에 대해 적응하는 체계로서 간주되었으며, 이 입장에서는 환경이 어떻게 체계로서의 문화를 규정하는지를 드러내고자 했다. 이제 공간은 인간 활동을 위한 텅 빈 곳이 아니라 가뭄, 홍수, 추위 등 각종 천재지변을 통해 인간 사회에 끊임없이 영향을 미치는 상수로 간주되었다. 예를 들자면 고고학자는 가용자원역분석site catchment analysis를 통해 고고학 유적들을 지도 위에 나타냄으로써 다양한 환경 변수가 어떻게 인간 행위에 영향을 미치는지를 규명하고자 했다(Wheatley and Gilings 2002). 이러한 신고고학의 공간에 대한 시각 변화와 함께 이른바 취락고고학의 성립도 이 분야 연구의 전기를 마련해 주었다. 즉 윌리Willey는 비루계곡 지역을 대상으로 한 취락유형settlement patterns에 대한 연구를 통해 특정 지역의 선사문화가 장기간에 걸쳐 어떻게 변화했는지를 연구했다(Willey 1953). 그는 유적site의 범위를 넘어 취락settlement이라는 새로운 공간 범위를 연구대상으로 삼았는데, 여기에서 취락은 "주거지들과 그것들이 배치되어 있는 상태, 그리고 공동체 생활과 관련된 다른 건물들의 성격과 분포양상"으로 정의되었다(Willey 1953: 1). 윌리의 연구에서 또 다른 중요한 사항은 공간연구에서 객관적이고도 검증 가능한 정보를 확보하는 것이었는데, 그는 비루계곡의 $350km^2$에 달하는 면적을 분석 대상으로 삼았으며 다년간의 현지조사를 거쳐 확보한 수많은 사진, 도면, 자료들이 공간연구에 활용되었다.

신고고학의 흐름을 대표하는 빈포드의 연구는 공간연구에 또 다른 계기를 마련해 주었다. 윌리가 명확한 구조물을 가지고 있는 유적들을 대상으로 연구한 반면 유적의 성격을 알기 힘든 선사시대 유적들을 대상으로 연구한 빈포드는 소위 수렵-채집민 모델collector-forager model을 제시했다(Binford 1980, 1982). 즉 그는 선사시대의 전형적인 수렵민들은 근거지residential bases와 수렵장소 같은 한정행위장소locations의 두 가지 종류의 유적을 남긴다고 했으며, 채집민들은 여기에 더해 야외노지field camps, 경유지station, 은닉처cache 등의 유적을 남긴다고 주장했다. 또한 그는 과거 사람들의 경제행위에서 나타나는 차이가 유적들 사이에 유물복합체의 변이로 나타난다고 보고, 이러한 유적들 간의 차이를 밝힘으로써 지역 단위의 취락유형이나 생계경제를 규명할 수 있다고 주장하여 이 공간연구에 지대한 영향을 미쳤다.

한편 신고고학의 전개 과정에서 영국에서는 공간연구가 다소 상이한 방향으로 진전되었다. 일찍이 50년대에 그램 클라크G. Clark가 스타 카Star Carr 유적에 대한 연구에서 유물의 공간적인 조합, 유적의 공간적인 분석을 시도한 바 있으며, 1960년대에 들어서 나타난 지리학계의 새로운 조류(Haggett 1965; Chorley and Haggett 1967)가 공간고고학에 새로운 자극제가 되었다. 헤게트와 촐리 등 영국의 계량학파라 불리는 이들은 자연지리와 인문지리의 통합을 시도했으며, 이를 위해 계량적 연구 방법론을 일찍부터 개발하고 적용시켜 갔다. 1970년대에 들어와 유럽의 공간고고학 연구는 데이비드 클라크D. Clarke가 주도했는데, 그는 특히 공간정보를 분석할 수 있는 체계적인 방법과 모델을 고안하고자 했다. 이처럼 신고고학에서는 다양한 공간분석을 통해 공간에 나타난 인간행위를 계량화, 시각화하여 과거 문화변동 과정을 설명하려고 시도하고 있다.

이후 1980년대에 등장한 후기과정주의고고학은 과정주의고고학의 공간개념을 소위 타자화된 공간이라 비판하고 이것에 대한 개념을 새롭게 규정한다. 이 입장에 따르면 공간은 인간을 비롯한 여러 행위주체들의 사회적 관계와 행위가 이루어지고, 이 관계를 매개하는 장소로 자리매김 된다(김종일 2006). 즉 공간이란 사회적으로 인식되고 변용된다는 의미인데,[1] 브래들리(Bradley 1998)가 제의적 기능과 관련된 거석기념물들이나 매장유적들이 어떻게 사용되고 변형되는지를 분석함으로써 해당 공간의 역사가 변천해 온 과정을 밝힌 것이 대표적인 사례이다. 또한 후기과정주의고고학에서는 공간연구에 관해 통합된 연구방법론methodological holism의 구축에 힘쓰기 보다는 특정 고고학 맥락에 맞는 개별적인 접근법의 모색으로 방향전환을 추구하게 된다. 단적인 예로 틸리(Tilley 1994)의 경우처럼 고고학자가 현재의 공간을 직접 경험함으로써 과거 인간이 공간을 어떻게 경험했는지를 이해하고자 시도하는 소위 현상학적인 접근을 시도한 사례가 널리 알려져 있으며 이밖에도 일일이 열거하기 힘들 정도로 다양한 후기과정주의고고학의 사례들이 제시되고 있다. 하지만 이러한 후기과정주의고고학은 자연지리, 환경, 사회적 전통 같은 신고고학의 정당한 항목들을 그다지 고려하지 않았다는 역비판에 직면하고 있으며 실증적인 지역분석과 사회이론의 통합을 시도하는 '절충적인' 연구경향이 대두되고 있다(Chapman and Dolukhanov 1997; Ashmore and Knapp 1999; Thurston 2001).

이처럼 현대고고학사에서 공간의 의미와 고고학자료의 공간적 분포양상에 대한 이해의 변화에 따라 공간분석의 방법 역시 변천해 왔다. 이러한 공간분석 방법의 변천양상에 관해 주브로(Zubrow 2005)는 다음과 같은 여섯 단계에 걸친 공간분석의 발전과정을 제시하고 있다. 그에 의하면 공간분석은 첫째, 일정한 공간 내에서 유적이나 유구 혹은 유물의 개수를 확인하는 작업이 주로 이루어진 단계가 있었으며 20세기 중반 문화사고고학의 완성단계까지 이러한 경향이 이어져 왔는데, 여기에서 중요한 것은 특정 시공간 내에서 유구, 유물의 공간

---

1 1980년대 이후 주로 유럽 학계를 중심으로 경관고고학(landscape archaeology)이 활발하게 논의되고 있다. 이 입장에서는 대개 공간은 인간 행위가 의미화된 장소, 달리 말하면 인간이 세계에 대해 생각하고 행위하는 표현물로 이해된다(김종일 2008).

적 변이spatial variation를 파악하는 작업이라고 할 수 있다. 둘째 단계는 유적, 유구, 유물을 공간적으로 정확하게 측정할 수 있는 방법의 발전이라고 할 수 있으며, 가령 지표조사나 유적의 측량, 그리고 유물의 계측에 관한 다양한 기법들의 고안된 사례들이 여기에 해당된다. 셋째 단계는 다양한 수학적, 통계적인 방법을 이용해 공간분석의 정확도를 높여 나간 단계인데, 그 사례로는 앞서 언급한 헤거트의 입지분석(Hagget 1965)을 들 수 있으며, 다양한 유적 탐색기법의 발전이나 샘플링 기법의 발전 역시 여기에 해당된다. 넷째 단계는 다양한 공간 시뮬레이션이 고안되고 입지분석에 기반한 다양한 예측모델들이 제시되는 시기로 예를 들면 티센다각형thiessen polygon 등의 개념이 활용되어 유적의 입지와 관련된 자원 소비의 최적화된 전략을 제시하려는 시도가 이루어지기도 한다(Zubrow 1990). 다섯째 단계는 공간체계 spatial systems의 구축단계로 현재 지표조사에서 발굴, 그리고 유적 관리에 이르기까지 그야말로 다양한 공간범위에 걸쳐 사용되고 있는 지리정보체계GIS의 보편적인 적용을 손꼽을 수 있다. 그리고 마지막 여섯째 단계는 공간분석을 이용해 옛 사회의 공간에 대한 경험이나 인식을 규명하는 단계로 후기과정주의고고학의 입장이 이에 해당한다. 이러한 주브로의 공간연구에 대한 정리는 문화진화론적인 관점을 바탕으로 하고는 있으나, 이러한 견해를 수용하든 그렇지 않든 간에, 공간연구가 그간 진행되어 온 바를 일목요연하게 잘 보여주고 있다.

이제 현대 고고학계에서는 과정주의고고학의 세련된 연구방법론과 후기과정주의고고학의 비판적 해석이 적절히 조합되고 있는 추세이다. 고고학자들은 환경이 옛 사회에 미치는 여러 제약 요소들을 두루 검토하면서도 공간을 변용시키는 인간의 적극적인 역할을 예의주시하고 있으며, GIS 등 최신기법을 활용해 고고학자료의 공간적 분포양상에 대한 다방면의 연구를 활발하게 진행하고 있다.

__공간범위에 따른 연구방법의 문제

고고학에서 공간 연구는 특정 유구의 개별 활동에 관련된 장소에서부터 특정 지역 내 유적들 그리고 유적들의 분포정형에 이르기까지 다양한 범위scale에 걸쳐 이루어지며 각 범위에 따른 자료 분석결과는 과거 인간 활동에 대해 질적으로 상이한 정보를 제공해 준다(그림 5.1). 물론 각 공간범위에 따른 범주화의 타당성 문제가 지속적으로 제기되며 최근의 GIS 분석은 각 범위 간의 경계를 허물고 있어 공간범위의 경계설정에 있어서 그 적절성 여부가 의문시되는 상황에 자주 봉착하고 있다. 하지만 그럼에도 고고학자들이 주로 관심을 갖는 공간 범위는 첫째, 활동구역, 둘째, 유적 내 공간intra-site과 가구, 셋째, 취락과 지역region으로 나누어볼 수 있다. 여기에서는 이들 각각의 공간범위를 다루는데 있어 나타나는 방법론적 문제들을 살펴보겠으며,[2] 마지막으로 취락이나 지역 간에 나타나는 생산품의 교역, 교환에 대한 연구에 대해서 살펴보도록 하겠다.

활동구역 분석

과거 인간행위를 공간적으로 이해하기 위해 각종 유적, 유구, 유물들의 특징이나 분포양상에 대한 분석이 이루어지고 있는데 이러한 분석의 최소 단위 중 하나는 활동구역activity area이라고 할 수 있다. 활동구역이란 일반적으로 한 명 혹은 여러 명의 사람들이 갈판 위에 갈돌을 가는 행위처럼 일정한 행위를 하는 장소를 의미한다. 그리고 특정 형식의 유물(들)과 이와 관련된 다른 유물들이 한데 모여 발견되어 이것이 모종의 행위를 나타낸다면 이 역시 활동구역에 해당된다.

고고학자들은 주로 이동생활을 하기 때문에 대개의 경우 정착 주거지 대신 야영지나 단기 점유지를 남기는 수렵채집민의 활동구역 분석을 통해 행위양상 및 폐기양상 등을 파악하고자 한다. 특히 이 작업은 민족지연구를 활용한 빈포드 등에 의해 주도된 바 있는데(Binford 1978; O' Connell 1987; Yellen 1977), 그 대표적인 사례는 수렵채집민들이 노지를 중심으로 진행한 행위의 성격, 즉 사냥감을 처리하고 음식물을 소비하거나 폐기물을 버린 양상을 관찰해서 제시된 모델을 들 수 있다. 이 분야 연구는 흔히 석기나 토기의 접합복원refitting 분석과 관련되거나

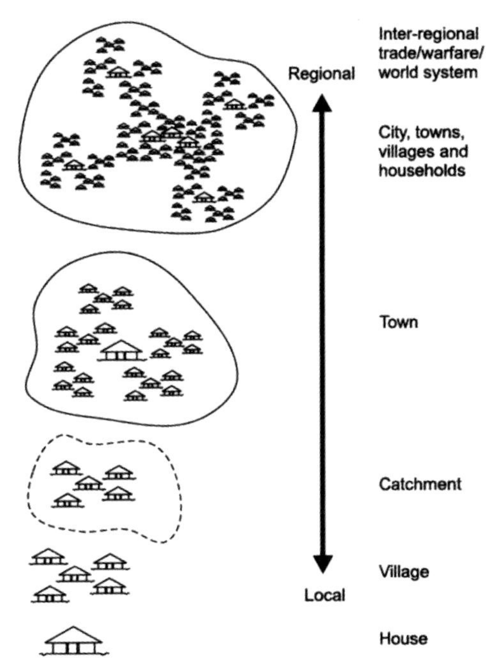

그림 5.1_철기시대 영국 남부지방 취락의 사례

---

2 본 장의 주제는 이 책의 2장에서 다루는 내용과 상당부분 중복되므로 이를 감안해 글의 구성과 집필수위를 조절했음을 밝혀둔다.

유적형성과정에 관한 연구와 병행되기도 한다. 확실히 활동구역에 대한 연구는 선사시대 수렵채집민의 생활상을 파악하기 위한 공간분석의 중요한 전기를 마련해 준 것으로 평가될 수 있는데, 무엇보다도 화덕자리가 선사시대 인간들의 여러 행위의 중심적인 공간으로 기능했음이 여러 사례들을 통해 확인되었으며 각종 행위 도중에 버려지는 쓰레기들을 분석하는 것이 중요하다고 평가되었다. 하지만 활동구역 연구에 있어서 문제점들도 계속 지적되는데, 기능적으로 서로 밀접하게 관련된 유물들일지라도 이것들이 반드시 동일 활동구역에 집중적으로 폐기되는 것은 아니며, 활동구역에서 벌어진 행위는 종종 유적의 폐기 이후 다양한 자연적 변형과정natural processes에 의해 얼마든지 영향 받을 수 있다(Kroll and Price 1991). 또한 수렵채집민의 활동구역 분석이 반드시 과정고고학이나 행위고고학의 전유물은 아닌 듯한데, 화이틀러는 주로 민족지적 사례 연구를 통해 수렵채집민들의 행위를 반드시 문화생태학적인 측면이나 기능주의적 측면에서 접근할 필요는 없다고 주장하며 이들 자료에 대한 공간분석을 통해 상징적이고 사회적인 요소들을 추출하고자 시도하고 있다. 그에 따르면 이러한 해석은 기존의 문화생태학적이거나 기능주의적인 해석과 얼마든지 상호 보완적으로 이루어질 수 있다고 한다(Whitelaw 1993).

한국고고학에서 이 방면 연구는 아직 활발하지 못하다. 손꼽을 수 있는 사례로는 구석기시대의 활동구역에 대한 연구를 들 수 있는데, 소위 석기집중부 혹은 석기제작소에 대한 분석이 바로 그것이다. 석기제작소란 "일정한 공간에 석기제작과 관련된 제작도구의 존재와 격지·부스러기 및 파편·석기 등 諸 양상이 뚜렷하게 확인되는 지점"(장대훈 2007)으로 제시된다. 그리고 일정한 공간에서 접합되는 유물이 확인될 경우 석기를 제작했던 장소로 흔히 간주되곤 하며 석기 제작공정에 대한 행위복원이 시도되기도 한다. 이러한 석기집중부의 고고학적인 해석은 여러 측면에서 이루어져야 하겠지만, 이것이 과연 석기 제작과 관련된 활동구역을 의미하는지에 대해서는 신중한 접근을 필요로 한다. 즉 석기집중부라 평가되는 상당수의 사례들의 경우 이것이 과연 석기제작이라는 문화적 과정에 의한 것인지 아니면 과거 인간의 행위가 마무리되고 유적이 폐기된 이후의 자연적 과정에 기인한 것인지를 밝히는 것이 매우 어려운 실정이다. 한국 구석기시대의 경우 어쩌면 단양 수양개 유적과 같이 양호한 사례가 아니라면 활동구역 연구의 전망은 어둡다고 할 수 있다. 왜냐하면 화덕자리가 명확하게 확인될 뿐만 아니라 다양한 종류의 유물들이 공간적으로 보다 밀집되어 분포하고 있어야 효과적인 활동구역 분석이 이루어질 가능성이 높기 때문이다. 예를 들면 다카시는 일본 조몽시대 전기의 홋카이도 하마나카유적의 야외 화덕자리와 활동구역에 대한 분석에서 화덕자리 주변에서 확인되는 석기와 토기자료의 접합복원을 성공적으로 실시하고 여기에 뼈 도구의 공간적 분포양상까지 종합했다(Takashi 2007)(그림 5.2). 이를 통해 이 유적에서는 사냥

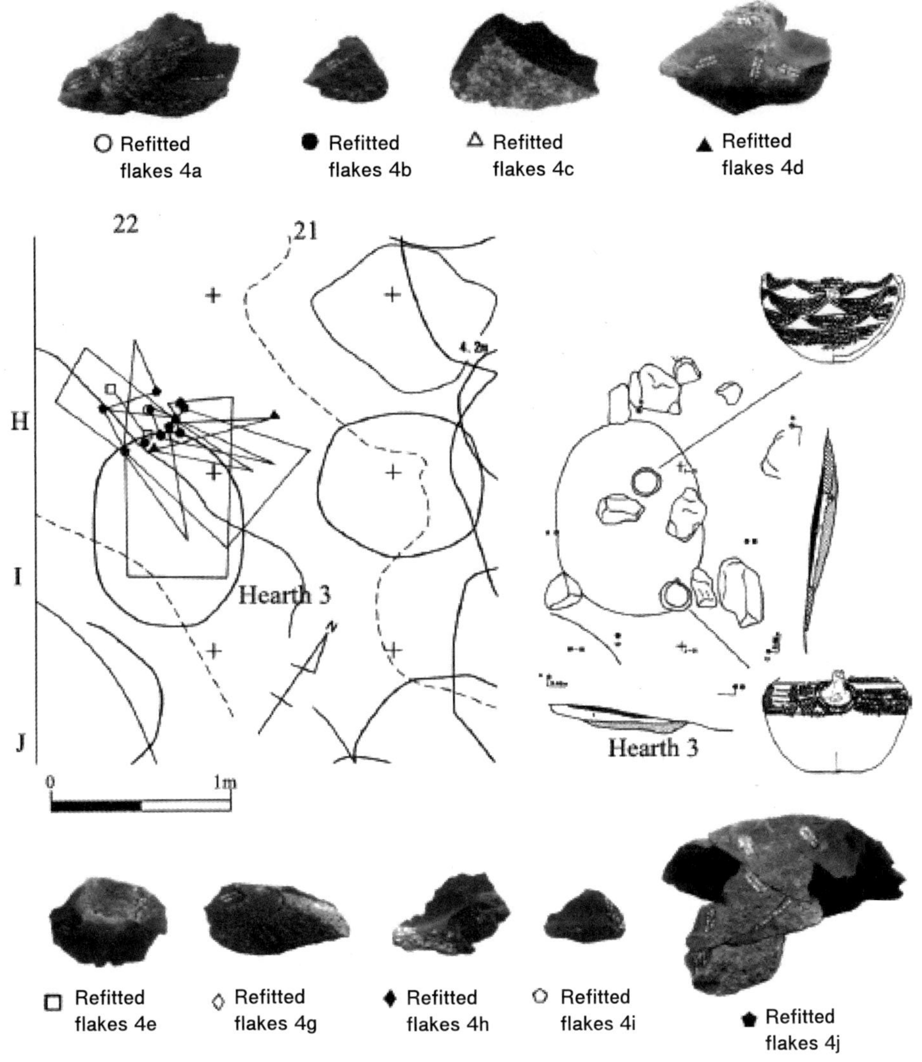

그림 5.2_ 일본 전기조몽시대 홋카이도 하마나카2유적의 활동구역 분석 사례

한 동물을 처리하고 토기를 이용해 고기를 조리하거나 기름을 처리했던 것으로 추정했다. 이러한 사례에서 보듯이 한국고고학의 경우에도 보다 해상도가 높은 고고학자료를 선택해 활동구역을 분석하려는 시도가 우선적으로 이루어져야 할 것으로 판단된다.

유적 내 공간분석과 가구고고학

농경사회의 경우 수렵채집민들과는 달리 대개 정착취락을 형성하게 되며 유물의 경우에도 석기의 비율이 낮아지고 토기, 동·식물유체, 수공업 생산시설, 폐기유구 등이 두드러지게 된다. 이러한 정착민들의 경우 활동구역 분석뿐만 아니라 다양한 유적 내 공간intra-site 분석을 실시해야 한다. 고고학자들은 특히 주거지 내부의 공간에 대한 분석을 통해 공간의 평면형태나 규모, 공간분할 양상, 시설물과 유물의 위치, 성격 등을 종합적으로 검토하여 그 정주성의 정도나 유구 점유양상을 파악하고자 한다. 그 대표적인 사례로 청동기시대 전기의 주거지 내 기능적인 공간분할 문제를 들 수 있는데, 이는 이 시기 사회변동과 관련하여 중요한 연구주제로 평가되고 있다. 주지하다시피 청동기시대 전기 주거지에는 단일 주거지마다 여러 기의 노지가 나타나고 있어 이러한 대형주거지에서 세대 공동체가 거주했을 가능성이 제기되었으며(安在晧 2006) 주거지 내 노지와 저장공의 배치양상에 대한 분석을 통해 주거지 내에 기능적인 공간분할이 이루어졌을 가능성이 제시되어(宮里修 2005) 이 분야 연구의 중요한 계기가 마련되었다. 하지만 이러한 대형주거지 내의 공간분할이나 결합양상을 확정하기는 쉽지 않은데, 이와 관련해 오용제(2012)의 연구는 주목할 만하다. 그는 중부지방의 청동기시대 전기 주거지 중 유구, 유물의 상태가 양호한 34기를 대상으로 노지와 저장공의 배치방식, 그리고 유물상에 대한 분석을 통해 주거지 내의 기능적인 공간분할 양상을 세밀하게 살피고 있다. 이 작업을 통해 전기주거지 내 공간분할에 있어 노지가 일정 간격으로 배치되지만 주거지 내 일부 노지는 일반적인 간격의 2배 이상의 간격을 두고 배치되며, 노지가 배치되지 않은 공간에는 저장공이 배치되는 사례를 확인하고, 온전한 상태로 복원되는 토기가 다량 확인되는 양상에 주목했으며 이를 주거지 내 공간에 따라 기능적인 차이가 나타나는 것으로 해석했다. 이러한 분석결과는 주거지 내 공간분석의 유의미한 사례로 평가되는데, 기존의 주장을 구체적인 자료를 통해 검증하거나 수정했다는데 의미가 있으며 이처럼 양호한 자료를 바탕으로 한 보다 세밀한 공간분석의 필요성이 제기된다.

한편 주거지 내부공간에 대한 토양미세형태분석soil micromorphological analysis과 화학분석을 통해 주거지 내 점유양상을 이해하려는 시도 역시 주목할 만하다. 주거지의 내부공간에는 사회적 요인이나 유적 형성과정에 의한 흔적이 대개 토양에 남는데, 편광현미경분석과 때로는 화학분석을 통해 생활면의 형성과 다양한 유기물질과 인공물질의 퇴적양상 등이 파악 가능하다(Goldberg and Macphail 2006). 최근 이희진(2015)은 청동기시대 전기 주거지 내 토양분석을 통해 주거지 점유의 지속성 여부를 평가하고 주거지 내부공간의 분화 가능성을 제기하였다(그림 5.3). 하지만 현재까지 이 분야의 연구는 분석된 유적, 유구 토양분석 샘플의 수량이 많지 않아 인간행위의 정형성을 추출하기 어려우므로 아직은 문제제기의 차원에 머무르고 있다. 사실 토양미세형태분석은 공간연구에 있어서 엄청난 잠재력을 가지고 있으나 이러한 분석이 효과적이려면 보다 확실한 고고학적 맥락을 다루면서 연구성과를 축적해

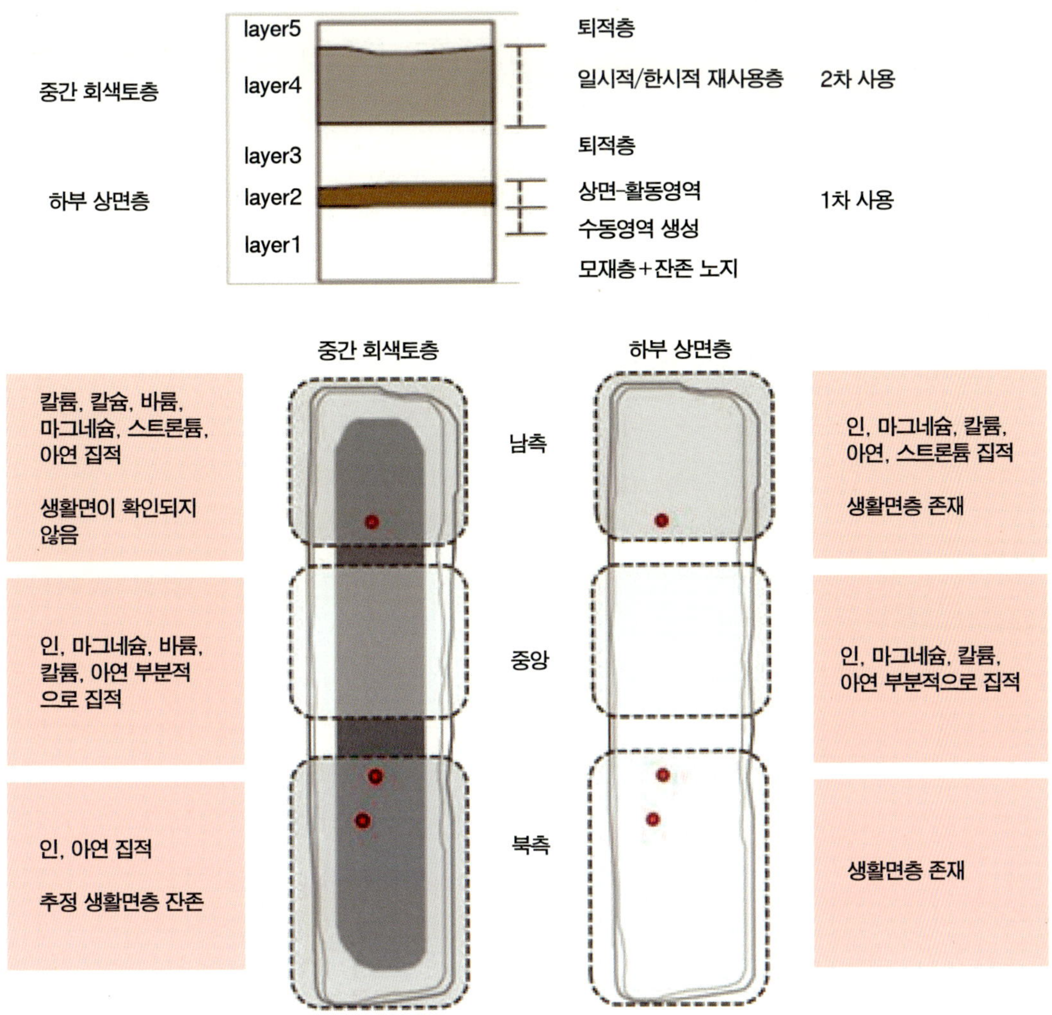

그림 5.3_ 미세토양분석(위) 과학분석(아래)결과 추정된 차별화된 주거지 내부 공간 이용양상

나갈 필요가 있다. 토양에 영향을 미치는 문화적 행위는 대개의 경우 모호하거나 자연적 현상과 구별하기 어려운 경우가 많으므로 이 방면의 분석은 과거 인간의 행위가 눈으로도 뚜렷하게 확인할 수 있을 정도로 반복적이고 집중적으로 이루어지거나 인간 행위의 공간적 분할이 현저하게 나타나는 자료를 대상으로 마이크로하게 검증하는 방법으로 진행하는 것이 바람직한 것으로 보인다.

이러한 유적 내 공간분석의 일반적인 목표는 과거 사회의 생활 기본단위로 간주되는 가구 household 및 이들이 모여 구성된 취락에 대한 이해를 도모하는 것이며 결국 고고학자는 이를 통해 가구와 취락에 거주했던 공동체에 대한 적절한 해석을 시도하고자 한다. 최근 한국 고고학에서 가구는 주거-주거군-취락으로 이어지는 과거 사회조직의 기본단위로 간주되어

선·원사시대 사회복합화 양상을 규명하는데 있어 핵심적인 지표로 활용되고 있으며(예를 들면 송만영 2014), 가구고고학 분야의 연구경향에 대한 비판적인 검토와 잠재력에 대한 평가가 이미 이루어진 바 있다(金範哲 2013). 따라서 여기에서는 가구고고학에 대한 본격적인 논의보다는 이 분야 연구에 대한 필자의 보완적인 견해를 더하고자 한다.

우선 가구의 구성과 조합, 그리고 그 공간적 범위를 어디까지 설정할 지가 항상 문제가 되는데 결혼 등을 통해 새로운 가구가 탄생하거나 가구 구성원이 나이를 먹어 가면서 주거 구조가 확장, 변형 내지 폐기될 수 있다. 따라서 이를 감안해서 주거지와 주변 유구들에서 인간활동의 세부적인 측면을 밝히기 위해 자료에 대한 세밀한 분석과 더불어 다양한 분석기법의 개발 혹은 적용이 활발하게 이루어져야 하는데, 앞서 살핀 토양분석 이외에도 다양한 자연과학 분석기법이 도입될 필요가 있다. 특히 식물자료나 동물자료의 경우는 주의 깊게 다루어질 필요가 있는데, 가구와 취락을 다루는데 있어 음식food의 문제는 특별하기 때문이다. 이는 생계경제를 복원하는 측면에서도 의미가 있지만 이 분야 연구가 심도 깊게 진행되면 식량채집, 생산, 그리고 음식의 조리와 섭취의 '사회적'인 측면을 밝힐 수 있다(Hastorf and Johannessen 1993). 최근 한국고고학에서도 취락에서 확보한 식물자료에 대한 분석을 통해 해당 사회의 생계와 사회를 이해하려는 시도가 활발하게 진행되고 있다. 이러한 연구에서 문제는 취락 내에서 확인되는 식물자료의 분석결과는 그 자체로 의미가 있음에도 불구하고 유구 및 다른 유물에 대한 분석결과와 연결하는 작업이 상당히 어렵다는데 있다. 드물게 이희경은 원삼국시대 풍납토성 및 남양주 장현리유적에서 확보한 작물유존체 자료를 대상으로 출토확률 분석ubiquity analysis[3]을 실시한 바 있다(이희경 2010). 이를 통해 당시 백제의 중심지였던 풍납토성에서 쌀이 높은 비중으로 확인되었음을 확인하고 이를 유적의 위계 차이에 의한 것으로 해석하였다. 이러한 분석에서 출토확률을 적절한 평가의 지표로 삼을 수 있을지에 대한 논란의 여지가 있음에도 불구하고 앞으로 이러한 작업이 한층 심도 깊게 지속되어야 할 것은 분명해 보인다.

다음으로 토기, 석기, 금속기 등 각종 수공업 물품의 생산구역을 확인하고 그 내에서 진행된 공정을 복원하는 작업은 가구 및 취락의 성격을 규명하는데 있어 결정적으로 중요한 요소이다. 예를 들면 청동기시대 북한강 지방을 중심으로 주거지 내의 이색점토구역은 흔히 석기 생산과 관련된 공방지점으로 추정되고 있으며 주거지 내에서 석기제작 과정 중 나오는 박편,

---

3 출토확률 분석이란 작물 종의 시간적, 공간적 차이와 중요도를 판정하기 위해 그것의 절대 수량이 아닌 유무에 따른 이분법을 적용하여 발견된 작물 시료의 비율을 계산하는 방식이다. 즉 시료의 절대 수량이 많고 적음에 상관없이 시료 내에 특정 종이 있는지의 여부만 분석하는 방법이다. 이러한 출토확률 분석은 작물의 절대수량과 무관하기 때문에 탄화나 후퇴적 과정에서 발생하는 영향을 줄일 수 있고 유적 간 비교에 효과적이라고 한다(이희경 2010).

미완성석기, 석재 등이 분포하면 이 역시 당시 생산활동을 반영하는 것으로 해석되고 있다(홍주희 2009). 또한 중부지방 원삼국시대 주거지에서 철제 슬래그나 단조박편이 확인되는 경우 이것은 철기 생산의 유력한 증거로 간주되곤 하며, 이에 대한 분석을 통해 단야나 정련단야의 공정을 추정하는 단서로 활용되고 있다(최영민 2015). 물론 이러한 특정 물품의 생산활동에 대한 해석이 얼마나 타당한지, 그리고 이 생산공정이 이루어진 정확한 구역을 어떻게

그림 5.4_원삼국시대 강릉 안인리유적의 철기 생산 주거지 분포양상

확정할 수 있을지에 대해서는 의견이 분분하다. 이처럼 수공업 제품의 생산활동에 대한 규명 노력은 아직은 심도 깊게 진행되고 있지 않지만 이를 통해 생산체제(손준호 2010)나 사회적 위계화(송만영 2013)(그림 5.4)의 중요 쟁점들을 다룰 수 있으므로 보다 주도면밀하게 시도될 필요가 있다.

마지막으로 인구규모가 커지고 위계화가 진전된 사회일수록 유적 내의 공간구성에는 사회적 서열이나 문화적 의미가 담겨져 있을 가능성이 높다. 이러한 사회일수록 주거지의 공간구조는 수동적인 의미에서의 공간이 아닌 사회적 전략이 적극적으로 실현되는 역동적인 장 arena으로 이해될 여지가 있다. 달리 말하면 유적 내 유구들과 그 내의 공간에서 문화적 차이, 성적 역할, 의례나 상징, 그리고 위계화의 증거들이 나타날 수 있다. 이와 관련해 한국고고학에서는 90년대 후반에 들어와 비로소 고려, 조선에서 근대에 이르는 시기에 관심을 기울이기 시작했다(한국고고학회 2012). 예를 들면 우리는 고려, 조선시대의 관아유적들을 대상으로 유적 내 공간구조에 대해 분석할 수도 있고, 아니면 성리학으로 대표되는 조선왕조의 성립과 체제변화의 국면에서 당시 주거지 구조의 변화를 살피고 주거지 내부 공간활용에 대해 살펴볼 수도 있다. 그리고 이러한 주제들은 그 연구방법에 있어서 후기과정주의적 접근을 더

욱 기다리고 있을 지도 모르겠는데, 어쨌든 한국고고학에서 유적 내 공간분석의 시간대를 대폭 확장할 필요가 있다.

취락과 지역범위 분석

취락과 지역범위에 대한 연구는 최근 한국고고학에서 각광받고 있다. 연구대상 지역 내 취락들이나 여타 유적들의 규모와 분포양상, 그리고 취락들 간 상호작용에 대한 분석을 통해 과거 사회조직이나 존재양태를 일목요연하게 파악할 수 있기 때문이다.

한국고고학에서는 1990년대에 들어와 취락고고학에 대한 관심이 본격적으로 나타났는데, 특히 신석기시대 취락의 형성 및 발전에서 원삼국시대 국의 형성에 이르기까지를 조망하려고 한 권오영의 시도(1997)는 이 분야의 대표적인 초기 연구사례라고 할 수 있다. 최근에는 청동기시대를 중심으로 취락 내 주거지의 군집양상을 파악하고 이를 통해 사회조직을 복원하려는 시도(나건주 2013; 이형원 2009)는 그 해석의 적절성 여부와는 관계없이 청동기시대 연구의 큰 흐름을 형성하고 있으며, 이 방면 연구는 선사시대를 넘어 역사시대에까지 연구의 지평이 확산되고 있는 추세이다(송만영 2013; 이영철 2013). 이러한 지역범위에 대한 연구 현황을 수렵채집사회와 농경사회로 나누어 살펴보겠다.

먼저 수렵채집 사회의 경우, 빈포드의 제안(Binford 1978, 1980, 1982)을 한국 신석기시대 연구자들이 수용해 변형 적용한 사례가 지역범위 분석의 대표적인 사례라고 할 수 있다. 즉 빈포드는 패총 등 한정행위 장소의 성격과 관련해 집단이 자원을 따라 주기적으로 이동하는 전략residental mobility과 집단 내 소수 구성원들에 의한 자원획득전략logistical mobility으로 구분해 집단의 이동성 정도를 평가한 바 있다(Binford 1980). 그는 채집민들의 경우 확보 대상 식량자원이 공간적으로 분산되어 있는 경우가 많아 이를 획득하기 위해 집단 중 일부만 이동하는 전략을 채택했다고 하는데, 이들의 이동은 계절성이 띄기도 한다. 반면 수렵민은 사냥의 효율성을 높이기 위해 집단 전체가 이동하는 전략을 채택하는 경향이 있음을 주장하고 있다. 이러한 빈포드의 모델은 당시 수렵채집민사회의 사회적, 이데올로기적 측면을 너무나 하찮게 취급했으며, 수렵채집 사회를 과도하게 단순하게 도식화하여 그 다양성을 살펴보기 어렵다는 비판을 받고 있지만 아직까지도 실제 분석에 활용할 수 있는 가장 유용한 모델 중 하나로 평가되고 있다(Habu and Fitzhugh 2002). 그리고 이러한 빈포드의 모델을 한반도 신석기시대 중부지역 패총유적에 대해 적용한 사례연구는, 마찬가지의 비판이 가능함에도 불구하고, 여전히 주목할 만하다(김장석 · 양성혁 2001; 林尙澤 1998; 林尙澤 2010a). 최

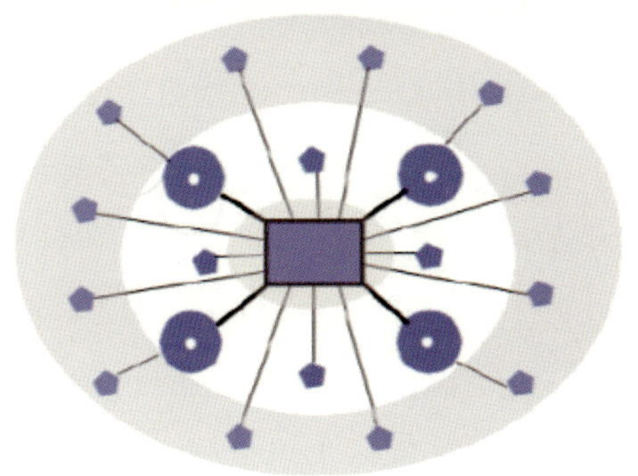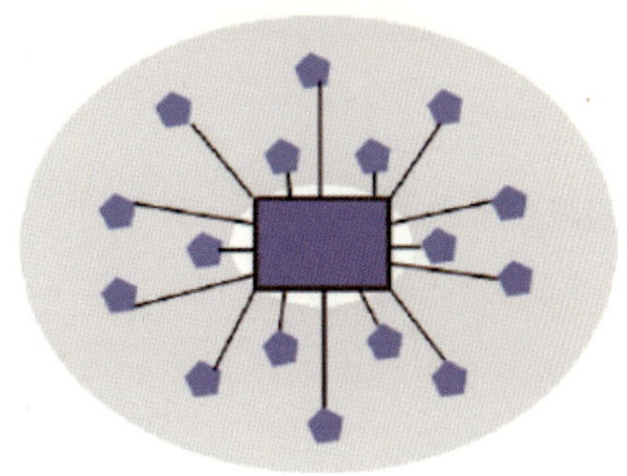

그림 5.5_신석기시대 서해안지역 Ⅱ기와 Ⅲ기 취락체계 개념도

근에는 임상택이 신석기유적을 정주취락과 단기점유유적으로 나누고 단기점유유적을 다시 단기주거와 한정행위 장소로 세분했다. 그리고 그는 환경과 생업형태에 따라 주기적으로 이동하는 계절거주방식이 존재하며, 단기거주방식은 잦은 이동을 위해 이동비용을 최소화 한다는 견해를 제시한 바 있다(임상택 2010b)(그림 5.5).

이러한 정주성(정착생활 정도)과 관련해 일본 죠몽시대의 경우에는 아메미야 미즈오는 정주는 개념상 특정 장소와의 결합이 강하기 때문에 특정 장소를 중심으로 한 생활을 장기간 계속하는 경우에 그러한 생활을 정주성이 높은 생활, 그것이 1년간에 걸치는 경우에는 정주생활로 하자고 제안한 바 있다. 또한 보이드(Boyd 2006)는 정주성의 평가 기준으로 유적들에서 나타나는 석제 건축물, 마제석기(공구류), 저장시설, 무덤, 가축동물의 존재, 식용동물의 계절성, 두터운 퇴적층 등 여러 요소들을 제시하고 있다. 그에 의하면 이들 증거들이 모두 나타나야 하는 것은 아니고 고고학적 맥락에 따라서 가감되며, 여기에 토기의 등장, 혹은 토기 기종의 증가, 그리고 식물상의 변화(농경)가 포함되기도 한다. 중요한 것은 정주성이란 일종의 과정process이며, 따라서 그 존재유무를 따져서는 큰 실익이 없고 이제 정주성의 정도를 다른 문화와 세부 요소들을 구체적으로 비교하거나, 혹은 새롭게 계량적 기준을 마련해 평가해야 하는 국면에 도달한 것 같다.

한편 청동기시대 이래 농경에 기반을 둔 정착사회의 경우, 취락들 간의 관계, 그리고 규모 및 조직구성의 차이는 사회적 위계화의 증거를 직, 간접적으로 시사해 주고 있으며 이 방면 연구는 대단히 활발한 편이다. 한국고고학에서는 1990년대 이래 지역 단위 유적 또는 유물 분석을 통해 해당 지역사회의 성격을 규명하고자 시도한 사례와(김종일 1994) 이에 대한 방법론적 비판이 제기된 바 있다(權鶴洙 1999). 또한 이 무렵부터 고고학계에 본격적으로 보급된 GIS(지리정보체계)에 힘입어 현재 다양한 분석기법들이 지역범위 연구에 적용되고 있다. 주지하다시피 GIS는 인문환경을 포함한 각종 자료들을 정량화하여 공간적 위치를 기반으로 다양한 분석을 가능하게 해 줄 수 있다. 대표적인 사례들을 간단히 들자면 김범철은 금강하류역 송국리형 취락의 형성을 지표조사에서 수습한 유물과 토양분석을 GIS를 이용해 실시하여 거점취락 및 주변취락의 관계에 대해 논의한 바 있으며(金範哲 2005) 분묘를 대상으로 확장한 일련의 후속연구들(金範哲 외 2012) 역시 그러한 논의의 연장선상에 있다. 한편으로 김종일(2005)의 경우 송국리유적과 검단리유적에 대한 가시권분석을 실시한 바 있는데, 여기에서 가시권(viewsheds)이란 인간의 일상적, 반복적 경험에 의해 인식된 역동적이고 통합적인 공간(김종일 2005)을 의미한다. 그는 이러한 분석을 통해 해당 마을 주민들은 주변 지역으로부터 가장 잘 보일 수 있는, 그리고 다른 지역을 가장 잘 볼 수 있는 위치에 마을을 형성하면서 경관을 적극적으로 변화시켰다고 주장한다. 이처럼 청동기시대의 지역범위 분석은 소기의 성과를 거두고는 있으나 아직도 여전히 개선해야 할 부분이 많은데 특히 사회적 위계화에 대한 평가와 관련해서 김범철의 지적처럼 군집설정의 적절성 여부 및 이러한 군집구성의 배경을 밝힐 만한 연구의 진전이 미진한 상태여서 방법론의 보완이 절실한 상태이다(金範哲 2013).

최근에는 지역적 공간분포 양상 연구에 있어서 GIS 기법을 이용해 유적이 있는 환경을 대상으로 한 입지분석도 시도되고 있다. 그 사례로는 지리학자들이 GIS를 이용하여 선사유적의 입지 특성을 지형과 환경적인 시각으로 분석한 연구(박지훈·박종철 2011; 이진영 외 2006; 원석환 외 2011)를 들 수 있다. 이들 연구는 선사시대 주민들이 선호했던 입지환경을 GIS를 이용한 계량적 방법으로 파악하여 선사유적의 유무를 예측하려는 시도이다. 또한 고고학계에서도 지역적 범위의 공간분석에 적극 참여하고 있는데, 일례로 충청 일원에서 발굴된 청동기시대 전기 취락 유적의 입지에 대해 가시권, 기후, 지질, 토양, 작물재배적지 등의 요인에 대한 분석을 실시해 취락의 입지 및 생업과 경제활동에 대해 논의한 사례를 들 수 있다(이홍종·허의행 2010).

이렇게 청동기시대를 중심으로 지역 범위 연구에 GIS 기법이 활발하게 사용되면서 풍성한 결실을 맺고 있는지에 대해서는 비판적으로 평가할 필요가 있다. 돌이켜 보면 GIS는 신고고학의 출현과 그 궤를 같이하여 자연스럽게 서구 고고학계에서 적용되었으며 적절한 고고학적 가설을 제기하고 이를 검증하기 위한 과정주의고고학에는 대단히 매력적인 수단이었기 때문이다. 하지만 현 단계 한국고고학에서 적절한 고고학적 의제 설정, 자료의 의미와 특성에 대한 이해, 이를 위한 방법론적 고려가 부족한 상태에서 실행되는 연구 프로젝트의 경우 그 한계가 명확해 보이며 이에 대한 재고가 절실해 보인다(金範哲 2012).

교역양상 분석

선사시대 사회의 교역, 교환 양상 연구 역시 공간분석의 한 분야라고 할 수 있다. 이 분야 연구는 20세기 중반 무렵 교역이 문명의 발생과 어떻게 관련되는지를 밝히고자 하는 일환으로 시작되었는데, 인류학자인 폴라니(Polanyi 1957)가 선사시대 교역양상 연구의 기반을 닦았다. 이후 80년대에 들어와 브럼필과 얼이 교역모델을 상업발전 모델commercial development model, 적응모델adaptationist model, 그리고 정치모델political model로 정리했는데(Brumfiel and Earle 1987), 최근까지도 이들의 모델을 고고학자료에 적용하려는 다양한 시도가 이어지고 있다. 한편 렌프류는 폴라니의 주장에 영감을 받아 공간적으로 나타나는 다양한 교역, 교환의 방식을 더욱 세분하고자 시도했다(Renfrew 1975). 그는 선사시대 교역, 교환의 방식을 대략 10가지로 정리했고(직접 접근, 본거지 거래 호혜교환, 경계지 거래 호혜교환, 노선하향식 교역, 중심지 재분배, 중심지 시장교환, 중개인 교역, 대리인 교역, 조차지, 역소 등) 이는 수 십 년이 지난 현재까지도 널리 알려져 있다(Renfrew and Bahn 2016).

이처럼 서구고고학에서 교역, 교환에 관한 연구의 틀은 이미 오래전에 잡혔지만, 이와 관련된 문제점도 나타나고 있다. 무엇보다도 교역양상의 체계화 시도 이면에는 특정 교역체계와 생산조직, 그리고 사회성격 간에 모종의 인과관계가 있을 것이라는 암묵적 전제가 자리 잡고 있다. 단적인 예로 폴라니의 전자본주의 경제 모델화 시도는 사회진화론의 영향을 크게 받았는데, 그가 제시한 호혜성, 재분배, 시장교환은 각각 서비스가 고안한 사회조직 모델, 즉 무리사회tribe, 군장사회chiefdom, 국가state와 대응되는 개념이다(Renfrew 1993). 그러나 이러한 인과관계는 실제 자료를 통해 일반화하기 힘들기 때문에 주의를 요하며, 결국 개별 연구사례별로 생산과 교역체계에 대해 통합적으로 검토할 필요성이 제기되고 있다(Costin 2001). 또한 교역모델 구축에 관심을 갖는 이들이 신고고학자이든지, 후기과정주의고고학자이든지 간에, 제시된 모델들 중 어느 하나에 정확히 들어맞는 사례는 사실상 찾기 힘들기 때문에 이제는 과연 이러한 모델링이 필요한가에 대해 의문이 제기되고 있는 상태이다.

한편 고고학 연구에서 교역양상을 구체적으로 논의하기 위해서는 연구대상 지역 내에 분포되어 있는 유물의 현황을 파악하는 작업이 선행되어야 하며 원산지분석provenance study이 필수적으로 활용되어야만 한다. 원산지분석이란 생산되어 교환된 물품의 원산지를 추적하는 기법, 즉 생산품의 물적 특성에 대한 규명을 통해서 그 제품의 원산지를 추적하는 기법을 –

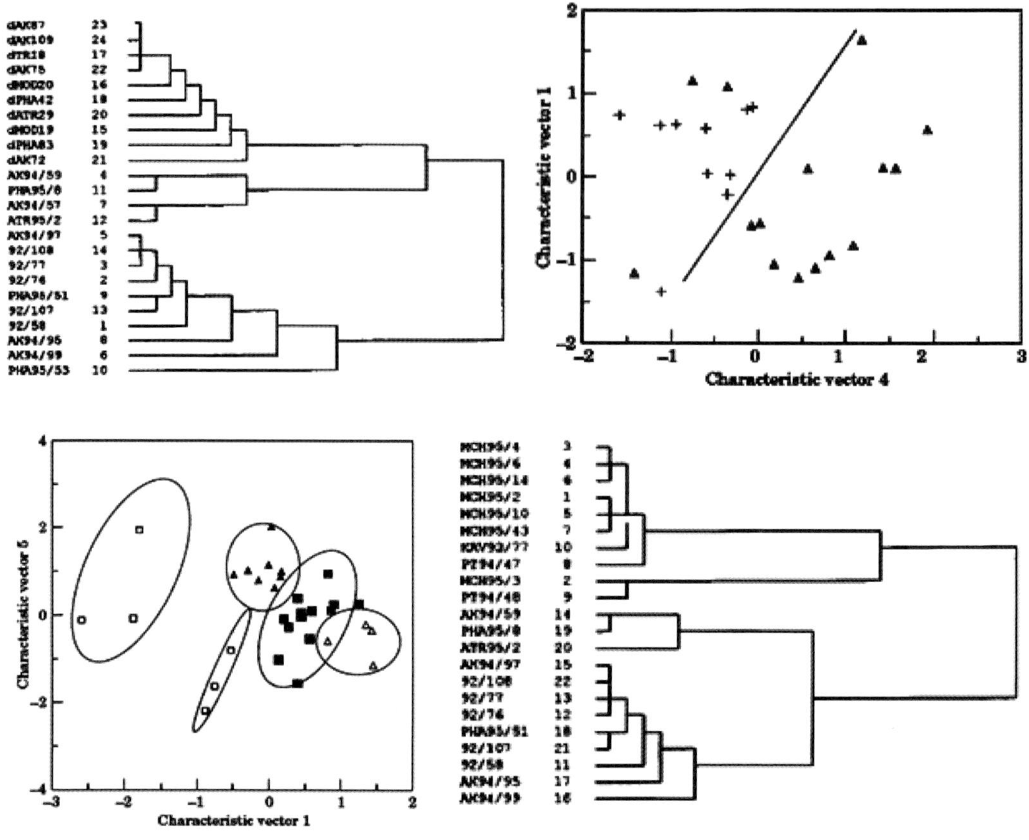

그림 5.6_그리스 크레타 섬 토기의 유통 사례연구(좌측 상단부터 시계방향으로 ①~④)

이를 '특성변별characterization'이라고 한다 – 일컫는다. 자연과학 분석기법을 이용한 원산지 분석에는 크게 보아 두 가지의 기본 전제사항이 있는데, 첫째 동일한 지점 혹은 지역에서 유래된 원재료로부터 만들어진 유물은 그 성분에 있어서도 유사하다는 것이며, 둘째, 완성품에 남아 있는 물리화학적 특성이 정확하게 측정되어 이를 통해 그 잠재적인 원료산지가 판정될 수 있다는 것이다(Weigand 외 1977).

이러한 원산지분석 역시 오랜 역사를 갖고 있으며 한국고고학에서도 최근 일련의 성과들이 제시되고 있는데, 이는 흔히 석기, 토기, 청동기 등 유물들의 제작에 사용되는 원료의 원산지에 대한 탐지 능력의 비약적인 향상에 힘입은 바 크다. 이를 사례별로 간략히 살펴보면 석기의 경우 후기구석시대부터 신석기시대에 이르는 흑요석 자료 분석을 통해 흑요석 교역망을 복원하고자 한 시도를 들 수 있다(Kuzmin 2010). 또한 토기의 경우 백제 중앙과 지방의 중요 유적들에서 출토된 고급기종 토기와 실생활용 토기자료를 선별하여 중성자방사화분석Neutron Activation Analysis을 실시한 연구성과(김장석 외 2006), 그리고 최근에는 나주 복암리유적, 운곡동유적, 복암리유적을 중심으로 오량동 유적 토기가마에서 제작된 옹관의 유통양상을 밝힌 연구가 주목할 만하다(이찬희 외 2012). 그리고 청동기의 경우 납동위원소 분석 lead isotope analysis을 이용해 청동기시대 청동기의 원산지를 추정한 연구사례도 지속적으로 제시되고 있다. 하지만 원산지분석의 실시 전반에 걸쳐 여러 가지 문제점들이 제기된 바 있으며(조대연 2012) 현재 한국고고학에서 인용하거나 참고할 수 있는 성공적인 원산지분석 사례 연구는 그다지 많지 않다. 이처럼 교역양상 규명에 원산지분석이 효과적임에도 불구하고 적지 않은 시행착오가 발생하는 이유는 많은 경우 연구자가 실행 가능한 원산지분석의 연구과제를 수립하지 못하거나 해당 고고학자료의 생산공정을 제대로 이해하고 있지 못한데서 기인한다. 또한 제반 조건을 갖추어 분석이 제대로 이루어졌더라도 인간행위의 복합적인 산물이라고 할 수 있는 유물에는 여러 가지 변수들이 내재되어 있어 항상 그 해석에 유의해야 한다. 예를 들면 그리스 크레타 섬을 중심으로 토기의 교역양상을 추적한 연구에서 데이 등은(Day 외 1999) 〈그림 5.6〉에서 보듯이 네 가지의 사례연구에서 나타나는 토기들의 결집양상을 각각 동일 원산지 내에서 바탕흙의 차이를 나타내는 사례(그림 5.6-①), 원산지의 차이를 나타내는 사례(그림 5.6-②), 원산지와 퇴적과정의 영향을 나타내는 사례(그림 5.6-③), 원산지와 바탕흙의 차이를 동시에 나타내는 사례(그림 5.6-④) 등으로 해석하여 물리화학적 특성변별의 결과가 반드시 특정 원산지를 지시하지 않을 수도 있음을 유물에 대한 올바른 이해가 선행되어야 하고 유물의 생산과 유통, 그리고 사용 이후 폐기 강조하고 있다. 이처럼 효과적인 원산지분석이 이루어지기 위해서는 연구목적과 연구대상 유물에 대한 올바른 이해가 선행되어야 하고 유물의 생산과 유통, 그리고 사용 이후 폐기alteration and contamination processes에서 나타나는 변형의 가능성을 감안해 적절한 자료의 분석과 해석이 이루어져야 한다.

고고학사를 살펴보면 공간에 대한 당대의 인식은 공간연구에 지대한 영향을 미쳐 왔으며 한편으로 새로운 자연과학 분석기법의 적용 역시 공간연구의 혁신을 가져오는데 일조했음이 분명하다. 또한 공간연구에 있어서 공간범위, 즉 활동구역, 유적 내 공간, 유적, 취락, 그리고 지역 범위의 분석에 있어 각각의 범위에 따른 연구목적, 연구방법, 그리고 결과에는 적지 않은 차이가 있는 것으로 판단된다. 따라서 고고학자료의 공간적 분석이라는 과제를 이론적, 방법론적으로 한데 아우르기는 사실상 어렵다는 것이 필자의 판단이다. 하지만 그럼에도 불구하고 최근 연구사례들에서 향후 연구의 바람직한 방향을 모색해 볼 수는 있겠다.

먼저 그간의 공간연구들 중에는 전통적인 고고학 연구 못지않게 자연과학자들과의 협업 속에서 진행되는 사례가 많이 눈에 띈다. 이러한 연구들은 간혹 대규모이며 새로운 분석이나 통계기법의 활용, 그리고 자연과학적 공간분석 절차에 대한 숙지 등 고고학자들의 사전 적응을 요구하는 측면이 있음에 유의해야 한다. 다음으로 이처럼 다양한 자연과학적 접근이 이루어지고 있음에도 불구하고 고고학 맥락과 자료의 성격에 대한 철저한 숙지야말로 공간연구의 첫걸음인 것으로 판단된다. 이것이 선행되어야 적절한 문제제기나 가설설정이 이루어지고, 아울러 공간에 대한 전통적인 고고학 연구가 축적되어야 이를 바탕으로 새로운 분석기법의 적용이 가능할 것이기 때문이다. 또한 연구하고자 하는 공간범위에 따라서 자료에 대한 완전히 상이한 접근법이나 분석방법이 필요할 수도 있다. 마지막으로 공간분석의 기본적인 전제는 분석대상 고고학자료의 동시성 확보라고 할 수 있다. 이를 바탕으로 공간분석이 이루어져야 그 성과가 빛날 것임은 재론할 필요가 없다.

참고(인용) 문헌

宮里修, 2005, 「無文土器時代의 聚落構成」, 『韓國考古學報』51.

權五榮, 1996, 「三韓의 '國'에 대한 研究」, 서울大學校 大學院 博士學位論文.

權學洙, 1999, 「공간분석방법의 고고학적 활용과 문제점」, 『韓國考古學報』40.

金範哲, 2005, 「錦江下流域 松菊里型 聚落의 形成과 稻作集約化: 聚落體系와 土壤分布의 空間的 相關關係에 대한 GIS分析을 中心으로」, 『송국리문화를 통해 본 농경사회의 문화체계』, 고려대학교 고고환경연구소 학술총서 제1집, 조치원: 고려대학교 고고환경연구소.

―――, 2011, 「'공간' 이해의 확대된 지평, GIS: GIS기법 활용과 북미고고학의 추이」, 『고고학적 조사연구와 GIS: 문화재GIS 활용세미나 발표문』, 대전: 문화재청.

―――, 2012, 「움직이는 공간, 서 있는 고고학」, 『움직이는 세상, 움직여야 하는 고고학: 고고학의 변모를 강요하는 것들』, 중앙문화재연구원 학술총서7, 서울: 서경문화사.

―――, 2013, 「'住居地'에서 '居住者'로: 한국 선사시대 가구고고학을 위한 제언」, 『한국고고학보』90.

金範哲·朴炷炫, 2012, 「湖南地域 松菊里型 墳墓의 階層化樣相 論議」, 『韓國考古學報』82.

김장석·권오영, 2006, 「백제 한성양식 토기의 유통망 분석」, 『백제 생산기술의 발달과 유통체계 확대의 정치사회적 함의』, 서울: 학연문화사.

金壯錫·梁成赫, 2001, 「중서부 신석기시대 편년과 패총 이용전략에 대한 새로운 이해」, 『韓

國考古學報』45.

金鐘一, 1994,「韓國 中西部地域 靑銅遺蹟·遺物의 分布와 祭儀圈」,『韓國史論』31.

———, 2006,「경관고고학의 이론적 특징과 적용 가능성」,『한국고고학보』58.

나건주, 2013,「세종시의 청동기시대」,『제27회 호서고고학회 학술대회 발표문: 세종시, 어제·오늘·그리고 내일』.

박지훈·박종철, 2011,「충남 아산의 청동기 시대 주거지 밀집 구역의 지형환경 분석: 용두천과 온양천 유역을 사례로」,『한국지리정보학회지』14(3).

손준호, 2010,「청동기시대 석기 생산 체계에 대한 초보적 검토」,『湖南考古學報』36.

송만영, 2013,「중도식 주거문화권의 주거지와 취락」,『제37회 한국고고학전국대회 발표문: 주거의 고고학』.

———, 2014,「청동기시대 취락구조의 변화」,『숭실사학』33.

安在晧, 2006,「靑銅器時代의 聚落硏究」, 釜山大學校 大學院 史學科 博士學位論文.

오용제, 2012,「청동기시대 전기 주거지 내부의 공간 활용 양상 연구: 수혈주거지 내 유물과 내부시설의 분포 양상을 중심으로」, 서울大學校 大學院 碩士學位論文.

이영철, 2013,「호남지방의 원삼국·삼국시대 주거」,『제37회 한국고고학전국대회 발표문: 주거의 고고학』.

이진영·박준범 외, 2005,「GIS 중첩분석을 이용한 요지유적 분포 예측의 시범연구」,『한국지리정보학회지』8(4).

이찬희 외, 2012,「대형옹관 성분분석 연구의 성과와 과제」,『제5회 고대옹관 국제학술심포지엄』, 나주: 국립나주문화재연구소

이형원, 2012,「중부지역 신석기: 청동기시대 취락의 공간구조와 그 의미」,『고고학』11(2).

이홍종·허의행, 2010,「청동기시대 전기취락의 입지와 생업환경」,『한국고고학보』74.

이희경, 2010,「원삼국시대 중부지방 作物組成의 특징과 그 형성요인」,『한국고고학보』75.

이희진, 2006,「지질고고학의 새로운 연구 경향과 전망」,『고고학』5(1).

———, 2015,「주거지 내부공간 이용상 연구와 토양분석: 천안 백석동 고재미골 유적 세장방형 주거지의 분석사례」,『湖南考古學報』50.

林尙澤, 1998,「패총유적의 성격」,『科技考古硏究』3.

———, 2010a,「신석기시대 취락체계의 변천과 지역적 비교」,『동북아문화연구』24.

———, 2010b,「신석기시대 서해중부지역 상대편년과 취락구조의 특징」,『韓國上古史學報』70.

장대훈, 2007,「거창 정장리유적 구석기시대 석기제작소 연구」, 목포대학교 대학원 고고인류학과 석사학위논문.

조대연, 2012, 「유물이 말하는 그들의 세계」, 『움직이는 세상, 움직여야 하는 고고학: 고고학의 변모를 강요하는 것들』, 중앙문화재연구원 학술총서7, 서울: 서경문화사.

차미애, 2010, 「구석기시대 유적의 공간분포연구를 위한 시론: 유물 분포단위에 대하여」, 『舊石器學報』22.

최영민, 2015, 「원삼국시대 한반도 중부지역 단야기술에 대한 재검토」, 『고고학』14(2).

추연식, 1994, 「취락고고학의 세계적 연구경향」, 『제18회 한국고고학전국대회 발표요지: 마을의 고고학』.

홍주희, 2009, 「북한강유역 청동기시대 취락의 전개와 석기제작시스템의 확립」, 『韓國青銅器學報』5.

한국고고학회, 2012, 『한국고고학강의』, 서울: 사회평론.

Rachel Lee·윤호필·박용근, 2013, 「무문토기시대가구(家口) 연구: 미세형태학적 분석을 통해서」, 『제37회 한국고고학전국대회 발표요지: 주거의 고고학』.

Ashmore, W., and A. B. Knapp, 1999, *Archaeologies of landscape: Contemporary Perspectives*, Malden, MA: Blackwell Publishers.

Binford, L.R., 1962, Archaeology as anthropology, *American Antiquity* 28: 217-225.

—————, 1978, *Nunamiut Ethnoarchaeology*, New York: Academic Press.

—————, 1980, Willow smoke and dog's tails: Hunter-gatherer settlement systems and archaeological site formation, *American Antiquity* 45: 1-17.

—————, 1982, The Archaeology of Place, *Journal of Anthropological Archaeology* 1: 5-31.

Boyd, B., 2006, On 'Sedentism' in Later Epipalaeolithic (Natufian) Levant. *World Archaeology* 38(2): 164-178.

Brumfiel, E., and T.K. Earle, 1987, Specialization, exchange and complex societies: An Introduction, In *Specialization, Exchange and Complex Societies*, M. Brumfiel and T.K. Earle, eds., pp.1-9, Cambridge: Cambridge University Press.

Chapman, J., and P. Dolukhanov, 1997, *Landscapes in Flux: Central and Eastern Europe in Antiquity*, Colloquia Pontifica 3, Oxford: Oxbow Books.

Chorley, R. J., and P. Haggett, 1967, *Models in Geography*, London: Methuen.

Costin C, L. 2001, Craft Production Systems, In *Archaeology at the Millennium: A Sourcebook*, Gary M. Feinman and T. D. Price, eds., pp. 273-327, New York: Kluwer Academic/Plenum Publishers.

Cowgill, G.L,, J.H. Altschul, and R.S. Sloan, 1984, Spatial analysis of Teotihuacan: A Mesoamerican metropolis, In *Intrasite Spatial Analysis in Archaeology*, H.J. Hietala ed., Cambridge: Cambridge University Press.

Crumley, C.L., 1979, Three locational models: An epistemological assessment for anthropology and archaeology, In *Advances in Archaeological Method and Theory*, M.B. Schiffer ed., pp. 141-173, New York: Academic Press.

Day, P.M., *A*. Tsolakidou, E. Kiriatzi, and V. Kilikoglou, 1999, Group Therapy in Crete: A comparison between analyses by INAA and petrographic thin sections of Early Bronze Age pottery from Knossos, *Journal of Archaeological Science* 26(8): 1025-1036.

Gamble, C., 2007, *Archaeology: The Basics*, 3rd ed., London: Routledge.

Goldberg, P. and R. I. Macphail, 2006, *Practical and Theoretical Geoarchaeology*, Oxford: Blackwell Publishing.

Habu, J., and B. Fitzhugh, 2002, *Beyond Foraging And Collecting: Evolutionary Change In Hunter-gatherer Settlement Systems*, New York: Kluwer Academic/Plenum Publishers.

Haggett, P., 1965, *Locational Analysis In Human Geography*, New York: St. Marin's Press.

Hastorf, C.A., and S. Johannessen, 1993, Pre-Hispanic political change and the role of maize in the Central Andes of Peru, *American Anthropologist* 95(1): 115-138.

Johnson, M., 1999, *Archaeological Theory: An Introduction*, Oxford: Blackwell.

Kroll, E. M., and T. D. Price, 1991, *The Interpretation of Archaeological Spatial Patterning*, New York: Plenum Press.

Kuzmin, Y.V., 2010, Crossing mountains, rivers, and straits: A review of the current evidence for prehistoric obsidian exchange in Northeast Asia, In *Crossing the Straits: Prehistoric Obsidian Exploitation in the North Pacific Rim*, Y.V. Kuzmin and Glascock, M.D., eds., pp. 137-153, Oxford: Archaeopress.

O'Connell, J. F., 1987, Alyawara site structure and its archaeological implications. *American Antiquity* 52(1): 74-08.

Orton, C.R., 1982, Stochastic process and archaeological mechanism in spatial analysis, *Journal of Archaeological Science* 9: 1-23.

Renfrew, A.C., 1975, Trade as action at a distance, In *Ancient Civilization and Trade*, J.A. Sabloff and C.C. Lamberg-Karlovsky, eds., pp. 3-60, Albuquerque: University of New Mexico Press.

Renfrew, A.C., and P. Bahn, 2016, *Archaeology: Theories, Methods and Practice*, 6th ed., London: Thames and Hudson.

Takashi, S., 2007, Refuse patterning and behavioral analysis in a pinniped hunting camp in the Late Jomon Period: A case study in layer V at the Hamanaka 2site, Rebun Island, Hokkaido, Japan, *Journal of Anthropological Archaeology* 26: 28-46.

Thurston, T., 2001, *Landscapes of Power, Landscapes of Conflict: State Formation in the Danish Iron Age*, New York: Kluwer Academic/Plenum Publishing.

Tilley, C., 1994, *A Phenomenology of Landscape*, London: Berg.

Trigger, B., 1989, *A History of Archaeological Thought*, Cambridge: Cambridge University Press.

Weigand, P. C., Harbottle, G., and E. V. Sayre., 1977, Turquoise sources and source analysis: Mesoamerica and the southwestern U.S.A., In *Exchange systems in prehistory*, T. K. Earle and J. E. Ericson, eds., pp. 15-34, New York: Academic Press.

Wheatley, D., and M. Gillings, 2002, *Spatial Technology and Archaeology: The Archaeological Applications of GIS*, London: Taylor & Francis.

Whitelaw, T., 1993, Order without architecture: Functional, social and symbolic dimensions in hunter-gatherer settlement organisation, In *Architecture and order: approaches to social space*, P.P. Michael and R. Colin, eds., London: Routledge.

Willey, G.R., 1953, *Prehistoric Settlement Patterns in the Virú Valley, Perú.*, Washington, D.C.: Smithsonian Institution,

Yellen, J. E., 1977, *Archaeological Approaches to the Present: Models for Reconstructing the Past*, New York: Academic Press.

Zubrow, E.B., 2005, Prehistoric space: An archaeological perspective, *Journal of World Anthropology* 2(1): 1-42.

06

형태변이와 고고학 형식분류

성 춘 택

__이론적재성, 상식과 이론　　　　__형식과 분류
__현상단위와 관념단위　　　　　__변화의 인식: 변환과 차별적 지속

고고학은 과거 물질문화 자료에서 나타나는 변이와 패턴을 인지하고, 그로부터 과거 인간행위와 문화에 대한 의미 있는 진술을 하는 학문이다. 다시 말해 과거 물질문화가 내포하고 있는 시간과 공간, 형태라는 세 가지 요소를 바탕으로 문화를 복원하고 시간의 흐름에 따른 변화를 구성하며, 그 과정을 설명하거나 해석하고자 한다. 과학의 기초가 관찰과 분류이듯이 고고학에서 물질문화 자료의 관찰과 분류야말로 학문적 토대이다. 고고학은 인간행위의 산물이면서 반복적으로 나타나는 유물 속성을 분류하고 분석함으로써 유물을 만들고 사용하였던 사람들이 가졌던 생각과 행위에 접근하고자 하는 것이다.

　이처럼 분류의 문제는 고고학의 중요한 주제이다. 분류와 관련된 이슈는 20세기 중반 고고학 논의의 중심이기도 했지만, 최근 들어 분류의 방법과 의미는 크게 이슈가 되지 않고 있다. 실제 분류란 필요하지만, 관련된 논의는 어렵고, 별로 흥미로운 주제가 아니기 때문에 멀리하는 경향도 있음도 부인하기 어렵다. 최근 고고학 개론 책에서도 과거 사람들의 사회, 인지,

교역, 정치, 상징 등에 대해 많은 지면을 할애해 논의하고 있지만 실제 고고 자료의 형태변이가 어떠하며, 자료를 어떻게 분류하고, 패턴을 인지하며, 의미를 찾는지에 대한 설명은 최소한으로만 이루어지고 있다. 고고학은 늘 자료를 복원하고 수없이 많은 자료를 분류하는 문제와 씨름하는 것이 사실이지만, 실제 자료를 관찰하고 분류하는 이슈는 별로 주목하지 않는 것이다.

자료의 분류와 고고학 분석은 결국 고고학이 물적 자료에서 보이는 형태변이와 시공간 상 패턴을 인지하고 이를 바탕으로 인간행위와 문화과정을 설명하고 해석하는 데 목적이 있다. 이는 손으로 만지고 경험할 수 있는 고고학 현상과 눈에 보이지 않는 인간행위와 사회 또는 문화를 관련시키는 문제이다. 고고학에서 분석과 설명 또는 해석은 결국 관찰과 분류를 통해서 이루어진다.

__이론적재성, 상식과 이론

고고학은 물적인 자료를 대상으로 과거 인간행위나 문화, 그리고 문화변화에 대해 의미 있는 진술을 하고자 한다. 그런데 고고학은 인문사회과학 가운데 인간행위에 대해 직접적으로 접근할 수 없는 거의 유일한 학문이다(Trigger 2006; 트리거, 브루스 저·성춘택 역 2010). 고고학과 관련이 깊은 역사학은 문헌기록을 통해 인간행위에 대한 직접적인 진술을 확보할 수 있고, 문화인류학은 인간행위를 직접 참여관찰하며, 다른 많은 학문 역시 어떻게든 인간행위에 접근하고 있는 것은 마찬가지이다. 그런데 고고학은 말하지 않는 정적인 물적 자료를 연구대상으로 역동적인 과거 인간행위와 문화에 대해 언급하고자 하는 것이다. 바로 이 때문에 고고학에서는 학문으로 성립하는 19세기 말부터 이론과 방법론의 역할이 컸다.

학사를 돌아보면 이론과 방법론에 대한 다양한 입장과 논쟁이 학문의 목적과 방법을 바꾸어놓았음을 알 수 있다. 혹자는 고고학이란 귀납적인 학문으로서 새로운 자료가 등장하여 기존의 학설에 도전하고 새로운 주장이 자리 잡는 변화의 과정을 겪었다고 할지도 모른다. 물론 고고학은 자료의 학문이고, 철저히 자료에 충실한 설명과 해석만이 인정을 받는다. 고고학에서 자료의 중요성은 두말할 나위가 없을 것이고, 흥미로운 발견과 극적인 발굴조사가 매력을 끄는 것은 사실이지만, 학사를 변모시킨 것은 이론과 방법론이지 새로운 자료의 등장이 아니다. 오스카 몬텔리우스, 고든 차일드, 데이비드 클라크, 루이스 빈포드, 이안 호더 등 학사에 큰 변화를 몰고온 인물은 예외 없이 기존의 관행적인 접근을 비판하고 새로운 시각과 이론, 방법론을 제시하였던 것이다.

고고학이 자료를 기반으로 하는 경험학문인 것은 더 강조할 필요가 없을 것이다. 다만 여기서 강조하고 싶은 것은 고고학자가 말하고자 하는 과거에 대한 진술이 자료에서 저절로 솟아나는 것은 아니라는 점이다. 리처드 르원틴(Richard Lewontin 1974: 8)이 지적하였듯이 그저 "우리가 해오던 방식대로 세계를 기술하고 그로부터 설명과 예측 이론이 솟아나기를 기다릴 수는 없다." 과학철학에서는 심지어 가장 객관적이라 생각될 수 있는 물적 세계에 대한 관찰(또는 관측)마저도 이론이 적재되어 있다고 한다. 관측의 이론적재성theory-ladenness of observation이란 지각은 선입견이나 선험적인 지식에 영향을 받으며, 특정 이론에 맞지 않다고 판단되는 관측은 거부되는 경향이 있음을 지적하는 개념이다(장하석 2014).

1990년대 후반 이후 한국고고학은 연구 인력의 증가와 자료의 축적으로 양적인 성장을 누렸지만, 이론적인 관심은 여전히 산발적이다. 특히 실제 새로운 고고 자료를 생산하는 현장과 과거 문화를 설명하고 이론을 이야기하는 대학의 간격은 갈수록 커지고 있다. 그러나 그 어떤 자료도 그 자체로 새로운 지식을 주지 않는다. 다시 말해 자료에 대한 그 어떤 고고학적 인식은 그저 주어진 것이 아니라, 과거 관행적인 틀 안에 묶여 있다면 새로운 자료는 자신도 모르게 그 관행을 입증하는 데 쓰일 것이다. 그러나 새로운 시각과 이론으로 자료의 구조를 관찰하고 기술하며 분석한다면 기존의 입장과는 다른 새로운 설명과 해석을 추구할 수 있다. 고고학에서 전통적이고 관행적인 접근을 비판하고 순수한 경험과 직관의 시대는 끝났음을 선언하였던 데이비드 클라크(D.Clarke 1973: 18)는 현장의 "발굴가라 할지라도, 사정이 어떠하든, 스스로 지성적 영향으로부터 자유롭다고 생각한다면, 이미 사라진 이론가의 무의식적 노예"라고 말한다.

클라크는 새로운 자료를 생산하는 현장의 고고학자가 아무리 이론과 유리되어 있다고 생각하더라도 오히려 이미 사라진 이론에 봉사하는 노릇을 한다는 사실을 지적하며 경종을 울렸던 것이다. 클라크의 말에 따르면 아무리 현장 경험과 관찰을 중시한다 하더라도 이론으로부터 자유로운 고고학자는 없는 셈이다. 그 어떤 고고학적으로 통용되는 학설도 그저 새로운 자료가 쌓여 저절로 솟아나는 것은 아니다. 클라크(Clarke 1973: 12)는 나아가 "고고학자는 의도적이든 의도하지 않았든지 어떤 입장이나 패러다임을 수용하고 설명 방식을 받아들이고 있다"고 하였다. 어떤 고고학자라 할지라도 특정한 이론적인 입장에 서 있음을 부인할 수 없으며, 그것을 부인하면 할수록 부지불식간에 과거 사라진 이론의 노예가 됨을 말하고 있는 것이다. 현상이 이론이나 관념과 떨어져 별개로 존재할 것이라는 믿음은 허상이다. 우리는 늘 부지불식간에, 아니면 반의도적으로 특정 이론이나 관념, 패러다임에 종속되어 있거나 천착하고 있다. 오히려 고고학이란 이론과 방법론적인 논의와 시각에서 자유로운 학문이 아님을 인지함으로써만 우리가 다루는 물적인 자료의 구조를 기술하고 이해하며, 그로부터 나오는 변화를 설명하고 해석할 수 있는 것이다.

이론의 역할을 이해하기 위해 이와 가장 대비되는 지식체계로 상식commonsense을 들어보자. 상식으로 설명되는 척도와 현상은 거의 무한정하다. 우리 주변에서 일어나는 거의 모든 현상은 상식으로 받아들이고 설명되는 것이다. 반면 이론은 특정한 종류의 척도와 현상만을 설명한다. 상식에 비해 적용 범위가 한정적이다. 다만 설명력의 측면에서 이론은 상식과는 비교가 되지 않을 만큼 크다. 상식은 일반적이고 관습적인 수준에서 설명을 주지만, 이론은 특정한 사안에 대해 깊이 있는 통찰과 체계적인 지식을 준다. 경우에 따라서는 이론을 통해 구축된 지식이 시간이 지나면서 대중에게 인식되어 상식으로 받아들여지기도 한다.

상식은 세상을 인지하는 중요한 도구이지만, 그것을 체계적으로 이해하고 설명하는 데는 부족하다. 우리는 상식적인 대화와 이해를 강조하지만, 실제 과학을 하는 데 상식은 늘 그것을 뛰어넘는 이론을 찾고 세우는 것으로 발전하였다. 만유인력이 그러하고, 원자이론이나 상대성이론, 그리고 다윈의 진화이론 역시 당시의 상식으로는 만질 수도 느낄 수도 설명할 수도 없는 것이었다.

여기에서 말하는 이론이란 우리에게 '현상의 구조와 변화를 관찰하고, 기술하며, 설명할 수 있게 해주는 일련의 원칙들'이다(Dunnell 1971: 32). 다시 말하면 우리는 이론을 통해서 우리가 연구 대상으로 하는 현상을 분류하여 그 구조를 이해하고, 패턴을 인지하며, 다른 현상과 비교를 통해 변화를 파악하고 설명한다. 물론 이론을 일반이론general theory, 또는 high level theory과 중위 또는 중범위이론, 하위이론으로 구분할 수도 있지만(트리거 2010), 가장 포괄적이라 할 상위이론은 일련의 일관된 원칙들로 이루어져 있어 그 자체로 검증의 대상이라 할 수 없다. 가령 구조주의나 마르크스주의, 다위니즘, 포스트모더니즘과 같은 이론은 그 자체가 아니라 그로부터 나오는 가설들이 검증의 대상이라 할 수는 있다.

자료의 관찰과 분류를 토대로 하는 고고학에서 이론은 다양한 수준의 고고학 행위의 지침이 된다. 이론적인 타당성을 잃는다면, 많은 고고학 논의는 그저 순환논리일 뿐이다. 그리하여 사람들은 이론을 통해 현상을 이해하며, 새로운 현상 역시 이론을 통해 의미를 지닌다. 설명이란 분명히 정의된 특정한 조건에서 현상과 결부된 진술이지만, 이론이란 그런 설명들을 위한 원칙이기 때문에 추상적일 수밖에 없다.

__현상단위와 관념단위

1960~70년대 신고고학, 곧 과정고고학을 제창한 빈포드(Binford 1977)는 아무런 말도 하지 않는 정지된 물질문화의 패턴에서 역동적인 과거 인간행위의 패턴을 추론하기 위하여, 곧 고고 자료라는 정력학statics과 과거 인간행위라는 동력학dynamics 사이를 잇기 위해서는 중범위이론Middle Range Theory이 필요하다고 주장하였다. 분류와 분석의 대상인 물적 자료로부터 행위적이고 사회적인 진술은 그저 얻어지는 것이 아니라 적절하고도 엄밀한 이론과 방법론을 적용하여 검증되어야 한다는 것이다. 빈포드는 눈으로 관찰할 수 있는 현상단위로서 고고 자료와 추론되어야 하는 과거 인간행위를 구분하고 둘 사이를 연결시켜주는 이론을 개발하고자 하였다. 우리가 직접 다루는 것은 현상(경험)단위인데, 추론하고자 하는 것은 행위(사회)단위라 할 수 있다. 물질문화의 패턴에서 행위 패턴을 유추하기 위해서, 그리고 편년, 곧 시간의 흐름을 측정하기 위해서도 고고학에서 단위의 문제는 중요한 것이다(Ramenofsky and Steffen 1997).

논의를 좀 더 넓혀 고고학 분석에서 다루는 현상과 이론, 곧 현상단위phenomenological [empirical] unit와 관념단위ideational [theoretical] unit를 대조시켜보자. 빈포드는 물질 자료의 패턴을 이와 관련있는 인간행위와 연결시키고자 하였는데, 여기서 실제 고고학자가 다루는 것은 물적 자료가 된다. 다시 말해 고고학의 대상인 현상은 물적 자료인데, 로버트 더넬(Dunnell 1971)은 경험 자료로서 고고학의 분석 대상인 현상단위와 이론적으로 구성되는 관념단위를 구분한다.

분류에서 그룹과 클래스라는 대조되는 단위를 통해서 현상단위(경험단위)와 관념단위(이론단위)의 차이를 이해해 보자. 그룹은 "경험적으로 실재하는 사물들을 모아 놓은 것을 사물들의 모둠으로서 '그룹group'이라 하며, 구체적인 "필요충분조건을 제시하는 정의에 의해 만들어진" 고고학 분류의 단위는 클래스class라 부른다(오브라이언·라이맨 2009: 315, 318). 그룹은 이른바 외연적 정의extensional definition를 통해서, 곧 특정 그룹에 속하는 구성원들이 공통으로 지니는 속성을 열거함으로써 정의되며, 이와 달리 클래스class는 내포적 정의intensional definition, 곧 특정 클래스에 속할 필요충분조건을 제시함으로써 정의된다.

고고학에서 그룹은 분류 대상 유물을 특정 속성을 기준으로 배열하고 나눔으로써 설정되며, 클래스는 특정한 필요충분조건(가령 단사선문이나 공렬문과 같은)을 통해 정의된다. 형식으로서 그룹은 새로운 자료가 추가되거나 서로 다른 자료를 대상으로 할 때 그때마다 얼마든지 달라질 수 있지만, 클래스는, 미리 주어진 조건이기 때문에, 새로운 자료가 추가될 뿐 그 조건 자체는 일정하다고 할 것이다. 그룹을 설정하는 방법, 곧 그룹핑grouping에서 가장 일반적인 것은 군집을 찾는 것으로서, 특정 속성, 또는 속성들의 유사도에 따라서 나누는 것이다. 따라서 그룹핑은 원칙적으로 귀납적인 접근 방법이다. 구성 요소의 수에 따라 분포 범위가 재조정되기도 한다. 또한 수리분류학numerical taxonomy과 같은 것 역시 널리 쓰이는 그룹핑의 일종이라고 할 수 있다. 그룹핑과 대조로 클래스를 나누는 분류classification에는 몇 가지 종류가 있다. 우리에게 친숙한 위계적인 대립이나 대조를 이용한 탁사노미 분류taxonomic classification와 함께, 순서를 부여하지 않고 상호배타적인 차원dimension을 사용하여 클래스를 만들어내는 패러다임 분류paradigmatic classification가 있으며, 이 둘을 혼합한 위계분류hybrid도 생각할 수 있다 (Dunnell 1971; 오브라이언·라이맨 2009).

고고학에서 널리 쓰이는 형식이란 개념은 그룹의 성격을 지니기도 하지만, 경우에 따라서는 필요충분조건을 제시하여 설정된 클래스적인 성격을 지니기도 한다. 그룹은 경험단위(현상단위)로서 고고학자가 특정한 속성이나 속성의 조합을 통해 찾아내는 패턴이며, 클래스는 이론단위로서 고고학자가 물적 자료에 질서를 부여하기 위해 미리 정의하는 분석도구로서의 성격을 지니고 있다고 할 것이다.

위에서 현상단위와 관념단위, 그룹과 클래스를 대조시켰는데, 이는 근본적으로 종류나 범주를 인식하는 시각이나 철학의 차이에서 기인한다(김종일 2008). 본질론essentialism(본질주의)과 유물론materialism은 참으로 대조적인 시각으로 세상의 존재를 인식한다(Dunnell 1982, 1986). 본질론, 또는 유형론적 사고typological thinking는 세상의 모든 존재를 그것이 지닌 본질에 초점을 맞추어 인식하고자 하는데, 플라톤과 아리스토텔레스 이후 서양 사유 및 인식 체계의 주류로서 거대한 흐름을 유지해왔다. 플라톤에 따르면 현실세계는 다양한 모사물, 곧 변이가 존재하는데, 이는 형상계, 곧 본질이 투영되어 있는 것으로 인식된다. 그리하여 현실계는 이데아라는 본질의 왜곡된 투영이며, 변이보다는 본질이 주된 탐구의 대상이 된다. 본질론, 곧 본질주의의 시각에서 세상은 유한한 종류의 본질을 지닌 사물로 구성되어 있는데, 사물은 본질이 투영된 것으로 그 본질은 불변하는 것이다. 이로부터 기인한 본질주의, 곧 본질론적인 시각에서는 인식의 대상인 사물을 이해할 때 그것이 해당하는 종류의 본질을 우선적으로 찾고자 한다. 고고학자라면 물적 자료라는 현상은 본질이 투영된 것에 불과하기 때문에 현상으로부터 불변하는 본질적 속성이나 형식을 찾고자 할 것이다. 고고학자는 典刑archetype이라 부르고, 그 전형에서 벗어나는 것들은 변형으로 파악할 것이다. 전형은 특정한 시공간에 유한히 존재하는 종류를 파악하는 데 핵심적인 역할을 한다. 반면 변이란 산란noise에 불과한 것이고, 연구의 초점은 본질로서 종류와 유형을 발견하는 데 있는 것이다.

이와 대조로 유물론의 입장에서 세계의 모든 현상은 이것과 분리되어 존재하는 관념이 아니라 물적 변이들의 상호작용의 결과로서 인식된다. 따라서 종류 또는 유형이라는 것도 사실은 변이들을 요약한 것일 뿐 불변의 존재물은 아니다. 오히려 존재하는 것은 모두 변이일 뿐인 것이다. 유물론자의 연구에서 주된 대상은 존재하지 않는 본질을 찾는 것이 아니라 물적 변이 그 자체가 될 것이다. 따라서 유형이나 형식, 종류란 모두 그런 변이로부터 끌어낸 추상에 불과하다. 세상의 모든 물적인 존재는 변이로서 본질에 갇혀있지 않고 늘 무엇인가 되려 하는 상태becoming에 있다고 할 수 있다(Dunnell 1982; 오브라이언·라이맨 2009).

1859년 찰스 다윈은 자신이 책을 출간하면서 제목을 『종의 기원』이라 하였다.[1] 다윈은 생물 종이란 신의 완벽한 창조물로서 불변하는 존재물이라는 당시까지의 믿음과는 전혀 다르게 개체, 곧 변이들이 모인 구성이며, 개체에 작용하는 자연선택이라는 과정을 통해 그 구성은 늘 변화하는 상태에 있음을 주장하였다. 다윈의 이론이 혁명적이었다는 것은 기존의 본질론적인 인식과 사유체계에 반대하고 유물론적인 관점으로 불변하는 종류로서 종이 아니라 변이에 연구의 초점을 맞추었기 때문이었다. 이로써 생물학에서는 그저 본질이 왜곡되어 투영된 노이즈가 아니라 변이를 그 자체로 연구의 대상으로 삼게 되었다.

__형식과 분류

생물 종이 수많은 많은 개체들, 곧 변이로 이루어져 있듯이 과거 인간행위의 물적인 산물로서 고고 자료 역시 온갖 변이들로 가득 차 있다. 공을 들여 잘 만든 주먹도끼가 있는 반면, 조악하고도 거친 생김새를 가진 주먹도끼 같기도 하고 찍개 같기도 한 유물도 있다. 또 그것을 만들며 부산물로 나온 수도 없이 많은 돌 조각도 중요한 고고 자료이다. 이렇듯 고고학에서 다루는 물적 자료는 변이의 홍수를 이루고 있다.

그렇다고 변이들만이 어지러이 널려있는 것은 아니다. 유능한 고고학자라면 변이 속에서 패턴을 읽는다. 이러한 무질서에서 질서를 세우는 것이 바로 고고학 (형식)분류와 형식학이라 할 수 있다. 다만, 어떻게 과거 유물의 제작 및 사용자가 공유하였던 정보에 접근할 수 있는지에 대해서는 논란의 여지가 있다.

어쨌든 분류classification란 고고학 분석을 위한 단위를 만들어내는 것을 말한다. 분류라는

---

1 정확히는 *On the Origin of Species by the means of natural selection or the preservation of favoured races in the struggle for life*라는 긴 제목이었으며, 의도적으로 진화(evolution)라는 용어는 사용하지 않았다.

행위를 통해 새로운 단위를 만들어낼 수도 있으며, 기존의 단위를 수정할 수도 있다. 동정 identification하고 가려내는 일은 분류의 시작일 수도 있지만, 분류체계를 세우는 일과 엄밀하게 말하여 다른 일이다. 분류체계를 세우는 일은 단순히 개별 경험 자료들을 분간하는 것을 넘어서 서로 관계를 설정하는 일이기 때문이다. "동일하다-다르다," "유사하다-차이가 있다"는 정도를 넘어, 얼마나 유사한지, 얼마나 다른지를 분류체계 안에 포괄하여야 하는 것이다.

고고학에서는 형식학typology이라는 용어가 널리 쓰여 왔다. 형식학이라는 용어는 사실 계통분류체계systematics(계통분류학)나 (형식)분류classification라는 용어와 동의어라고 할 수 있다. 다만 분류라는 것이 실제 고고학에서 이루어진 절차와 과정에 치중하는 개념으로 쓰이는 경향이 있는 반면, 형식학이라는 용어는 분류의 핵심이라 할 형식type이 지니는 의미에 대한 학문적인 논의에 치중한 개념이라 할 수 있다.

개체(유물)를 특정한 단위(분류군, 그룹이나 클래스)에 위치 지움으로써 그 분류군 안에서의 변이는 동질적이고 분석적 가치가 없지만, 다른 집단 사이의 변이는 의미 있도록 만드는 것이 분류이다. 가령 분류군 A에 속하는 개체나 유물은 서로 닮아야 하며, 분류군 B에 속하는 개체나 유물과는 서로 거리가 있어야 한다. 서로 얼마나 다른지 파악하는 것이야말로 분석적인 가치가 있는 것이다.

그렇다면 패턴은 자료에 내재되어 있는 것일까? 아니면 적절한 설명이라 생각하는 것을 토대로 무질서한 자료에 질서를 부여하는 것일까? 그 질서라는 것은 고고학자의 질서인가, 아니면 자료에 내재되어 있는 것인가? 내부적인 접근emic을 옹호하는 사람들은 과거 사람들의 관념 및 행위와 관련된 정보가 물적인 고고 자료에 내재되어 있기 때문에 적절한 접근을 통해 그것을 발견할 수 있다고 본다. 반면 외부자의 시각etic을 가진 학자는 분류체계라는 것은 결국 연구자가 분석적인 목적을 달성하기 위해 사용하는 도구에 불과하다고 본다.

어빙 라우즈(Rouse 1939)는 형식을 편년 도구로 인식하였다. 라우즈는 세대를 거쳐 전해짐으로써 유물 제작 행위의 표준으로 자리 잡은 개념이나 관습을 모드mode라고 부르면서, 시공간의 분포에서 시간의 흐름을 비추어주는 양식적인 것만이 형식을 설정하는 데 유의하다고 하였다. 이런 식으로 20세기 전반 고고학을 주도하였던 문화사고고학 패러다임에서 형식은 "역사적" 또는 "편년적"인 성격을 지니게 되었다(Dunnell 1986: 167-168; Read 2007).

편년 도구로서 형식의 개념은 알렉스 크리거(Alex Kriger 1944)의 주장에서도 드러난다. 크리거는 제안된 형식이 시간의 흐름을 유용하게 측정하고 있는지 검증해야 함을 주장하였다. 시간의 흐름을 반영하고 있지 않다면 폐기되거나 수정되어야 하며, 이런 과정을 통해 검증된 형식이야말로 고고학 분석에서 쓸모 있다는 것이다. 이처럼 문화사고고학에서는 분석 도구로서 형식 설정은 연구자의 목적에 따라 귀납적이고도 임의적으로 이루어질 수 있지만,

역사적 유의성의 검증이란 검증을 통과함으로써 폐기되거나 수정되는 과정을 밟았던 것이다.

이런 절차를 더 분명히 제안한 사람은 당대의 대표적인 문화사고고학자 제임스 포드James Ford였다. 크리거와 마찬가지로 포드 역시 "유물군(유물복합체assemblage)을 편년적인 질서로 배열할 수 있게 해주는 것이야말로 유용한 형식"이라고 하였다(Dunnell 1986: 172). 포드는 형식이 고고학 분석의 도구임을 분명히 하면서, 형식이란 단지 고고 자료를 정리하여 질서를 부여하고 편년적인 흐름을 파악하는 수단이라고 보았다. 이처럼 포드는 주로 양식적인 속성에 치중하여 자신의 형식이 주어진 시공간 차트에서 분명한 분포를 가지도록 정의하였다. 다만 시행착오의 과정을 통해 시간의 흐름을 분명히 반영하는 형식이 설정된다는 것에 문제의 소지가 있었다.

이것은 60여 년 전 미국고고학에서 이루어진 중요한 논쟁에서 주된 주제이기도 했다. 주지하듯이 알버트 스폴딩(Albert Spaulding 1953, 1954)은 당시의 고고학을 주도하였던 문화사고고학자들이 편년 세우기에 치우친 나머지 시간의 흐름을 파악하는 데 유의한 양식적인 속성에 치중하여 형식을 독단적으로 설정한다고 비판하였다. 스폴딩은 오히려 형식이란 고고 자료에 내재하고 있을 것이며, 통계와 같은 객관적인 기법과 절차를 동원하여 찾아내는 것이 고고학자의 임무라고 주장하였다. 스폴딩의 비판에 대해 제임스 포드(James Ford 1954a, 1954b)는 형식이란 고고학자가 편년이라는 고고학 작업을 위해 고안해내는 분석도구이지 자료에 내재한 고유의 특성이 아니라고 하였다. 포드와 스폴딩의 논쟁은 이미 오래되었고 고전적인 것이라 하겠지만, 오늘날 고고학에도 여전히 되짚어볼 필요가 있다. 과연 고고 자료 또는 물적 자료에서 '종류kind'라는 것은 실존하는 것인가, 아니면 고고학자가 머릿속에서 구성하는 비경험적이고 이론적인 도구일 뿐인가?

20세기 중반 문화사고고학의 관행에 대한 비판이 커지면서 고고학자들은 편년을 넘어 과거 사회의 다양한 영역과 문화 과정에 관심을 갖게 되었다(트리거 2010; O'Brien et. al. 2005). 이러한 흐름에서 알버트 스폴딩Albert Spaulding은 편년뿐만 아니라 기능적인 측면을 포함하여 인간행위와 과거 문화의 다양한 양상을 밝히는 분류를 고안할 것을 주장하였다. 스폴딩은 형식이란 "특정 속성군을 일관되게 보유하고 있는" 일군의 유물들이라 하였다(Spaulding 1953: 305). 또한 제임스 포드를 비롯한 문화사고고학자들이 임의적이고 시행착오의 방법을 사용하였다고 비판하였다. 그 대신 스폴딩이 제안한 방법은 통계 기법, 특히 군집분석cluster analysis이었는데, 이를 통해 고고학에서 과거 사회행위적인 의미를 지니는 형식을 발견할 수 있다고 하였다. 스폴딩의 입장에서 형식은 물적인 자료 안에 실재하는 것이고, 고고학 분류란 "분석자의 독단에 의한 것이 아니라 유물 제작자가 선호하였던 속성을 발견하는 과정"(Spaulding 1953: 305)이었다.

스폴딩은 이처럼 내부적인 시각emic을 옹호한 반면, 포드는 외부적 관점etic을 옹호하였다고 할 수 있다. 또한 본질론(본질주의essentialism)적인 시각과 유물론적인 입장을 대조시킨다면, 스폴딩은 본질론적인 시각에 입각하여 속성 군집으로 만들어지는 형식에는 유물을 만든 사람들의 행위가 들어 있으며, 고고학자는 통계와 같은 적절한 방법과 절차를 통해 그것을 발견해내야 한다고 주장하였다. 반면 제임스 포드는 유물론적인 시각을 가졌다고 할 수 있다. 변이란 흐르는 물과도 같은 것이며 그것을 나누는 것은 인위적인 것이라고 하였다. 다시 말해 포드는 고고학자가 편년이라는 연구 목적을 이루기 위해 형식이라는 수단을 의도적으로 사용한다고 하였다. 다만, 포드와 문화사고고학자들은 경험에 의존하고 시행착오적인 방식으로 형식을 설정하였기 때문에 비판을 받았던 것이다(Dunnell 1986; 오브라이언·라이맨 2009).

__변화의 인식: 변환과 차별적 지속

이제 변화란 분절적인 것인지, 아니면 연속적인 흐름인지에 대한 논의를 살펴보자. 본질론적인 인식과 유물론적인 시각은 물질문화의 변이를 다루고 변화를 설명하는 데도 큰 차이가 있다. 가령 몬텔리우스의 형식 편년(형식학적 방법)에서, 편년의 기준이 되는 형식은, 스스로 생물 종과 같다고 했지만, 마치 지표화석index fossil 또는 표지형식marker type이라 할 수 있다 (김장석 2014; 이희준 1983, 1984; 황재훈 2015). 이로써 형식은 분석도구라기보다는 본질을 지닌 "전형典型, archetype"이 된다.

본질론적인 시각에서 변화란 특정한 유형이나 종류에서 다른 유형과 종류로 급격한 대체일 수밖에 없다. 이것을 변환transformation이라는 용어로 부를 수 있을 것인데, 다시 말하면 특정한 종류에서 다른 종류로 본질이 바뀌는 것이다. 그런데 물리학이나 화학 등 자연과학에서는 변환의 시각이 어울리는 경우가 많다. 가령 고고학에서 가장 일반적인 연대측정방법의 대상인 방사성탄소 ^{14}C는 질소 ^{14}N이 대류권 상부와 성층권 하부에서 우주선을 받으면서 중성자를 방출하면서 변환된 것이다(^{1}n + ^{14}N → ^{14}C + ^{1}p).

주지하듯이 유기물이 죽으면 대기권에 극미량만이 존재하는 방사성탄소는 다시 일정한 비율로 붕괴하면서 질소로 전환된다.

그런데 고고학에서도 변화를 이런 방식으로 인식할 수 있을까? 일상적으로 고고학에서 물적 자료를 대상으로 경험적이든 계량적이든 여러 방법으로 형식을 찾거나 부여하여 분류를 함으로써 패턴을 인지하고, 나아가 유형complex이나 고고학문화archaeological culture를 설정한다.[2] 유형을 설정하는 것은 변이로 가득 찬 고고자료에서 패턴을 인지하기 위함이고, 단계나 期를 나누는 것은 시간의 흐름에 따른 변화를 기술하기 위해서이다. 단계, 분기는 연구의 결과물로서 무수한 변이에 질서를 부여하는 고고학적인 행위의 산물인 것이다(김장석 2014; 李熙濬 1984; 황재훈 2015).

그런데 이렇게 설정된 유형과 단계, 분기는 典刑이 되어버리기 십상이다. 유형과 단계를 설정하였다고 해서 유동적이었던 변이의 구조와 내용이 고정적인 것으로 변한 것은 아닐 터이지만, 이제 유형이나 분기라는 또 다른 전형을 통해 변이를 인식한다. 유형과 분기는 정설로서 규범이 되고 새로운 자료는 얼마나 규범(형식·유형·분기)에 잘 들어맞는지를 통해 분류되고 기술된다. 변이의 구조를 기술하고 변화를 설명하기 위해 제시한 개념은 이제 새로운 변이를 이해하는 데 장애물이 되는 것이다. 고고학자는 이 점을 늘 의식해야 한다. 스스로 애써 설정한 고고학 단위의 포로가 되어 버릴 수 있다.

본질론의 시각에서 편년표 상 각 분기는 사각형 박스로 고정되어 있으며, 다른 박스와는 구분되는 핵심적이며 본질적인 존재물, 곧 지시유물이나 표지형식을 가지고 있다. 다른 분기로 이동, 곧 변화는 특정 형식의 존부에 의존하여 설정되기 때문에, 특정한 표지형식에서 다른 표지형식으로 급격하고도 단절적으로 변환되는 것으로 인식된다. 변화는 특정 형식에서 다른 형식으로, 아무리 흔적기관을 남기는 변화라 하더라도 계단적이고, 단절적으로 인식될 수밖에 없다. 단절적인 변화는 내부적인 요인보다는 늘 전파와 이주와 같은 외부적인 요인이 중요하다. 몬텔리우스 경우 모든 문화 발달은 서아시아에서 있었고, 전파와 이주의 물결을 타고 발칸반도와 이탈리아를 거쳐 전 유럽으로 확산된 것으로 생각하였다(李熙濬 1983, 1986; 崔盛洛 1984; 트리거 2010).

고고학에서는 고고 자료란 특정한 시공간에 살았던 과거 사람들이 남긴 물질문화이다. 그 물질문화에는 이해할 수 있는 패턴, 곧 유형이 존재할 것이다. 또한 한 문화 내용, 또는 유형은 특정 시공간에 한정되어 분포한다는 전제를 한다. 옳은 말이고 고고학이란 학문이 과거 문화에 대해 의미 있는 진술을 하는 데 꼭 필요한 전제이기도 하다. 다만 우리는 "특정 시공간에 한정하여 분포한다"는 생각을 지나치게 본질론적으로 접근하기도 한다. 도구로서 형식

---

2 흔히 고고학 assemblage의 번역어로 類型을 사용하고 있지만, 사실 assemblage(유물군 또는 유물복합체)란 동시기성을 나타내는 특정 유적이나 층위에서 나온 유물 전체를 가리킨다(김민철 2008). 유형이란 흔히 복수의 유적과 유물군에서 되풀이 출토되어 특정한 시공간의 물질문화를 가리키는 개념으로 사용되고 있는데, 이와 어울리는 용어는 고고학문화(archaeological culture) 또는 콤플렉스(complex)이다.

이나 유형을 넘어 특정 유형은 특정 시간과 공간에만 한정되어 분포한다고 믿는 것이다. 이런 믿음은 선험적인 전제가 되기도 하여 특정 유형의 고고 자료에 대한 편년을 좁게 결정하는 데 영향을 미친다. 특정 유형이 한 시간대만을 포괄하는 본질인양 다루어지는 것이다.

그렇게 고정된 시간틀에 매인 편년에서 새로운 자료는 늘 기존의 형식이나 유형에 얼마나 가까운지, 곧 본질적인 속성을 가지고 있는지 여부에 따라 어떤 한 유형에 귀속될 것이다. 그렇지 않다면 예외로 치부되거나 노이즈로 취급된다. 변화는 변환으로 인식되며, 단절적일 것이며 단절적인 변화에는 공백이 있다. 애당초 고고 자료의 연속적인 변이에서 질서를 파악하기 위해 설정된 유형은 이제 변이를 이해하는 데 걸림돌이 되고 있다. 이것이 바로 유물론적인 역설materialist paradox이라 할 수 있다(오브라이언·라이맨 2009).

이미 논의하였듯이 제임스 포드의 논의는 대부분 옳았지만, 유물과 형식의 변이와 변화를 보는 유물론적인 시각을 뒷받침할 이론을 가지지 못했기 때문에 결국 실패하고 말았다. 주로 시행착오나 고고학자의 경험에 의존하였던 것이다. 더 분명한 방법을 강조하였던 과정주의자들로서는 받아들일 수 없었으며, 이로써 물질문화의 변이와 변화를 본질론적인 시각에서 보고 설명하려는 입장이 학계를 주도하게 되었다(Dunnell 1986; 성춘택 2012, 2014; 오브라이언·라이맨 2009).

20세기 후반이 되어서야 로버트 더넬(Dunnell 1980, 1982)을 비롯한 연구자들은 다윈 진화이론이야말로 변이를 인식하고 변화 과정을 역사적인 시각에서 설명할 이론임을 인식하게 된다(성춘택 2003). 데이비드 클라크는 명시적으로 다위니즘이나 진화를 언급하지는 않았다. 다만, 『Analytical Archaeology』을 꼼꼼히 읽어보면 하나의 유물 형태가 시간의 흐름에도 이어지는 이유는 "제작자가 이전의 유물들을 바탕으로 마치 원형을 복제하듯이 만들어내며 이것이 세대를 흐르며 전달되기 때문"이라고 하면서 현재의 다윈진화고고학의 원칙과 상통하는 생각을 갖고 있었음을 알 수 있다(Clarke 1978: 198; 오브라이언·라이맨 2009).

인공물, 곧 유물과 형식은 사람의 손을 빌려 복제되는데, 이는 마치 생물학적 변이가 세대를 넘어 전수되고 시간의 흐름에 따라 성공적인 변이가 존속하고 그렇지 못한 변이는 솎아짐으로써 어떤 궤적을 그리는 진화의 과정과 유사하다. 세대를 거치면서 성공적인 변이는 연이어 만들어질 것이며, 이로써 변이들 사이에는 마치 볼록렌즈모양의 변화도와 같은 차별적 지속differential persistence의 패턴이 나타날 것이다. 이처럼 다위니즘에서 변화는 특정 형식이 다른 형식으로 변환되는 것이 아니라 시간의 흐름에 따라 차별적으로 지속되는 과정으로 나타난다고 생각된다(성춘택 2003).

이것은 문화사고고학에서 유행하였던 편년방법인 순서배열의 원칙과도 잘 어울린다. 순서배열에서 유물 형식의 변화는 시간의 흐름에 따라 차별적으로 존속됨으로써 결국 복합적인 변화를 나타낸다. 대부분의 변화는 빈도의 문제인데, 새로운 변이가 등장하여 시간이 흐르면서 사회에서 받아들여지고, 유행하다가 점점 빈도가 낮아지고 결국에는 사라지는 과정을 보이는 것이다. 어떤 유물군(유물복합체)의 시각에서 볼 때 특정 유적의 유물군에는 늘 "전형"적인 것이 아닌 변이가 포괄되어 있다. 그 변이는 수나 양적으로 적고 작고 수많은 변이가 나타나고 사라질 것이다. 시간의 흐름에 따라, 유물군에 따라 특정 속성과 형식의 빈도는 서로 다르며 이 빈도의 변화가 결국 변화를 몰고 온다.

다시 귀납과 연역의 문제로 돌아가 보자. 고고학은 전통적으로 현장 경험을 중시한다. 많은 유적을 접하고, 유적에서 나오는 자료를 실견하는 것은 고고학의 중요한 덕목이다. 경험 학문으로서 고고학에서 이 같은 경험을 중시하는 것은 당연하다. 그런데 20세기 중반 특히 미국에서 고고학이란 학문이 과학적인 학문으로 성장한 배경에는 이 같은 전통적인 귀납적인 접근만을 지나치게 강조하는 경향에 대한 문제제기가 중요한 역할을 하였다.

위에서 논의하였듯이 전통고고학자들은 연구자의 경험과 전문지식을 강조하였는데, 가령 레이먼드 톰슨(Raymond Thompson 1956; O'Brien et. al. 2005: 106-107)의 특정한 고고학 "해석을 평가하는 단 하나의 방법은 그 해석을 제시한 개별 연구자의 능력과 전문성을 평가하는 것이다"는 진술로 요약할 수 있다. 그런데 연구자의 경험이나 학문적인 권위란 어떤 기준에서 평가할 수 있는 것인가? 이런 입장은 당시 젊은 과정고고학자들뿐만 아니라 분명한 체계를 갖춘 학문이라면 어디에서나 받아들여질 수 없는 것이다.

자료를 섭렵하면 자연스럽게 과거 문화의 흐름을 이해할 수 있다는 것은 절반만을 보는 생각이다. 자료를 관찰하면 저절로 패턴을 인지할 수 있고, 그로부터 과거 문화에 대해 의미 있는 진술을 할 수 있으리라는 믿음은 지나치게 귀납적인 접근만을 강조한 것이다. 이처럼 귀납적인 접근에 의존하여 편년을 하고, 계보를 설정하고, 편년 뒤에 전파와 이주와 같은 거대 담론을 펼치는 것은 기존의 관행만을 밟는 행위이다. 편년을 위한 형식 설정이나 편년을 말해주는 역사적 형식이란 단위에 대해 적절한 논의도 없고, 그저 관행적인 방법으로 형식을 나누고, 자료를 선택하여 분류하고, 분기를 나누는 방법은 결코 바람직하다고 할 수 없다.

위에서 논의하였듯이 관측(관찰)의 이론 적재성을 받아들인다면 이제 연역적이고 이론적인 시각의 중요성을 인식하고 좀 더 분명한 절차를 통해 체계적인 접근을 하려 노력해야 한다. 알고자 하는 것만 보기 때문에, 철저한 문제의식과 절차에 입각하여 자료를 관찰하고 분류하여 분석하는 것이 필요한 것이다. 그렇다고 해서 처음부터 끝까지 연역적인 방법이 옳다는 것은 아니다. 오히려 자료를 섭렵하는 귀납적인 과정과 문제의식에 바탕을 두고 자료를 관찰하고 적절한 분석으로 가설을 검증하는 연역적인 방법은 서로 배타적인 것이 아님을 인식하는 것이 중요하다. 변이를 이해하고 설명하기 위해서는 귀납과 연역의 접근이 서로 보완되는 것이 바람직하다.

고고 자료란 늘 인간행위와 문화의 표본자료 과거 문화의 파편과 같은 존재이다. 최근 한국 고고학이 양적으로 성장하고 국외의 자료까지 이용하게 되면서 이런 샘플로서 고고 자료의 성격에 대한 인식은 오히려 멀어지고 있는 경향이 있다. 특정한 유물이나 형식, 특히 전형에만 치우친 논의와 해석보다는 과거 인간행위의 파편으로서, 그리고 샘플로서 고고 자료의 성격에 대해 더 충실한 이해를 할 필요가 있는 것이다. 이와 더불어 고고학의 기본 대상인 물질문화 자료란 과거 인간행위의 산물이면서도 늘 아무런 직접적인 언급과 암시도 없는 정적인 자료임도 인지해야 한다. 고고학은 늘 과거 문화와 인간행위에 대한 동적인 언급을 하고 싶어 한다. 그로부터 정력학statics에서 동력학dynamics으로의 다리, 곧 중범위이론Middle Range Theory이 필요하다는 인식이 자리를 잡았던 것이다(Binford 1977).

고고학은 늘 자료의 학문이지만, 자료만을 경험하고 수집한다고 해서 그로부터 과거에 대한 적절한 편년과 설명 모델이 저절로 솟아날 수는 없는 노릇이다. 물론 섣부르게 외국의 이론을 왜곡된 방식으로 적용하는 것이 잘못된 것임은 두말할 나위 없지만, 이제 철저한 문제의식에 입각하여 분명하고도 논리적인 학문적 절차와 방법을 따르기 위해 애써야 하며, 더 적극적으로 최근 이론과 방법론의 흐름을 수용하고 응용하기 위해 노력해야 할 것이다. 이미 거의 반세기 전 데이비드 클라크는 "It is time for archaeology to move from the status of an intuitively acquired craft towards that of an explicit discipline." (Clarke 1968, 1978: 149)이라고 하였다.

참고(인용) 문헌

金玟澈, 2008, 「類型과 種族性에 관한 비판적 검토」, 『韓國上古史學報』62.

김장석, 2014, 「한국고고학의 편년과 형태변이에 대한 인식」, 『韓國上古史學報』83.

김종일, 2008, 「고고학적 범주화의 철학적 탐구」, 『고고학』7(1).

성춘택, 2003, 「다위니즘과 진화고고학의 원칙」, 『호남고고학보』17.

────, 2012, 「변모해온 고고학: 현대고고학의 학사적 이해」, 『움직이는 세상, 움직여야 하는 고고학: 고고학의 변모를 강요하는 것들』, 중앙문화재연구원 학술총서7, 서울: 서경문화사.

────, 2014, 「세계 고고학사 다시 보기」, 『한국매장문화재 조사연구방법론』9, 국립문화재

연구소 편, 7-48쪽, 대전: 국립문화재연구소.

오브라이언, 마이클리, 라이맨 저·성춘택 역, 2009, 『다윈 진화고고학』, 경기: 나남.

李熙濬, 1983, 「形式學的 方法의 問題點과 順序配列法의 檢討」, 『韓國考古學報』14·15.

————, 1984, 「韓國考古學 編年硏究의 몇 가지 問題: 相對編年을 中心으로」, 『韓國考古學報』16.

————, 1986, 「상대연대결정법의 종합적 고찰」, 『영남고고학』2.

장하석, 2014, 『과학, 철학을 만나다』, 서울: 지식플러스.

崔盛洛, 1984, 「한국고고학에 있어서 형식학적 방법의 검토」, 『韓國考古學報』16.

트리거, 브루스 저·성춘택 역, 2010, 『브루스 트리거의 고고학사』, 서울: 사회평론.

황재훈, 2015, 「청동기시대 전기 편년 연구 검토: 형식편년과 유형론, 그리고 방사성탄소연대」, 『고고학』14(1).

Binford, L.R., 1977, *For Theory Building in Archaeology: Essays on Faunal Remains, Aquatic Resources, Spatial Analysis, and Systemic Modeling*, 9th ed., New York: Academic Press.

Clarke, D.L., 1973, Archaeology: The loss of innocence, *Antiquity* 47: 6-18

————, 1978, *Analytical Archaeology*, 2nd ed., London: Methuen.

Dunnell, R.C., 1971. *Systematics in Prehistory*, New York: Free Press.

————, 1980, Evolutionary theory and archaeology, In *Advances in Archaeological Method and Theory* 3, M.B. Schiffer and R.C. Dunnell, eds., pp. 35-99, New York: Academic Press.

————, 1982, Science, social science and common sense: The agonizing dilemma of modern archaeology, *Journal of Anthropological Research* 38: 1-25.

————, 1986, Methodological issues in Americanist artifact classification, *Advances in Archaeological Method and Theory* 9: 149-207.

Ford, J.A., 1954a, Comment on A.C. Spaulding's "Statistical technique for the discovery of artifact types", *American Antiquity* 19: 390-391.

————, 1954b, On the concept of types, The type concept revisited, *American Anthropologist* 56: 42-53.

Krieger, A.D., 1944, The typological concept, *American Antiquity* 9(3): 271-288.

Lewontin, R.C., 1974, *The Genetic Basis of Evolutionary Change*, New York: Columbia University Press.

O'Brien, M.J., R.L. Lyman, and M.B. Schiffer, 2005, *Archaeology as a Process: Processualism and its Progeny*, 2nd ed., Salt Lake City: University of Utah Press.

Ramenofsky, A.F., and A. Steffen, eds., 1997, *Unit Issues in Archaeology: Measuring Time, Space, and Material*, Salt Lake City: University of Utah Press.

Read, D.W., 2007, *Artifact Classification: A Conceptual And Methodological Approach*, Tucson: University of Arizona Press.

Rouse, I., 1939, *Prehistory in Haiti: A Study in Method*, Yale University Publications in Anthropology21, New Haven: Yale University Press.

Spaulding, A.C., 1953, Statistical technique for the discovery of artifact types, *American Antiquity* 18: 305-313.

————————, 1954, Reply to Ford, *American Antiquity* 19: 391-393.

07

量, 왜 문제되어야 하나?

한국고고학에서 계량기법 활용의 허와 실

김 범 철

__量의 문제, 왜 자꾸 거론되는가?
__量의 문제, 어떻게 다루어야 하나?

__量, 좀 더 진지한 문제가 될 수는 없을까?

"고고학의 기본은 時, 空, 形態야!"란 말을 종종 듣는다. 유물의 形態的 變異를 인지하고 이를 時間과 空間의 軸에 잘 配列하는 것이 고고학 방법론의 골격이란 말인 듯하다. 선언적이고 멋있어도 보인다. 그러나 필자의 생각은 다르다. 솔직히 말하자면, 좋게 봐서 75% 공감하지만 필자가 꽤 싫어하는 말이다. 왜? 이 말은 한국고고학이 온전한 방향으로 발전해가는 데에 방해가 될 수 있기 때문이다. 왜? (數)量의 개념이 빠져있기 때문이다. "에이 그야 뭐…" 정도로 쉽게 생각할 독자도 있겠다. 하지만 그것은 꽤 위험한 생각이며, 위험성을 제대로 인지하지 못하기에 그 말이 한국고고학의 온전한 방향으로의 발전을 방해할 소지가 다분하다는 것이다. 상식 수준에서 생각하더라도, 25%의 요소가 빠지고도 온전한 발달이 가능할까?

사실, 우리 고고학은 사회문화적 현상에 대한 논의에 양의 문제를 포함시키는 일이나 양의 패턴을 인지하고 이해하는 일에 다소 무심했다. 이러한 지적을 (첨단의 복잡한) 통계프로그램에 익숙하지 않다는 것으로 받아들이지는 말았으면 좋겠다. 만약 그렇다면 얼핏 (연구)방

법론 얘기를 했더니, 일본 가서 첨단장비를 사와 자랑하는 것과 별반 차이가 없는 꼴이 되고
만다. 언뜻 이 비유에 공감하지 못한다면, 그 흔한 인터넷사전이라도 한번 찾아보면서 이 책
의 화두인 '(研究)方法論methodology'의 뜻에 대해 생각해보자. 특정 문제를 해결하기 위해,
어떤 技法technique이나 方法method을 사용하고 그 결과에 대한 해석이 어떻게 활용되어야
하는지를 결정하는 논리, 즉 연구전략이 '(연구)방법론'의 일반적인 정의다(1장 참조). 일본
서 기계 사오는 것은 기법을 세련하는 것일 뿐이다. 필자가 지적하는 것은 결국 수량에 관련
된 정보로부터 혹은 계량기법을 활용하여 얻은 결과로부터 어떤 해석이나 설명을 이끌어내
는 연결 '논리'의 미흡, 즉 (數)量과 관련된 연구방법론의 부적절함이다.

그러한 부적절함의 사례는 한국고고학 곳곳에서 발견된다. 종류를 따지더라도 꽤 여럿이
될 듯하고, 개별 경우를 따지게 되면 끝이 어디쯤일지 언뜻 감이 잡히지 않는다. 그렇다보니
한정된 지면에 일일이 열거할 수는 없다. 한편, 개괄적으로 어떻게 하는 것이 좋은지를 언급
하자니 꽤나 오래전에 발간되었던 글(金承玉 1998, 崔盛洛 1987, 1998)의 내용을 되풀이 하
거나 계량분석교재—예를 들어 드레넌 저·김범철 역 2009—가 될 듯하기도 해서 피하고자
한다. 다만 계량분석에 관련된 이전의 글들이 (당시까지 계량분석이나 도표의 사용이 그다
지 많지 않았던 탓에) 하지 않았던, 할 수 없었던 작업을 하고자 한다.

실례를 들어가며 양에 관련된 우리 고고학의 해석과 설명논리에서 보이는 몇 가지 한계를
지적하는 작업이 바로 그것이다. 비록 실례를 들기는 하되, 인용되는 (예시)연구에 대한 폄
하가 될 우려가 있어 구체적인 출처는 밝히지 않는다. 밝히지 않더라도 간파할 독자가 더러
있을 것이다. 설혹 그렇더라도 여기서의 지적은 단지 (數)量의 처리에 관련된 부분적인 논리
의 문제일 뿐, 연구 전체의 瑕疵를 지적하고자 하는 것이 아님을 알아주기 바란다. 사실, (필
자를 포함해) 이러한 지적에서 자유로울 대한민국 고고학자가 몇이나 될지는 의문이다. 우
리 모두에 대한 반성으로 받아들여주면 좋겠다.

__量의 문제, 왜 자꾸 거론되는가?

고고학의 인접학문 중에 하나가 통계학이라는 것과 고고학 연구에서 계량의 절차가 필요한
이유는 꽤 오래전부터 지적되어왔다(金承玉 1998, 任孝宰·李鍾宣 1977; 崔盛洛 1987). 그
이유인 즉, 한편으로는 많은 자료량을 감당하기 위해서, 다른 한편으로는 표본이라는 고고학

자료의 성격 때문이라는 것이다. 이에 이견을 제시할 독자들은 거의 없을 것이다. 필자도 그렇다. 그런데 꼼꼼히 따져보면 많은 자료량을 다루는 것은 컴퓨터가 있으면 되는 일이고 그것은 양의 문제를 다루는 논리와는 직접적으로 관련되지는 않지 않나 하는 생각도 든다. 물론 학사적 배경상 가설의 수립 및 검증과 관련하여 고고학자료의 패턴과 상관관계를 중시하는 新考古學의 성장과 개인용 컴퓨터PC의 발전이 연관성이 있다는 점, 많은 자료로부터 패턴을 인지하기에는 컴퓨터가 효율적일 수가 있는 점 등을 부정하는 것은 아니다. 다만 여기서 초점을 맞추고 있는 것 즉, 고고학자의 연구도구로서 계량기법의 필요성을 넘어, 어떻게 그 기법을 활용해야 하고, 그리하여 얻어진 결과가 어떤 논리로 사용되어야 하는지에 주목하는 것과는 다소 맥락의 차이가 있다는 것이다. 따라서 다음에서는 量的 論理의 重要性과 考古學 資料의 性格에 관련된 것으로부터 시작하여 그런 문제들을 두루 살펴보기로 한다.

고고학자료의 성격과 量的 接近의 문제

흔히 일컬어지는 대로 고고학자료는 '(과거 [물질]문화의) 片鱗'이다. 그렇기에 계량분석의 측면에서 고고학자료는 (거의) 태생적으로 標本sample일 수밖에 없다. 그럼 무엇이 母集團 population인가? 지금 우리에게 주어진 것은 그 자체로 표본이 맞지만 (최소한 技術的인 측면에서나마) 연구주제, 즉 목적과 목표에 따라 모집단—이 경우 표적모집단target population—은 다양한 수준에서 정해질 수 있다. 예를 들어, 표본으로 주어진 일군의 청동기시대 석촉이 있다고 하자. 모집단은 청동기시대 당시에 (제작·)사용된 모든 석촉이 될 것이다. 이것이 현재 진행되는 많은 연구들에서 전제되는 바이다. 그러나 그 뿐만이 아니다. 현재 발견되지는 않았지만 현재 땅속에 묻혀있는 모든 청동기시대 석촉도 모집단이 될 수 있다. 더 나아가, 모두를 다루지 않고 일부 석촉으로 그를 추정하게 된다면 현재까지 발견되어 그 존재가 알려진 석촉도 나름의 모집단이 될 수 있는데, 흔히 有限母集團finite population으로 불린다. 그러나 현실적으로 그 어떤 경우도 표본과 모집단이 동일하지 않다. 설혹 유한모집단의 경우라도 표본은 그보다는 훨씬 작을 수밖에 없고, 작아야 한다. 표본이 모집단과 유사하다면 굳이 표본 조사를 할 필요가 없지 않을까?

　고고학자료가 (태생적으로) 표본인 탓에, 자료의 요약 및 비교를 통해 의미 있는(?) 고고학적 해석을 위해서는 그에 부합하는 통계학적 처치가 있어야 한다. 즉, 우리는 표본으로 남은 고고학자료를 비교하지만 궁극적으로 비교하고자 하는 것은 그 표본들에 (어떤 방식으로든) 반영된 모집단들이다. 그것이 고고학적 추론의 요체이다.

124

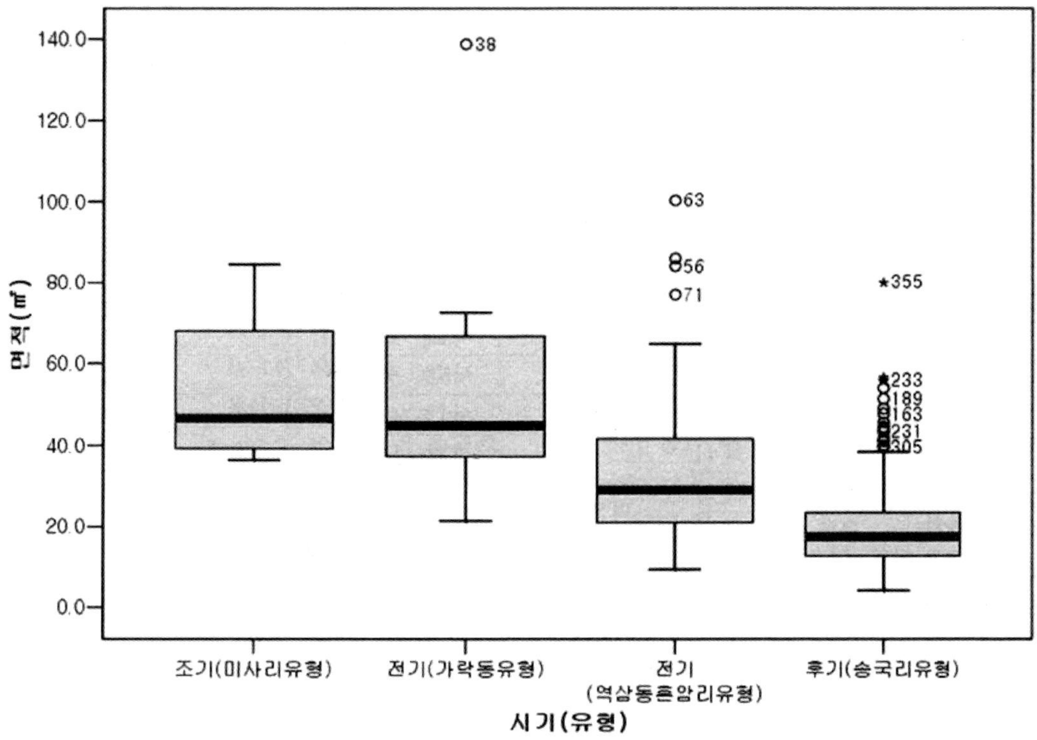

그림 7.1_청동기시대 분기(-유형)별 주거면적

이런 교과서 같은 얘기들은 제법 오래전부터 누차 지적(金承玉 1998; 崔盛洛 1987)되어온 바이고 이를 모를 대한민국 고고학자는 거의 없을 것이다. 관념적으로는 그러한데, 과연 실전에서도 그럴까? 사실, 그러한 교과서 같은 얘기들을 얼마나 충분히 인식하고 그에 적합한 분석을 수행하며, 얻어진 결과를 얼마나 체계적이고 합리적으로 해석에 활용하는지는 의문스러울 때가 적지 않다. 실례를 통해 접근해보도록 하자.

〈그림 7.1〉은 흔히 볼 수 있는 상자(-점)도표box[-and-dot] graph로 靑銅器時代 분기를 대표하는 '類型'들의 주거면적을 요약·비교한 것이다. 필자의 의도대로 얼핏 조기·전기에서 중기로의 주거양상 변화를 '규모의 소형화'로 요약할 수도 있을 듯 하지만 실상 논리적 허점이 많다. 이제는 상식화되어 있지만 논지의 전개상 상자-점도표의 각 부위가 의미하는 바부터 되새겨보자. 상자는 자료값을 순서대로 세울 때 중간 50%가 속하는 범위로 흔히 '중앙산포midspread'라고 부른다. 상자의 가운데를 가로로 관통하는 선은 순서상 중간에 해당하는 값—자료의 개수가 홀수인 경우—, 중간에 해당하는 두 값의 평균—자료의 개수가 짝수인 경우—으로 흔히 중앙값median으로 불린다. 한편 상자 밖 아래위쪽의 가로방향 짧은 선은 상자의 상하양단으로부터 상자의 상하길이의 1.5배 범위 내의 실제 값 중 가장 크고, 가장 작

은 값의 위치를 표시하는 것이다. 흔히 이 1.5배 범위 내에 있는 값은 인접값으로 불린다(드레넌 저·김범철 역 2009: 63~68). 상자의 크기나 인접값의 범위를 표시하는 (세로)선의 길이는 개체의 수와는 아무 상관이 없다. 비록 예시 논저의 필자는 도표와 함께, 계측치를 표로 정리하여 열거하고 있지만 도표만 보아서는 실제 계측치 개수의 차이, 즉 표본의 크기 차를 알 수가 없다. 적지 않은 경우 독자로 하여금 유형 간 대상이 된 주거의 수가 별 차이 없어 보이는 착시를 유도한다. 실제로는 渼沙里유형의 경우, 4개, 可樂洞유형은 31개, 驛三洞·欣岩里유형은 121개, 松菊里유형은 307개의 주거(지) 계측자료를 포괄하고 있다. 渼沙里유형의 경우 결국 4개의 자료가 4개의 주요점·면들의 값을 반영하는 정도가 되고 만다.

통계학의 입장에서 보자면, 渼沙里유형은 다른 유형과의 비교가 거의 불가하거나 무의미하다. 이유인 즉 개체수가 너무 적고 산포가 상당히 크기 때문이다. 앞서도 밝힌 바와 같이 우리가 궁극적으로 비교하고자 하는 것은 현재 주어진 표본이 아니다. 그 표본이 나온 모집단, 즉 '청동기시대 당시의 주거면적'이다. 결국, 母平均을 추정하면서 논지를 전개해야한다. 〈그림 7.2〉의 탄환도표bullet graph[1]는 표본평균─가로방향 단선─에, 오차범위─서로 다른 신뢰도를 반영하는 세 가지 두께의 선─를 부가함으로써 모평균이 특정 범위 내에 속할 것을 어느 정도 신뢰할 수 있는지를 보여준다(드레넌 저·김범철 역 2009: 197~198). 이 도표가 제시하는 바에 따르면, 미사리유형과 나머지 유형들 사이에는 어떤 비교도 가능하지 않게 되어있다.[2] 예를 들어 松菊里유형과의 평균 주거면적 차이인 $36.61 m^2 - 53.55 m^2 \cdot 19.94$ $m^2 = 36.61 m^2$─가 단순한 標集誤謬가 아닐

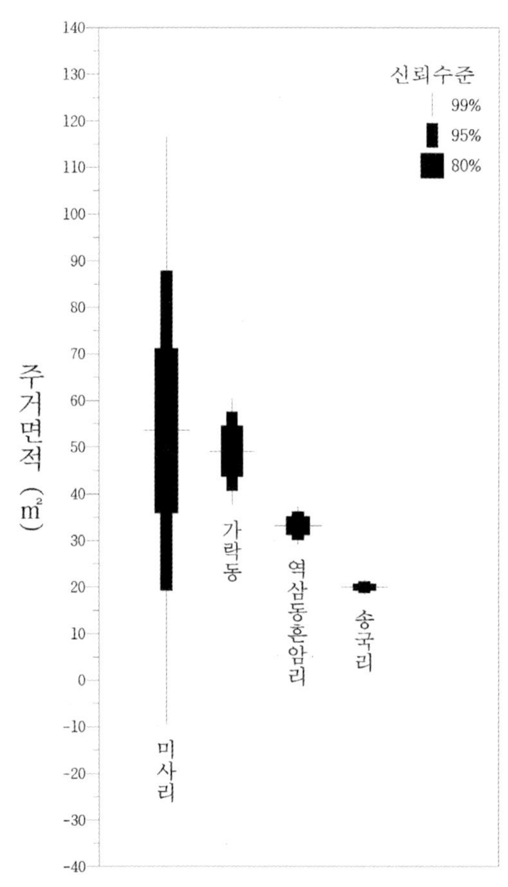

그림 7.2_청동기시대 유형별 주거면적의 모평균 추정·비교

---

1 예시 연구가 제공하는 실제 자료값에 의거하여 본고의 필자가 작성한 것이다.
2 물론 t검정을 통해 그러한 한계를 어느 정도 극복할 수는 있지만 표준편차가 무척 큰 주거면적 4개로 한 시기에 대해 설명하는 자체의 문제는 해결되지 않는다.

확률―좀 더 고고학 해석에 가깝게 하자면, 의미 있는 차이일 확률―이 80%도 되지 않는다. 그다지 신뢰할 만하지 않다. 그럼에도 불구하고 조기에서 전기를 거쳐 중기로 이르는 과정에서 주거의 소형화를 부정하기는 어려울 수도 있다. 그것은 송국리유형의 평균 주거면적이 가락동이나 역삼동·흔암리유형보다는 매우 유의하게 작기 때문이다.

그런데 위 예시 도표에 근거한 주장에는 그보다는 좀 더 심각하고 근본적인 문제가 포함될 수밖에 없다. 실제 주거면적의 분포가 중앙값이나 평균이 중심을 대표하는 지표index for center로 작동하기 어렵게 되어있다는 것이다. 〈그림 7.3〉에 제시된 히스토그램들[3]은 可樂洞유형이나 驛三洞·欣岩里유형 모두 多峰性multi-peaked 숫자군인 것은 물론, 松菊里유형도 다

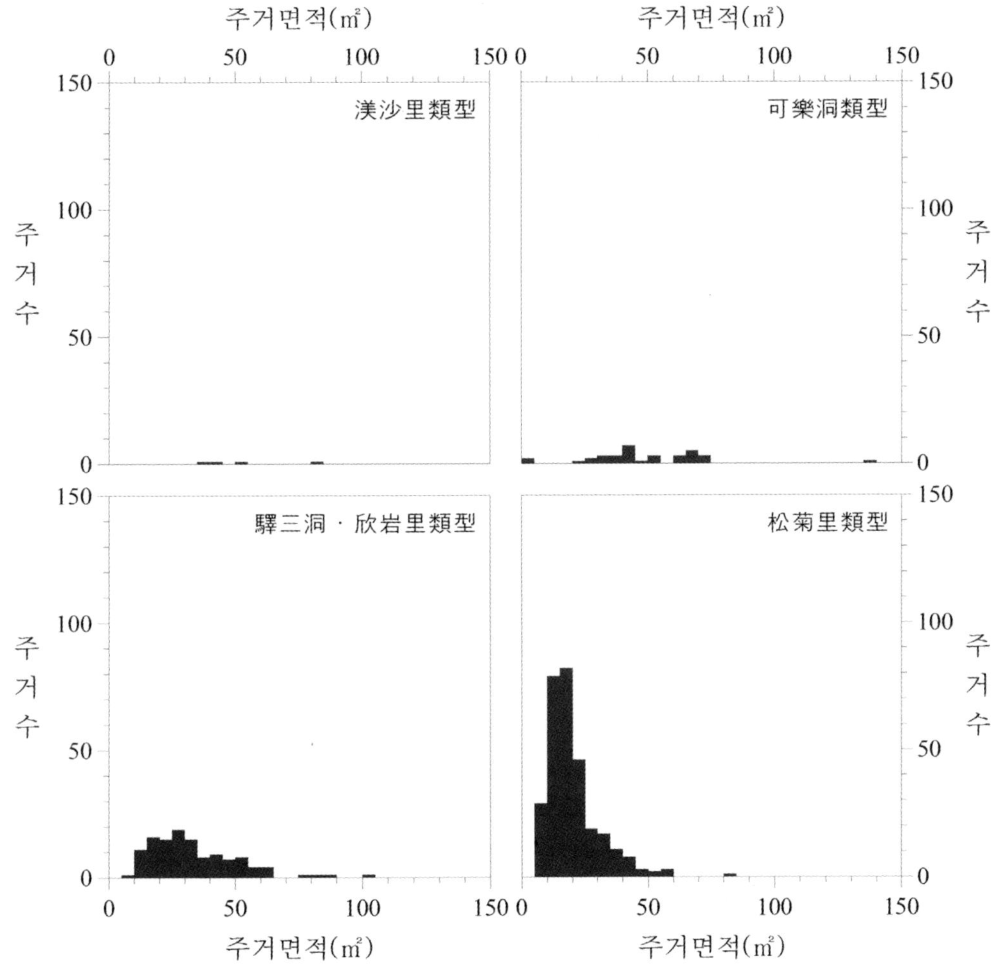

그림 7.3_청동기시대 유형별 주거면적의 분포

---

3 예시 연구가 제공하는 실제 자료값에 의거하여 본고의 필자가 작성한 것이다.

봉성 혹은 상향왜곡의 형상을 띠는 바, 개별유형의 주거양상에 대한 일괄적인 요약―하나의 평균이나 중앙값으로 대표하게 하는 것―은 다분히 문제의 소지를 내포하게 된다. 즉, 각 유형 내에서 (봉우리를 중심으로) 소집단으로의 분리가 필요하고 개별 유형 간의 비교도 일괄적으로 진행되기는 어렵다는 것이다. "뭐 전반적인 경향을 보자는 것인데…"라고 대수롭지 않게 여길 수도 있겠지만 적어도 통계학 교재에서는 도입부에서부터 그렇게 하지 말라고 강조하는 바이니, 안이하게 대응할 문제는 아니다. 필자가 다른 곳(金範哲 2011, 2012)에서 청동기시대 역삼동 및 흔암리유형 취락에서 보이는 방형계 주거의 구성과 松菊里式 주거와의 비교에서 어떠한 조치가 있어야 함을 역설한 것도 바로 그런 이유에서이다. 더구나 전기의 (세)장방형 주거와 중기 송국리형 주거의 비교는 그렇게 단순하게 접근하기에는 훨씬 더 복잡한 문제들이 내포되어 있다(金範哲 2012).

어쨌든 예시된 도표에 기초하여 전개하고자 했던 당초의 논리, 즉 '조기 → 전기 → 중기로의 주거면적 축소'는 (통계학적 견지에서) 그다지 유의하다고 보기는 어렵다. 물론, 이것이 전기 (細)長方形으로부터 중기 松菊里型 혹은 休岩里型으로의 변화과정이 주거축소라는 주지의 사실을 부정하는 것은 아니다. 예시된 연구의 필자가 계량적 기법을 구사함으로써 뒷받침하고자 했던 논리에 다소의 결함이 있다는 것이다.

그런 논리적 결함은, '고고학자료는 표본이고, 우리가 궁극적으로 관심 갖는 것은 모집단인 청동기시대 당시의 상황'인 바, 통계적 처치가 있어야 계측자료로부터 원만하게 유의한 진술을 이끌어낼 수 있다는 사실에 대한 인식의 부족과 자료의 양적 분포패턴에 대한 初動段階의 인지 부족에 기인한다.

고고학자료가 가지는 표본으로서의 특성 때문에 표집단계에서부터 고민해야 할 문제도 있다. 석사학위논문을 쓸 무렵 지도교수로부터 "이 유적은 가봤니?"라는 질문으로 시작되는, 성실함이나 열의에 대한 지적을 받지 않은 사람은 많지 않을 것이다. 그래서인지 보고서는 나오지 않았지만 현장설명회자료나 실견을 전제로 논지를 전개하는 경우가 심심찮게 눈에 띤다. 물론 지도교수께서는, 독특하거나 보존상태가 좋은 유적의 발굴현장을 보면 추론에 도움도 되고, 배우는 단계이니 성실함이 중요하다고 판단해서 그랬을 것이다. 그런데 표본과 모집단의 관계라는 측면에서 보자면, 그 지적이 그렇게 유용하다고 생각되지는 않는다. 어차피 표본인 바, 추론을 위한 어느 정도의 신뢰수준이 확보된다면 몇 개 유적의 가감은 별다른 의미가 없다.

단 특수한 현상을 잘 보여주는 정보를 얻을 수 있는 경우라면 특별한 의미를 가질 수는 있다. 그런 경우가 아닌데도 으레 대형(취락·분묘)유적이 그 시기를 대표한다고 믿고 그 양상을 서술하는 것이 타당할까? 이는 고고학의 실전에서는 분석(·서술)대상유적의 선택 문제이지만 통계학적 관점에서는 표본의 '대표성representativeness' 문제이다. 개별 유적을 각각 하나의 원소로 간주할 때, 수적 측면에서 그런 유적이 대표성을 갖는다고 하기는 어렵다. 예를 들어 100개의 취락이 있는데 그 중 2개는 대형 취락, 10개는 중형, 나머지 88개소는 소형 취락이라고 하자. 서술대상이 될 유적을 (단순)임의표집[simple] random sampling의 원칙에 따라 선택한다면, 소형취락이 선정될 확률이 88%나 되는 반면, 대형 취락이 선정될 확률은 2% 밖에 되지 않는다. 뭔가 불편부당하다.

그런데 이 문제는 통계학뿐만 아니라, 연구자의 이론적 입장이나 세계관에 관련된 논란의 소지도 내포하고 있다. 비록 대형(취락·분묘)유적의 등장이 문화사적 의의가 크더라도 그 양상은 그 시대의 (중요한) 一面일뿐이다. 좀 더 친근하고 직접적인 예를 들면서 접근해보자. 首長chief이 거주하는 대형 중핵취락―중심지central place―의 등장이라는 현상은 複合社會로의 진입을 알려주는 중요한 지표가 되는 바, 그 유적에 주목하는 것은 당연하다. 그러나 그것이 그 시대의 全 面貌는 아니다. 인구분포만을 보더라도 그렇다. 〈표 7.1〉은 16개 취락으로 구성된 초기 복합사회의 한 政治體의 인구분포를 보여주고 있다. 물론 가상적이긴 하지만 이는 초기 복합사회에서 자주 보이는 광역적 수준의 인구분포의 상황 즉, 순위-규모rank-size분석의 log-normal패턴(金範哲 2005)에 따라 설정한 것이어서 허무맹랑하다고 할 수는 없다. 만약 가장 큰 유적과 두 번째 큰 유적만을 대상으로 했다면 전 (정치체) 주민의 44.4%에 대해서 설명하는 것이 된다. 그 사회의 절반 가까이가 설명되는 셈이어서 그러려니 할 수도 있다. 그런데 복합사회의 특징 중의 하나가 중심지로의 剩餘surplus 移動이라는 점을 감안한다면, 전 인구의 절반이 넘는 (55.6%의) 생산자―잉여 제공자―는 역사서술에서 제외되는 것이다. 분명 그런 역사관에는 불편을 느끼면서도 고고학 서술은 별개라고 생각하는 듯하다.

표 7.1_log-normal 패턴에 따라 설정된 16개 취락의 인구분포

순위	1	2	3	4	5	6	7	8
인구규모(%)	800명[4] (29.6%)	400명 (14.8%)	266명 (9.8%)	200명 (7.4%)	160명 (5.9%)	134명 (4.9%)	114명 (4.2%)	100명 (3.7%)
순위	9	10	11	12	13	14	15	16
인구규모(%)	89명 (3.3%)	80명 (3.0%)	73명 (2.7%)	66명 (2.5%)	62명 (2.3%)	57명 (2.1%)	54명 (2.0%)	50명 (1.9%)

중소형 유적의 現狀이 좋지 않아 그러했다고 변명할지는 모르겠으나 이조차 쉽게 수긍하기 어렵다. 다시 통계학적 관점으로 돌아가 생각해보자. 현재까지 발굴조사가 완료된 유적

---

4 우리 선사시대에서 복합사회에 진입한 단계인 청동기시대 중기의 대표적인 중핵취락인 보령 관창리유적의 주거가 200채 정도이고 각 주거는 4인 가구라고 추정하여 설정해 본 수치이다.

중 흔쾌하게 서술의 대상으로 삼을만한 유적이 몇이나 될까? 아마 10%도 되지 못할 것이다. 그렇다면, '제대로 잘 남아있는(?)' 유적이 비정상(?)인 것 아닌가? 혹, 폐기 시점의 양상은 나머지 90%에 더 잘 반영되어 있지는 않을까? 행운처럼 얻어진 상황—좋은 보존상태—을 의심해볼 필요는 없을까? 소유가 미미해 남긴 것이 없어 고고학적 수집과 분석 더 나아가 해석과 설명에서 제외되는 바람에 실존하지 않았던 것처럼 되어버린 '稀微한 貧民elusive poor folks(Stark and Hall 1993; 金範哲 2006)'의 개념으로부터 자유로울 수는 있을까? 앞의 예시보다는 수치나 도표를 통해 시비를 가리기는 어렵고 다소 철학적인 문제이기는 하지만 연구의 성패, 나아가서는 고고학의 定向에도 심대한 영향을 미칠 수 있는 바, 상당한 고민이 필요해 보인다.

이상의 문제제기를 염두에 둔다면, '대형'유적의 양상이 '중·소형'유적에 적용될 수 없다면 보존상태가 좋은 대형유적의 양상은 단지 대형유적들을 대표할 뿐이고 그 시대 전반적인 양상이라고 보기는 어렵다는 결론에 이르게 된다. 그렇다고 해서 대형유적 중심의 서술을 폄훼하기도 어렵다. 우리의 經驗則에 따르면 대형유적의 등장이 시사하는 바도 그리 단순한 것만은 아니기 때문이다. 게다가 모든 표집이 단순임의표집의 원리로만 진행되는 것도 아니고 고고학자료의 특성상 편향된 표집을 해야 하는 경우—예를 들어 시료 파괴를 전제로 한, 고액의 물리·화학적 분석 등—도 있는 바, 기계적으로 단순임의표집의 원리에만 입각한 담론을 펼칠 수는 없기 때문이다. 뿐만 아니라, 서술내용을 채울 만 한 대상이 그리 풍부한 것만은 아니라는 현실적인 문제가 도사리고 있기 때문이다. 결국, 통계학적 원칙들을 심각하게 위배하지 않으면서도 그러한 딜레마를 탈출할 현실적 대안을 찾는 것이 그나마 타당한 전략이 될 것이다. 유력한 전략 중의 하나가 聚落體系를 수립하고 각 부류 혹은 등급rank에서 무작위로(?) 서술대상을 선택하는 방법이다(金範哲 2005, 2006). 이는 전형적인 층화임의표집stratified random sampling이 된다. 취락체계 자체를 수립하지는 않더라도 주거수나 취락의 면적 등 의사지표를 이용하여 유적을 분류한 뒤, 각 부류별로 대상을 무작위로(?) 선택하는 것도 어느 정도의 전술적 대안은 되겠다.

그러한 전략과 전술을 통해 표집의 편향성을 완화시키는 작업이 필요한 것은 결국 고고학자료의 성격 때문이다. 기존 연구들에서도 표본으로서 고고학자료가 가지는 특성에 대해 강조해왔다(金承玉 1998; 崔盛洛 1987). 그럼에도 불구하고, 그러한 성격이 어떻게 분석 혹은 서술대상 자료의 선정과 연결되며, 표집의 문제로 귀결될 수밖에 없는지에 대해서는 그다지 심도 있게 논의하지 않았다. 또 하나, 계량분석의 필요성과 중요성을 설파하면서도 지적되지 않은 것은 그러한 고고학자료, 아니 물질문화를 남긴 인간행위의 특성 때문에 양적 접근이 필요할 가능성이다. 선사·고대 사회변화의 根底에 대해 생각하면서 이 문제에 접근해보자.

사회변화에 대한 고고학적 이해와 量의 문제

선사·고대의 "사회변화 대부분은 人口成長population growth을 동반"한다. 그 자체가 학사적으로 많은 논란의 소지를 내포하지만 '人口壓population pressure'과 혼동하지만 않는다면 정면으로 부정할 필요도 없다(Johnson and Earle 2000).

대상으로 하는 지역적 범위를 염두에 둔다면 인구성장이란 인구의 규모나 밀도의 변화이다. 그 변화의 고고학적 복원은 어떻게 이루어지는가? 주거의 수와 밀도, 취락의 면적 등 '(數)量'에 관련된 자료를 분석하는 일에서 출발한다. 따라서 사회(·경제)적 변화에 대한 고고학의 설명에 있어 양에 대한 담론을 뺄 수가 없다. 선진학계에서는 지역성을 담보하는 연구들이 거의 반드시 (취락분포유형 분석을 통해 복원된) 인구추이에 대한 배경설명을 포함하는 것은 눈여겨 볼만한 일이다.

복합사회의 등장과 결부된 양의 문제를 통해 좀 더 들어가 보자. 어떻게 (그리고 왜) '社會政治的 首長'과 '世襲되는 權力'이 발생하게 되었는지는 고고학의 중요한 주제이다. 종종 화려한 부장 분묘를 통해 그 등장을 인지하기도 한다. 그 정도만으로는 당장 긍정도 부정도 할 수 없고 보완적인 후속연구가 있어야 일반의 수긍을 얻을 수 있다. 그럼에도 불구하고 그간 축적된 고고학의 경험으로 볼 때 그리 잘못되었다고 판정하기는 어렵다. 어쨌든, 그러한 화려한 부장분묘에 묻힌 수장도 그 노릇을 위해서는 최소한 수천의 따르는(?) 무리가 있어야 한다는 점 또한 민족지나 고고학 연구를 통해 밝혀진 바, 복합사회를 다루는 고고학적 논의에서 (인구문제를) 간과할 수 없다는 점은 분명히 기억되어야 한다. 양적 전이 없이는 (고고학이 의미 있게 생각하는) 본질적인 변화가 일어나기 어렵다.

우리 고고학에서도 青銅器時代 前-中期 轉移過程은 그러한 본질적 변화가 감지되는 시기이다. 물질문화양상에 초점을 맞추자면, 이 시기 동안 松菊里類型이 형성(·확산)된다고 하겠다. 그러하기에 '松菊里類型의 形成'이라는 주제는 새로운 물질문화의 등장을 설명하는 이상의 중요성을 가지게 된다. 이런저런 것들이 복합적으로 작용한 탓일까? 이 문제는 보기 드물게 제법 과열된(?) 논쟁거리가 되기도 했다. 그러한 논쟁의 핵심에 소위 '先松菊里'라는 접두어를 붙이기도 하는, (전기와 전형적인 송국리유형의) 중간형 유물·유구상에 대한 시각차가 자리하고 있음은 널리 알려진 사실이다. 그러한 시각차는 대립되는 두 부류의 설로 정리되기도 하는데, 양자 모두 개연성과 내적 모순을 동시에 가지고 있다. 그러나 분명한 것은 '중간형'에 시간적 의미를 부여하는 측은 (설명모형을 좀 더 세련화하지 못하는 한) 반드시 인구변동의 문제를 실증적으로든 해결해야 하는 부담이 있다. 필자가 별고(金範哲 2013)에서도 밝힌 바와 같이, '개념적 단계'나 '생계경제체제의 와해' 등은 그러한 문제의 해결을 더욱 어렵게 만드는 명제들이다. 즉, 그러한 명제는 더욱더 병목부분이 짧아지는 모래시계 모양의 인구변화를 설명해야 하게끔 한다는 것이다.

고고학이 (세세한) 양식적 변이에서 사회적 변화를 감지해 내지만 양식적 변이가 사회변화의 본질은 아니다. 그 달라진 양식이 많은 사람에게 채택되어야 그 양식적 변이가 사회변화와 연관되는 것이다. 따라서 양의 문제가 적절히 고려되지 않은 채, 시·공간의 축을 따라 관찰되는 양식적 변이에 과도하게 의미를 두다보면, 무리가 해석으로 이어지게 된다. 더구나 모든 양식적 변이가 사회적 변화를 감지할 수 있는 기준이 되지 않는다는 사실도 고려해야 한다. 의미가 거의 없는 변이(noise, Clarke 1978)를 사회적 변화와 연결시키는 것은 아닌지도 경계해야한다.

__量의 문제, 어떻게 다루어야 하나?

이 절의 제목을 보면 언뜻 다음에서는 고고학 연구에서 활용되는 혹은 활용될 수 있는 계량기법을 개괄적으로 설명(金承玉 1998; 崔盛洛 1987)할 듯하지만 실제와는 다르다. 오히려 계량기법을 활용하지만 전개된 논리를 뒷받침하기에는 부적합하거나 오히려 배치되는 경우를 예시하면서 反面敎師로 삼을 것이다. 따라서 "양의 문제, 어떻게 다루면 안 되나?"가 제목으로 더 적합해보일 수도 있다.

常識을 위배하지 말기: 비교의 공정성

자료로부터 (수)양에 관련된 정보를 추출하고 이를 논지전개에 활용하고자 하는 시도 중 석연치 않음이 빈번하게 눈에 띠면서도 우선 지적할 수 있는 것은 상식수준에서도 납득하기 힘든 공정치 못한 비교나 무분별한 계량기법 혹은 도표의 사용이다.

비교가 공정해야한다는 것은 상식이다. 그럼에도 불구하고 많은 학문분야에서 비교의 공정성은 늘 시빗거리가 된다. 고고학도 마찬가지다. 고고학 연구에서 그 시비는 개별 유물이나 유구는 물론, (수준이나 함의를 달리하는) 유물복합체 등 여러 차원에서 발생할 수 있다. 그러나 대부분의 경우 어이없게도 상식수준의 의문제기에 답이 궁색해진다.

우선, 개별 유물의 차원에서 '비교의 공정성'문제를 따져보자. 개별 유물 차원의 문제는 주로 形式分類와 관련된다. 형식분류는 앞서 언급한 시, 공, 형태 중 형태에 관련된 부분이다. 물론 형태에는 단순히 모양뿐만 아니라, 크기라는 요소가 포함되어있을 수 있고, 특정 시기, 특정 기종은 크기에 대차가 없어 문제의 소지가 없을 수도 있다. 그러나 우리 형식분류는 '(容)量'이라는 개념은 빠뜨린 채, 그야말로 모양에만 집중하는 경향이 있다(金範哲 2013; 김범철 외 2007). '松菊里式 土器'의 분류는 그 대표적인 예이다. 필자는 별고를 통해 송국리식 토기 자체가 기능적 분화 가능성을 무시한 초기종적 形式名이고 그 결과, 비교의 공정성이 심하게 훼손되어왔음을 지적한 바 있다(金範哲 2016). 사실 조그마한 컵과 커다란 항아리를 동일선상에 놓고 구연부의 모양이나 동최대경의 위치 등 측면에서 보이는 차이를 이런저런 방식으로 해석해왔다. 웃지 못 할 일은 송국리식 토기의 기능을 '煮沸' 혹은 '貯藏'으로 규정하면서도 기고가 10~60cm에 달하는 토기를 함께 묶어 분석을 시도하는 작업이 과학적임(?)을 주장하고 있다는 점이다(金範哲 2016: 7 참조). 과학은 상식을 넘어서는 논리가 있어야 하지만 상식을 위배해서는 곤란한 일 아니겠는가? 물론 이것은 송국리형 토기의 문제만은 아니다. 적지 않은 토기분류 및 분석에서 관찰되는 오류이다.

이외에도 상식차원의 공정성이 확보되지 않은 사례의 종류는 비일비재하다. 꽤 오래전부터 반복적으로 지적되어 온 것이 비율적 정보의 오용이다. 유물출토상황이나 유구보존상태, 유물의 절대 수는 고려하지 않은 채, 단순계산을 통해 얻어진 특정유물의 비율을 여과 없이 활용하는 것은 매우 위험한 논리적 귀결을 가져올 수 있다. 예를 들어, 정선된 용기로서 丹塗磨研土器의 비율을 통해 개별 주거의 貧富를 측정한다고 하자. 그런데 유구보존상태가 좋지 않아 반출유물이 거의 없는 한 주거지에서 각기 다른 기종을 반영하는 단도마연토기편만 2개 수습되었다고 하자. 그렇다면 토기 중 단도마연토기의 비율은 100%가 된다. 그렇다고 이를 수십 개체 (完形)토기를 반영하는 파편들 중 단도마연토기비율이 30%에 달하는 경우와 직접 비교하여 더 부유한 주거로 평가하기는 어색하지 않은가? 그런 어색함을 애써 외면한다면 단순계량화의 덫에 걸리고 말게 된다. 물론 요즘 들어서는 그 정도로 기계적이고 억지스런 논리를 전개하는 연구는 찾아보기 어려우니, 다행스럽다.

다소 결은 다르지만 제법 세심한 배려가 없으면 기계적이고 편파적인 비교나 계량화를 피할 수 없는 상황도 있다. 유적의 수가 많지 않고 대다수의 유적에서 유물의 수습이 양호하지 않은 경우를 상정해보자. 그런데 일반적인 상황과는 달리 한 유적에서 운 좋게 많은 유물이 출토되었을 때, 몇몇 유적을 포괄하는 해당지역의 유물 비율은 그 한 유적에 의해 좌우될 수밖에 없다. 中部內陸이나 江原嶺東地域 新石器時代 유적의 石器相이 대표적인 사례가 될 수 있다. 석기조합의 비율이 한두 유적의 양상과 심하게 동일하다면 어떻게 소수 유적의 전횡

(?)을 감소시킬지 고민하면 좋겠다. 정 곤란하면 그 유적을 포함하고 또 포함하지 않고 분석한 결과를 동시에 명시하며 논지를 전개하는 것은 어떨지 하는 생각이 들기도 한다. 궁여지책이기는 하지만 거짓이나 편향된 정보를 전달하는 것보다는 낫지 않을까?

顯示性으로 포장하지 말기: 절제된 기법 활용

필자가 대학을 다닐 무렵, PC용 통계프로그램은 문과생에게는 엄두 내기가 쉽지 않은 대상이었다. 해당 기법의 원리와 사용절차는 둘째 치고, 의미도 알 수 없는 복잡한 명령어를 입력해야 했기 때문이다. 더구나 한 글자라도 잘못 입력하면 처음부터 다시 해야 했다. 현재의 윈도우 운영체제로 바뀌면서 그런 고민은 사라지게 되었다. 훨씬 사용이 쉬워졌다. 현재 일반이 접하는 통계꾸러미는 까다로운 조건을 맞추지 않더라도 어떤 결과든 도출해준다. 무슨 목적으로, 무엇을, 어떻게 했는지 상관없이 어느 정도의 데이터만 입력하면 결과가 수치나 도표로 제공된다. 그러면 그 결과가 맞는지 틀린지도 모른 채, 이용하게 된다. 현실이 그렇다보니, 誤·濫用에 대한 憂慮의 목소리도 커진다. 우리 고고학도 예외는 아니다. 종종 무엇을 위한, 무엇을 의미하는 기법이나 도표인지도 모르고 사용하는 경우가 비일비재하다. 전문적인 통계꾸러미뿐만 아니라, MS Excel과 같은 데이터정리 프로그램의 오·남용도 심각한 수준일 때가 있다. 顯示性에 매료되어 현란한 도표를 남발하기도 한다. 사실 그러한 도표의 대부분은 可讀性을 현저하게 損傷시켜 취지를 전달하지 못하는 경우가 대부분이다(그림 7.4[5] 참조).

계량기법을 썼다고 해서, 화려한 도표를 썼다고 해서 합리성이 담보되는 것은 아니다(金承玉 1998). 합리적인 연구방법론의 구축은, 특정 기법을 타당한 곳에 타당한 방식으로 사용해야만 가능해진다. 어떻게 하면 그렇게 할 수 있는지에 대해 필자는 사석에서 종종 '族譜'의 비유를 든다. 시험을 준비하는 과정에서 출제경향을 파악하고 모범답안을 작성하는 데에

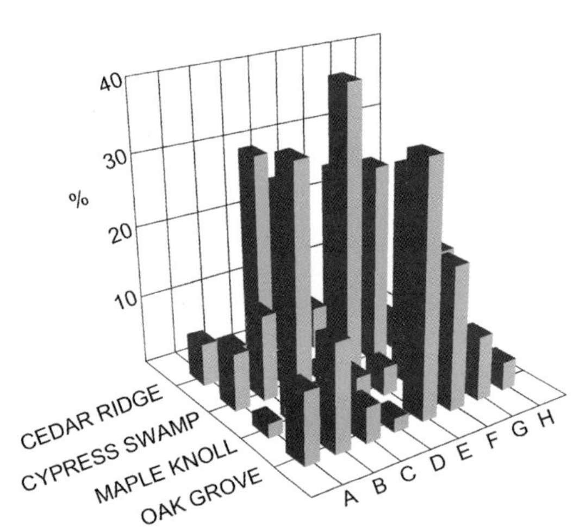

그림 7.4_ 현란한 막대도표의 일례

---

5 자료정리 프로그램에서 제공하는 현란한 도표의 일례이다. 허울은 좋지만 실제 분석을 위해 어떤 패턴을 어떻게 검토해야 할지 모르게 된다. 정보전달에 실패한 상황을 보여주는 사례이다(Drennan 2009: 74).

134

밑거름이 되는 것이 족보다. 시험의 족보에 정답(?)을 찾아가는 정보가 담겨 있듯이, 연구의 족보는 특정 문제와 관련하여 자료를 분석함에 있어 학계에서 효용성이나 타당성이 인정된 방법, 이론적 추이를 습득·설명하기 위해 탐독·인용해야 하는 주요 참고문헌의 목록 등에 관련된 정보를 포괄한다. 혁신적인 논리나 방법의 개발이 없이, 타당한 이유도 없이 족보에서 심하게 벗어나게 되면 그 연구는 개연적인 또는 합리적인 결론에 이르기 어렵게 된다. 즉 정연한 연구방법론의 구축에 실패하게 된다. 예를 들어, 고고학자료를 통해 계층의 발생이라는 문제에 접근한다고 하자. 워낙 이 문제가 오랜 기간 고고학의 핵심적 연구주제였던 탓에

세세한 분야에 대해서도 정평이 나 있는 선행연구들이 일일이 열거하기도 어려울 정도로 많다. 그럼에도 불구하고, 제법 주목을 받고 있는 신진학자가 제목에서 계층이나 계급이라는 단어만을 보고, 1980년대에 떠돌아다니던 이념서적과 다를 바 없는 저작을 인용하는 것을 목도하면서 잠시나마 말문이 막힌 적이 있다.

양의 문제를 다루는 정리방법이나 분석방법의 적용에 있어서도 그런 경험을 할 때가 적지 않다. 자칫 족보를 벗어나면 오·남용이 되기 쉽다. 세심한 관찰과 분석의 부족도 그러하지만 불필요한 곳에 도표와 계량기법을 남용하는 것 역시 문제를 야기하기는—올바른 연구방법론의 구축을 훼손하기는— 마찬가지이다. 오히

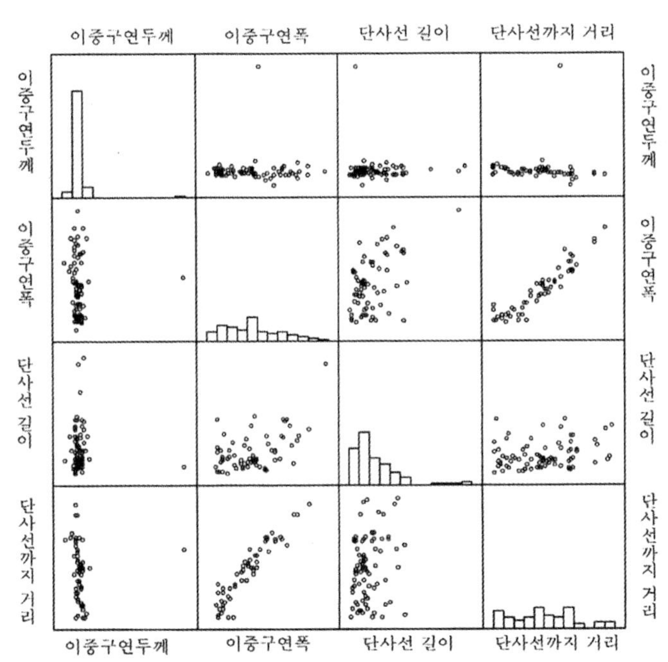

그림 7.5_ 이중구연과 단사선의 관계

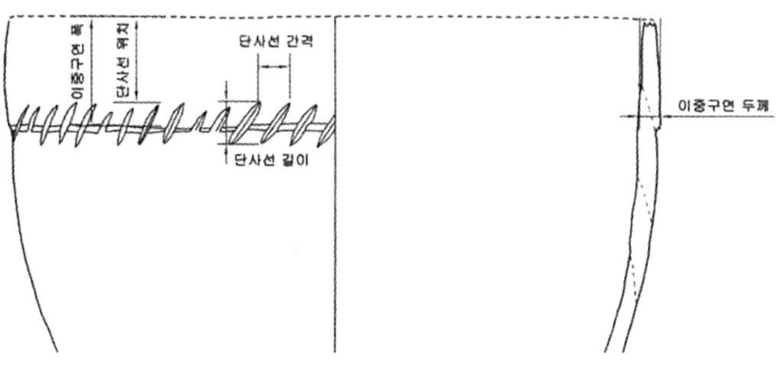

그림 7.6_ 가락동식토기의 (계측)속성

135

려 남용이 과학성으로 포장한 결과 호도로 이어진다면, 더욱 심각한 문제가 야기될 소지가 있다. 몇 가지 사례에서 그런 문제의 소지를 찾아보자.

〈그림 7.5〉는 청동기시대 가락동식토기의 구연부 주위에서 관찰되는 속성(그림 7.6 참조)들의 특징을 이중구연과 단사선의 계측치를 이용하여 설명하고자 한 시도의 일환으로 작성된 도표를 포함하고 있다. 이러한 시도는 궁극적으로 '이중구연의 폭이 좁은 것에서 넓은 것으로, 그 두께는 두꺼운 것에서 단사선의 길이는 짧은 것에서 긴 것으로 변화한다.'라는 선행연구들의 (거의 일반화된) 지적을 좀 더 계량적이고 체계적으로 보여주고자 한 것이다. 그러한 궁극적 의도는 (예시 연구에서는 다음 쪽에 있는) 〈그림 7.7〉과 〈표 7.2〉를 통해 달성되었다. 그런데 〈그림 7.5〉의 도표는 왜 포함되었을까? 이 예시 연구의 표현을 빌자면, "이중구연과 단사선문의 변화는 맥을 같이하기 때문에, 이 두 문양 간의 관계를 통해서 시간의 흐름을 파악할 수 있다."고 한다. 그래도 필자는 아직도 그 의도를 모르겠다.

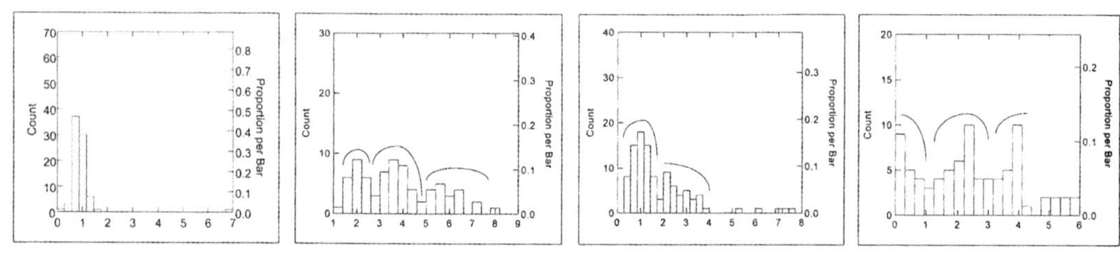

그림 7.7_가락동식토기 문양요소의 계측속성 분포

표 7.2_가락동식토기의 문양 속성과 형식분류

형식	이중구연두께	이중구연폭	단사선길이	단사선위치	단사선시문위치
A	두꺼움	2.7cm 이하	1.7cm 미만	1.0cm 미만	이중구연 내에 시문됨
B	두꺼움	2.7cm~5.0cm	1.7cm 미만	1.0cm~3.0cm	이중구연 내에 시문됨
C	두꺼움	2.7cm~5.0cm	1.7cm 이상	3.0cm 이상	이중구연을 넘어섬
D	얇음	5.0cm 이상	1.7cm 이상	3.0cm 이상	이중구연을 넘어섬

이 도표가 알려주는 것은 ① 이중구연의 두께는 다른 속성의 변이에도 불구하고 거의 일정하고, ② 단사선의 길이는 다소의 변이는 있으나 특기할 만한 (반)비례적인 관계는 없지만 ③ 이중구연의 폭과 단사선까지의 거리―그림에서 '단사선의 위치'라고 제시된 것―는 제법 주목할 만한 비례적 상관관계가 있다는 정도이다.

일단, 무슨 맥을 같이 한다는 것인지 모르겠다. 만약 이 도표를 예시 연구의 필자가 제시한 속성 간의 상관성을 의미한 것이라면 도표를 부적절하게 해석했다고 밖에 볼 수 없다. 다

136

시 한 번 강조하거니와, 이중구연의 폭과 (구순으로부터) 단사선까지의 거리 사이를 제외하고는 맥락(?)을 같이 하는 것을 찾기는 어렵다. 그런 것이 아니라면, 불필요한 도표를 부가한 것에 지나지 않는다. 아니다. 오히려 예시 연구 자체가 가지는 모순을 폭로한 것이다. 〈그림 7.7〉의 맨 좌측 도표에서 보듯, 이중구연의 두께는 정규분포를 보이고 변이의 폭이 상대적으로 좁은 바, 예시 연구의 필자가 기대했을 다봉성 분포─세부형식을 나눌 수 있을 근거가 되는 분포─는 확인되지 않는다. 그러다보니 궁여지책으로 〈표 7.2〉에서처럼 '두꺼움'과 '얇음'으로 밖에 표현하지 못하고 있다. 그 둘 사이의 기준은 무엇인가? 계량화 시도의 無用 정도가 아니라, 매우 자의적 판단이 자리하고 있음을 시인한 것밖에 되지 않는다. 이는 예시 연구만이 져야 될 부담은 아니다. 그럼 선행연구들은 뭘 기준으로 두꺼운 것에서 얇은 것으로의 변화를 언급했을까?

〈그림 7.5〉에서 느껴지는 석연치 않음은 그 다음 쪽으로 이어지는 분석에서 증폭된다. 일부 참신한 의도마저 훼손하게 된다. 〈그림 7.8〉에 제시된 일련의 상자-점도표 중 두 번째 행의 맨 좌측과 우측의 도표는 도저히 납득할 수 없는 것들이다. 앞의 내용을 읽은 독자라면 계

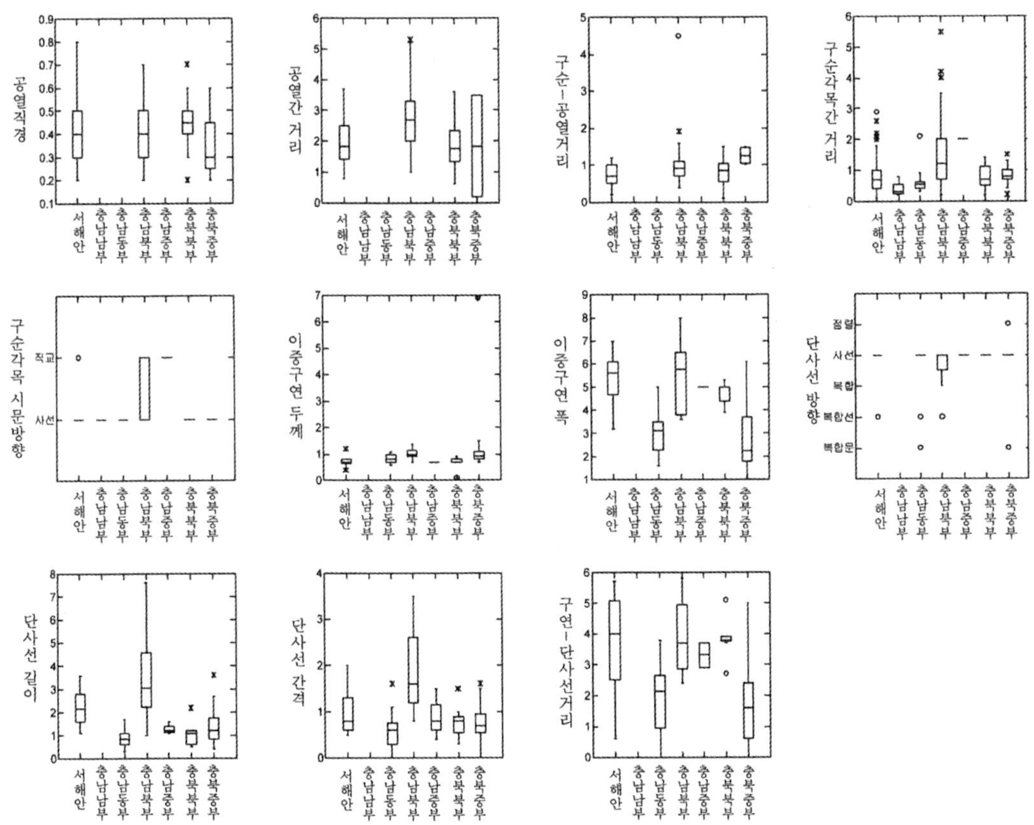

그림 7.8_지역별 문양 속성 차이

량분석의 초심자라도 도표의 모양이 이상하다고 느낄 것이다. 이유인 즉, 앞서도 살펴본 바와 같이, 상자-점도표는 연속형변수 혹은 계측형변수를 요약하는 도표이기 때문이다. 반면 구순각목의 시문방향은 직교와 사선이라는 두 범주로 이미 분류된 바, 명목형변수, 혹은 (存否변수라고 해도 무방한) 범주형변수이다. 단사선의 방향 역시 점렬, 사선, 복합, 복합선, 복합문 등 5개 범주로 구분된 범주형변수이다. 두 변수 모두 상자-점도표로 요약할 수 없다. 필자가 더욱 당황스런 것은 이것이 단순 실수가 아니라는 점이다. 적어도 공표된 저작 세 군데에서 이 도표가 활용되고 있기 때문이다.

〈그림 7.8〉의 도표들에 관련해서는 그 외에도 과연 어떤 지역과 어떤 지역이 어떻게 '차이' 난다는 것인지에 대한 설명이 매우 부적절하게 전개되고 있다는 점을 지적하지 않을 수 없다. 이 예시 연구에서는 "이중구연과 단사선의 경우, 대체로 충남 동부와 충북 중부지역이 이른 편이고 서해안과 충남북부지역이 상대적으로 늦음을 알 수 있다."라고 표현하고 있다. 구연-단사선거리를 기준으로 예로 할 때, 대체로 후행지역의 중심이 높다. 즉, 구연으로부터 단사선까지의 거리가 멀다는 것이다. 통째로 보면 그럴 수도 있다. 그런데 (특히 시간성을 민감하게 반영한다고 예시 연구의 필자가 주장하는 '이중구연의 폭'을) 자세히 관찰해보면 서해안자료의 25%가량은 충남 동부 하위 50%에 속하는 등 그렇게만 볼 수 없는 부분들이 있다. 계측된 토기편이 여러 유적에서 출토되었다면, 일부 충남 동부의 일부유적은 서해안 보다 빠르게 된다. 최대한 양보해도 후행지역에 시기가 늦은 유적이 좀 더 많을 수는 있다고 밖에 해석할 없는 결과이다. 즉, 유적 집중분포지역이 옮겨갔다는 정도의 설명이나 가능할까? 즉 전혀 일괄로 다루지 말아야 할 문제를 그렇게 하고 있다.

다른 예로 넘어가자. 〈그림 7.9〉는 이조철대주조철부의 3형식 간 계측속성, 즉 전체길이

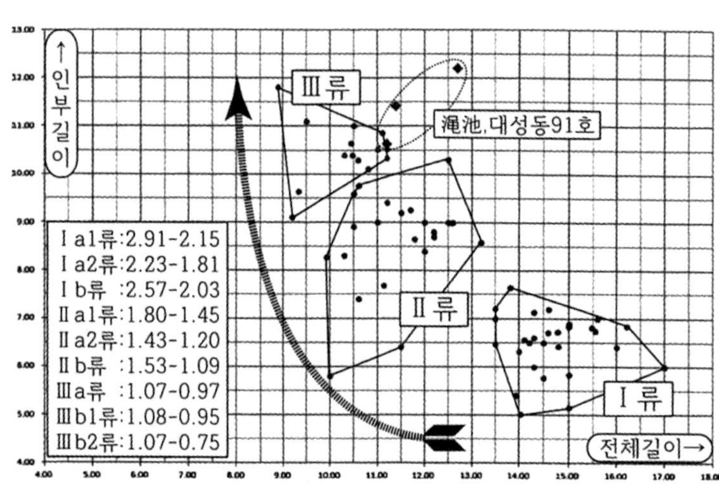

그림 7.9_이조철대주조철부의 전체(신부)길이 對 인부길이

—본문 중에는 신부길이라고도 표현하고 있음—와 인부길이(그림 7.10 참조)를 비교하면서 형태적 변천의 경향성을 파악하려는 시도에서 작성된 도표이다. 일단 생경스런 외양 탓에 꽤 심오한 정보를 담고 있는 듯도 하고 시각적으로도 부담스럽지

138

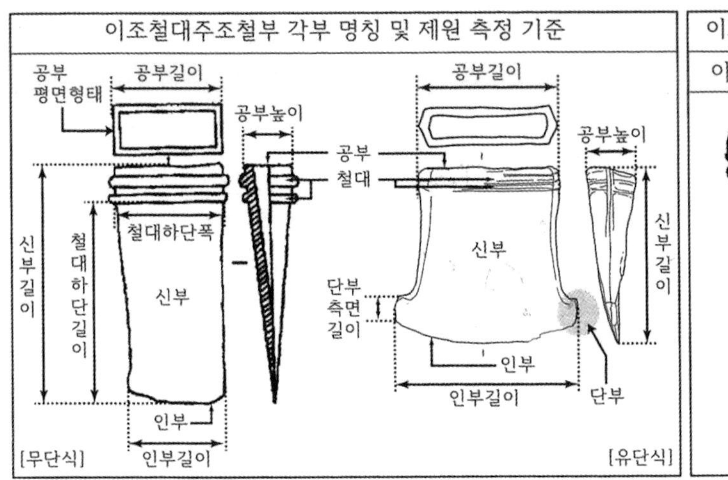
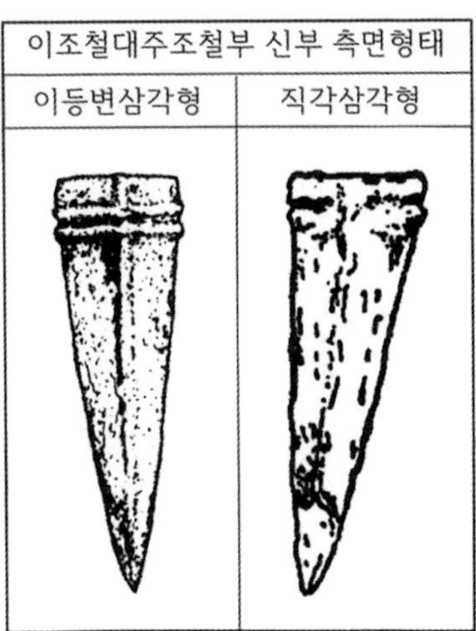

그림 7.10_이조철대주조철부의 재원 및 측정기준

세장방형(Ⅰ)			장방형(Ⅱ)			방형(Ⅲ)		
Ⅰa1	Ⅰa2	Ⅰb	Ⅱa1	Ⅱa2	Ⅱb	Ⅲa	Ⅲb1	Ⅲb2

그림 7.11_이조철대주조철부 형식분류

만 실상은 일반적인 산점도scatter plot에 개별형식의 장폭비(그림 7.10 참조)[6]의 범위를 부가한 것이다. 썩 틀린 방식은 아니지만 다소 의아스러움이 남는다. 좀 더 직설적이고 진정성 있는 정보는 장폭비의 분포를 히스토그램으로 보여주는 것이기 때문이다. 화살표 또한 다소 어설프기는 마찬가지이다. 보통 도표에 어떤 경향성을 표시하는 선은 수학적 의미를 갖는 것이 대부분이기 때문이다. 자칫 역제곱($1/x^2$)이나 역세제곱($1/x^3$)의 관계를, 그것도 반대방향으로 보여주는 것으로 오해할 소지가 있다. 더구나 이미 형식으로 설정되어버린 Ⅰ류에서 Ⅲ류로의 변화가 다시 개체 간 점진적인 변화처럼 표현되는 것도 어색하다.

이러한 혼란스러움은 최소한 일부나마 석연치 않은 형식분류와 연관된 듯하다. 〈그림 7.11〉에서 보듯이 언뜻 보기에도 날의 좌우에 돌출한 단부(?)—인부 양쪽이 돌출된 부분—의 *存否*로도 충분히 구분될 수 있는 Ⅲ류를 '어떤 형태든 선행연구와는 다른', '즉 계측속성

---

6 전체길이를 인부길이로 나눈 값인데, 〈그림 7.11〉에서 보듯이 형식명칭이 장축-단축 혹은 길이-너비의 비를 전제로 한다면 친숙한 장폭비나 장단비로 불러도 무방할 듯하다.

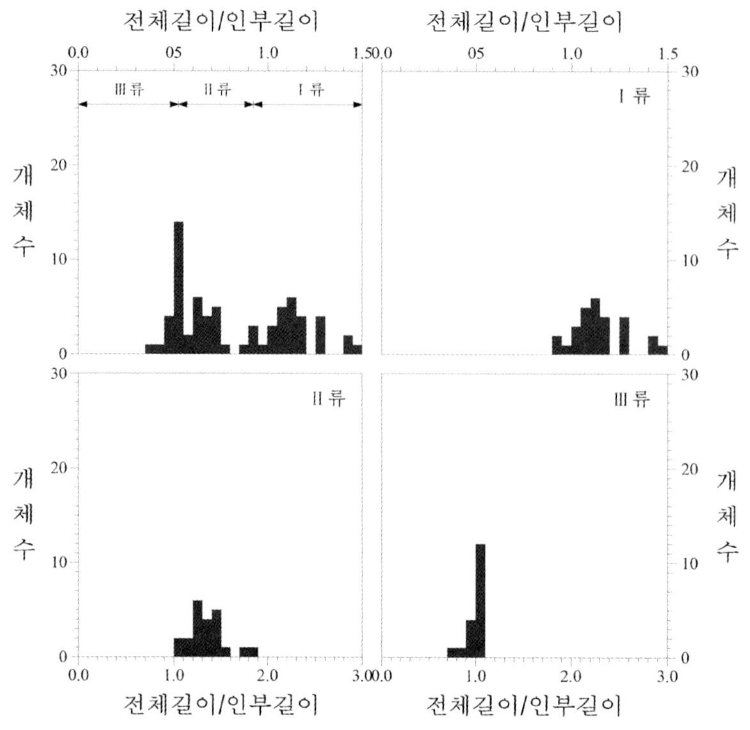

그림 7.12_ 이조철대주조철부 전체길이/인부길이 비 분포

을 (적극?) 사용하여 좀 더 합리적으로 보이는' 형식분류를 시도하는 탓에 일괄적으로 장폭비를 가장 기본적인 분류의 기준을 삼으면서 어색한 분류와 분석이 시작된다.

물론, 필자의 시도가 나쁜 것은 아니고, '裏面의 意圖(?)'도 아련하게나마 짐작이 가능하다. 분명하지는 않지만 필자의 논리 전개 과정을 자세히 들여다보면 계측속성을 형식설정에 끌어드린 데에는 크게 두 가지 의도하는 바가 있어 보인다. 위의 도표를 이용해서는 그 중 하나인 '(전체)길이는 짧아지고 인부는 넓어지는 형식발달과정'을 부드럽게 설명하고자 한듯하다. 다만, 방법적 대안들 중 특정 방법—여기서는 계량적 방법—을 선택하고 그 결과를 논리전개—여기서는 점진적이고(?) 자연스런(?) 방형화의 상정—에 이용하고자 하는 연구전략, 즉 연구방법론의 타당성은 다소 미흡하다는 것이다.

기껏 장폭비를 분류기준[7]으로 삼고 Ⅰ류에서 Ⅲ류로의 발달(혹은 변천)과정을 전제하면서도 〈그림 7.9〉에서처럼, '형식분류가 잘 되어서 발견한 양'또다시 장폭비에 대한 정보를 제공하고 있다. 이런 방식은 경계해야할 것이라고 오래전부터 지적(金承玉 1998)되어온 바이며, 전형적인 순환논법이다. 더구나 그 논리의 근거가 Ⅰ류의 장단비 평균이 2.29, Ⅱ류가 1.34, Ⅲ류가 0.99임을 들고 있는데, 실상 Ⅰ·Ⅱ류는 장폭비의 분포가 다봉적이어서 평균이라는

---

7 게다가 형식설정의 기준 설정과 형식의 세부내용 서술을 혼동(혹은 의도적으로 혼합)하여 표현하고 있다. 각 형식의 설정 기준을 '00*cm*이상·하 혹은 00*cm*~00*cm*에, 전체길이 대 인부길이의 비가 0.00이상·하 혹은 0.00~0.00'이라고 밝히고 있으나 실상 길이에 대한 기준은 단순히 장폭비로 설정된 형식의 서술내용 중 한 부분일 뿐이다.

140

지표가 제대로 그 경향성을 말해 줄지도 의문이다(그림 7.12[8] 참조). 얼핏 보아서도 개별형식 내 개체 간 변이가 매우 크다.

그렇다보니, 〈표 7.3[9]〉에서 보는 바와 같이, 형식 설정의 결정적 기준이 된 장폭비 관련 두 변수—전체길이와 인부길이— 간 관계가 개별형식 내에서도 그다지 일관적이지도 않고, 〈그림 7.13〉의 도표[10]들에서 보듯이 개별형식 내의 경향성과 화살표는 전혀 상관이 없다. 물론 전혀 종류가 다른 정보를 전달하고 있어 그렇겠지만 수학적이지 않은 정보를 아무렇게나 도표에 부가하는 것은 그다지 적절해 보이지는 않는다. 게다가 개별형식 간 경향성도 상이하다. 특히 Ⅰ류는 경향의 방향조차 다르다.

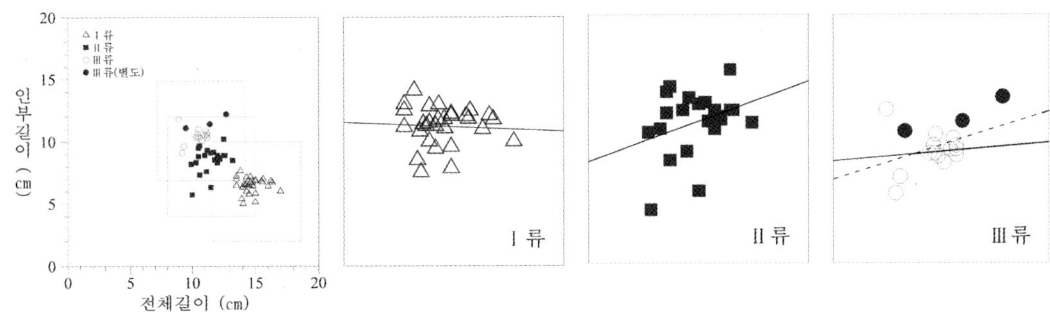

그림 7.13_ 이조철대주조철부 전체길이와 인부길이의 관계

표 7.3_ 이조철대주조철부 전체길이 對 인부길이의 관계

형식		회귀선, 설명력, 유의확률
Ⅰ류		$y = -0.014x + 7.84,\ r = 0.056,\ p = 0.779$
Ⅱ류		$y = 0.368x + 4.415,\ r = 0.327,\ p = 0.137$
Ⅲ류	전체	$y = 0.311x + 7.317,\ r = 0.392,\ p = 0.108$
	3개체 제외[11]	$y = 0.084x + 9.541,\ r = 0.104,\ p = 0.712$

전체길이가 x축에, 인부길이가 y축에 반영될 때, (세)장방형의 경우 1에 훨씬 못 미치는 기울기를 가져야 하며, 방형의 경우, 1에 근사한 기울기를 가지는 직선 근처에 모이는 것— 그리하여 최적직선으로 표현된 두 변수의 관계가 유의(p)해야 하며, 설명되는 (y의) 변이의 비율(r)이 높아지는 것—이 특정형식 자체의 정형성이나 일관성이 담보되는 것이라 하겠다. 물론, 형식분류의 기준이 장폭비의 범위로 정해진 바, 일관적이지 않을 수도 있다. 특

---

8   예시 연구가 제공하는 실제 자료값에 의거하여 본고의 필자가 작성한 것이다.

9   예시 연구가 제공하는 실제 자료값에 의거하여 본고의 필자가 작성한 것이다.

10   예시 연구가 제공하는 실제 자료값에 의거하여 본고의 필자가 작성한 것이다.

11   예시 연구에서는 灘池火車站 등의 출토품 3점이 별도의 형식이 될 가능성을 상정하고 있다.

히 Ⅰ류처럼 전체길이÷인부길이가 몇 이상으로 설정된 그룹은 더욱 그러하다. 그러나 〈그림 7.12〉에서 보는 것처럼 다봉성 산포의 경우 분리하면 그런 현상은 줄어들게 된다. Ⅲ류(전체)의 경우, 그나마 유의확률도 작아지고 설명력도 높아지게 되는 것으로 미루어 짐작해 볼 수도 있겠다.

조금 더 심각한 문제는 다른 도표의 활용과 해석에서 나타난다. 예시 연구에서는 Ⅰ류 → Ⅱ류 → Ⅲ류로의 전이과정에서 평면형태의 변화를 중요하게 다루고 있다. 그 근거는 인부길이 대 공부길이 비의 분포이다. 앞서와 마찬가지로 좀 더 직접적인 정보전달의 경로는 그 비의 분포를 보여줄 히스토그램이지만 실제 계측치를 보여줄 의도였는지는 모르겠으나 산점도 옆에 가독성이 낮은 표로만 그런 정보를 전달하고 있다(그림 7.14[12] 참조). 아마도 예시 연구의 주장과는 다소 배치될 정보가 전달될 우려 때문에 그런 것은 아닌가 싶기도 하다. 〈그림 7.15〉[13]의 상단좌측 히스토그램에서처럼 모든 철부를 대상으로 한 분포로부터 대략 3개 부류로 구분이 가능할 듯 보이기도 한다. 더구나 그 실제값을 보면 역제형(역사다리꼴), 장방형(긴네모꼴), 제형(사다리꼴) 등 구상적 명칭에도 부합한다. 그러나 나머지 세 도표, 즉 각 부류를 반영하는 도표들은 그런 일관적인 분류와는 부합하지 않는 양상이다. 일단 Ⅰ류만 보더라도, 분명하게 양분되어 적지 않은 수가 장방형에 속해있다. 또한 Ⅱ·Ⅲ류의 분포도 다봉적이어서 예시 연구의 필자가 제안한 것처럼 인부길이/공부길이의 평균으로 대푯값을 정하고 평면형태가 역제형 → (장)방형 → 제형으로 점진적으로 변해갔다고 보기 어렵다. Ⅰ류 → Ⅱ류 → Ⅲ류의 시간적 서열을 이미 설정하고 대략의 경향성을 파악하려는 취지도 상당부분 퇴색된다.

이뿐만이 아니다. 곰곰이 생각해보면 인부길이와 공부길이의 비가 일관되게 변했다면, 그것이 아니라도 한 형

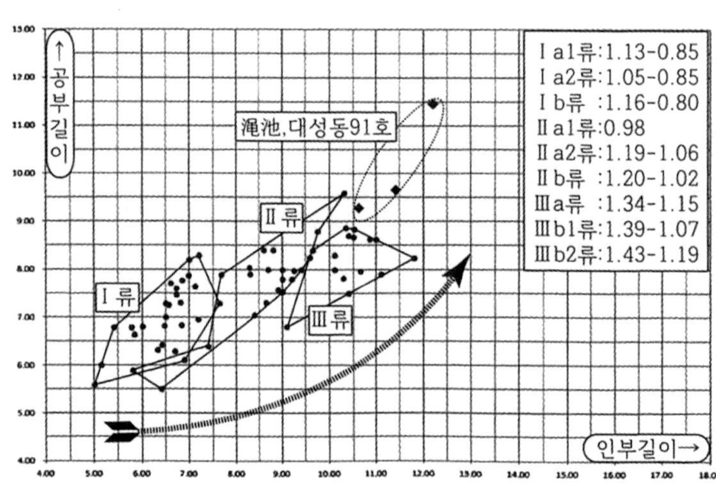

그림 7.14_이조철대주조철부의 인부길이 對 공부길이

---

12 예시 연구가 제공하는 실제 자료값에 의거하여 본고의 필자가 작성한 것이다.

13 예시 연구가 제공하는 실제 자료값에 의거하여 본고의 필자가 작성한 것이다.

142

식 내에서나마 어느 정도 일관적이라면 산포한 점들의 변이는 최적직선 혹은 회귀선으로 기울기로 요약되어야 할 것이다. 즉 역제형은 1에 (제법) 못 미쳐야 할 것이고, (장)방형은 1을 전후한 값을 가져야 하며, 제형의 경우 1을 (제법) 넘쳐야 한다. 따라서 철부 평면형태의 변화가 漸進的이건 階起的이건 산점도

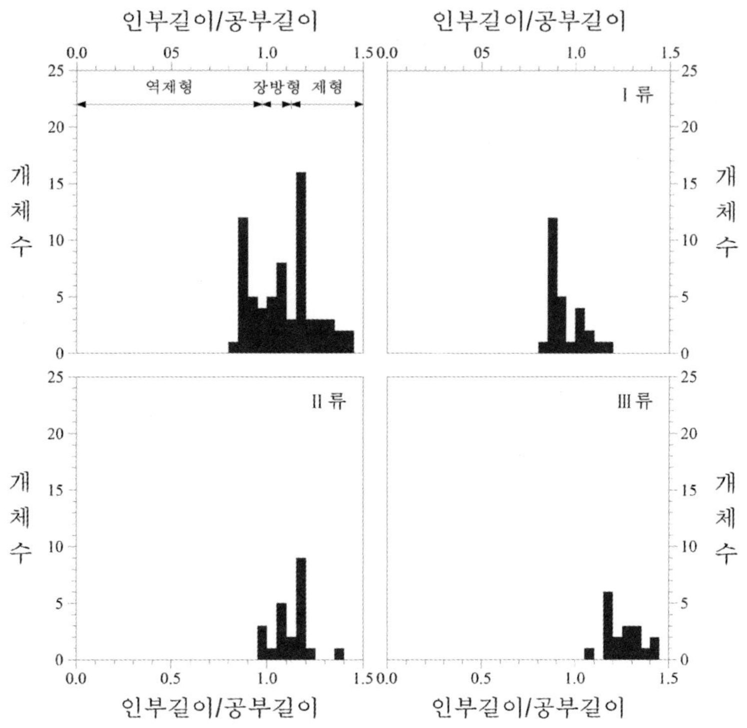

그림 7.15_이조철대주조철부 인부길이/공부길이 비 분포

에서는 기울기를 달리 하는 점의 무리가 셋 정도 나타나야 한다. 또한 그것이 예시 연구에서 상정된 세 개 부류를 잘 반영하여야 한다. 더구나 개별 형식의 '인부길이 대 공부길이의 비'와 관련하여 평균이 적절한 지표로 작동하기 어려운 상황에서 정규분포를 전제하지 않는 회귀선(그림 7.16[14]과 표 7.4[15] 참조)을 그 지표로 삼고 논리를 전개하는 것이 방법론적 타당성

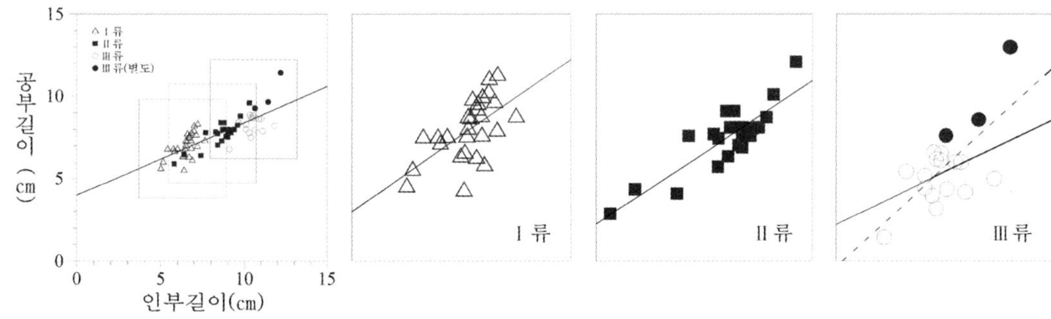

그림 7.16_이조철대주조철부 인부길이 對 공부길이의 관계

14 예시 연구가 제공하는 실제 자료값에 의거하여 본고의 필자가 작성한 것이다.
15 예시 연구가 제공하는 실제 자료값에 의거하여 본고의 필자가 작성한 것이다.

을 인정받을 수 있는 시도가 될 듯하다. 회귀선을 찾아보는 작업이 타당한 방법이 된다면, 도표에 나타난 화살표 또한 방향을 달리하는 셋이 되던지 형식 간 변화의 방향을 표현하고자 한다면 지금의 화살표에 (거의) 직교하는 방향이어야 한다.

표 7.4_이조철대주조철부 인부길이 對 공부길이의 관계

형식		회귀선, 설명력, 유의확률
Ⅰ류		$y = 0.705x + 2.396, r = 0.607, p = 0.001$
Ⅱ류		$y = 0.664x + 2.027, r = 0.860, p < 0.0005$
Ⅲ류	전체	$y = 0.919x - 1.218, r = 0.685, p = 0.002$
	3개체 제외	$y = 0.483x + 3.277, r = 0.470, p = 0.077$

이 두 번째 산점도를 통해 평면형태의 변화를 상정한 것은 은연중 표현되는 또 다른 의도 — 인부가 강조되다 못해 단부가 형성되는 형식발달과정을 매끄럽게 표현하고자 한 의도— 때문인 듯하지만 정보전달방식과 분석의 타당성 결여 탓에, 퇴색하고 만다. 만약, 좀 더 전통적인 방식, 즉 형식분류와 공반유물 검토를 통해 형식발달과정을 복원하고 개별유물의 닮은 정도를 일일이 열거하며, 계통을 파악해가는 방식을 통한 결론과 큰 차이가 없다면, 결국 이 시도는 양적 접근방식(?)을 오용하거나 남용한 것처럼 되고 만다.

__量, 좀 더 진지한 문제가 될 수는 없을까?

필자는 이런저런 학회의 편집위원(장) 맡을 기회가 있었다. 재미있었던(?) 경험은 수식이나 도표가 많이 쓰인 논문에 대한 심사위원들의 반응이다. 물론 모든 심사위원들이 다 그러하다는 것은 아니지만 도표에 나타난 사항과 본문의 논지전개를 대비해보지 않는 경우가 적지 않다. 현란할 뿐 전혀 복잡하지는 않되, 터무니없는 MS Excel의 도표에 대한 설명을 아무런 지적 없이 넘어가기도 한다. 좀 더 솔직히 고백하자면, 지적하는 심사위원이 몇 되지 않는다. 필자의 얄팍한 생각에 (수학, 도표)울렁증 때문인 것 같기도 하고, "어차피 독자들도 신경 쓰지 않으니 대세와 상관없으면 굳이 머리 아프게 할 필요가 있나?" 하는 영리한(?) 판단 때문인 것 같기도 하고, 실제로 몰라서 그런 것 같기도 하다. 이유야 어찌 되었건 결과는 한 가지로, 그다지 바람직하지 못한 파생효과를 낳는다. 즉, 계량화로 포장하고 현시성만을 부각한

144

채, 부적절한 정보로 결론을 호도하는 논문을 양산하는 단초가 될 수 있다는 것이다.

이러한 '불편한 진실'에 대해서는 교재의 서문을 하나 소개하면서 마무리하자. 대표적인 고고학 계량분석 교재인 『*Quantifying Archaeology* (초판)』의 서두에서 Stephen Shennan 은 "왜 고고학도들 스스로 考古學 硏究에 있어 計量的 方法에 관심을 가져야 하는가?"는 질 문을 던지면서 "計量的 方法의 응용에 기반을 둔 論議들로 이루어진 考古學 硏究文獻의 점 진적 증가가 … 답변이 될 것이다. 이러한 주장을 이해하고 평가하기 위해 그에 대한 지식이 필요하다 …."(Nelson 외 저·김경택 역 2009: 172-173; Shennan 1988: 1-2)라고 自答하고 있다. 우리 고고학에서도 2000년대 중반 이후 계량기법을 혹은 도표를 활용하는 빈도가 비 약적으로(?) 늘어난다. 주로 젊은 연구자들을 중심으로 그런 경향이 두드러진다. 그런데 젊 은 연구자는 주로 심사를 받는 입장인 경우가 많다. Shennan의 自問自答에서 교훈을 찾을 수 있듯이 심사를 하는 경우가 많은 기성연구자들도 좀 더 세심한 주의를 기울여야 할 때가 된 것이다.

최근 고고학 저작들에서 계량기법이나 현란한 도표의 이용이 늘고 있다는 것은 10년 전 학 보와 최근 몇 년의 학보를 뒤적여보면 굳이 분석을 하지 않더라도 알 수 있다. 量質轉換의 法 則처럼 양이 차면 질적 변화가 올까? 올 것으로 기대한다. 그러나 필자의 마음에는 꽤 더디 다. 간헐적이나마 꽤 오래전부터 고고학에서 양적 접근의 필요성(任孝宰·李鍾宣 1977; 崔盛 洛 1987)은 물론 계량적 사고의 중요성(金承玉 1998)에 대한 지적이 있어왔음에도 세월에 상응할 만한 변화를 보지 못한 필자의 경험 때문이다. 이러한 경험은 일상의 다른 경험과 맞 물리면서 우려의 상승작용을 일으키는 것 같다. 현장설명회 여기저기서 보이는 광경일 것이 다. 토기 구순 모양의 특징, 즉 형태의 패턴을 열심히 설명하는 선생님은 많아도, 수량의 패 턴을 조밀하게 봐야한다고 강조하는 선생님은 만나기 힘들다. 실측시험은 봐도 수량을 다루 는 시험은 보지 않는다. 사석에서 호기롭게 실측시합, 측량시합을 하자는 연구자는 있지만 계량시합을 하자는 연구자는 보질 못했다. 다소 억지스럽기도 한 푸념 수준의 이야기지만 잠 시 서두에 던진 "고고학의 기본은 時, 空, 形態야!"란 이야기와 연결시켜 생각해보면 기초적 이나마 '數量의 패턴 읽기'는 기본적으로 고고학자가 갖춰야 할 덕목이 아니라고 생각하는 듯하다.

1950·60년대, 고고학의 사촌학문이라 할 지리학은 '계량혁명'을 경험하게 된다. 그 결과 로 계량방법론들이 교육과정에 빠르게 편입된다. 다시 계량적 사고는 가속적으로 지리학연 구에 확산된다. 이 과정이 고고학과의 차이를 불러일으킨 것으로 추정되기도 한다(Shennan 1988: vii). 결국 '敎育'이 요체라는 교훈을 얻게 된다. 앞서 지적한 그런 인식이 교육과정의 균형적 발달을 저해하고 있지는 않은지 우려된다. 물론 교육이 대학의 정규 교과과정만으로

국한되지는 않는다. 다양한 교재나 대중교육과정의 확충도 그 일환이 될 것이다. 미세하나마 다소의 증가 추세인 것은 그나마 고무적이다.

말을 풀어가다 보니, '기성학자 對 신진학자', '심사자 對 피심사자'의 구도를 만들고 기성학자나 심사자만 잘못한 것처럼 몰아가는 것 같은 느낌을 갖지 않을까 걱정스러워지기 시작한다. 그럼 이 즈음부터 그렇지 않다는 얘기를 해야겠다. 심사자 대 피심사자의 구도 조장은 실상에서는 의미가 없다. 많은 경우 한 연구자가 심사자가 될 때도 있고 피심사자가 될 때도 있다. 더구나 심사자가 논문의 전반을 책임져야 하는 것도 아니다. 오류가 있는 논문을 투고했다면 일단 원죄는 그 필자에게 있는 것이다. 앞서와 똑같은 비판의 논리가 적용될 수 있다. 통계꾸러미도 좋아지고, 참고할 만한 평이한 교재도 많아졌는데, 왜 30년 전부터 지적되어온 바—기법의 저변에 흐르는 이론적 고려나 원리, 적용가능여부, 분석결과의 올바른 활용에 대한 주의사항 등을 숙지하지 않은 채 계량기법을 활용하는 문제—를 반복할까?

이 또한 상당부분은 앞서 살핀 학계 전반의 분위기에 책임이 있어 보인다. "별 중요하지 않은 문제에 노력을 들여 제한조건까지 일일이 지켜가며 해야 하나?", 혹은 "그러지 않아도 심사 통과하는데 별 문제 없던데…." 하는 생각이 만연해 있는 듯하다. 그러다보니, 굳이 골치 아픈 교육의 과정을 거치지 않고 대충 귀동냥으로 얻은 지식을 바탕으로 과감하게 분석결과를 활용하게 된다. 물론, 정규과정을 통해 계량분석에 관련된 기초교육을 받게 된다면 더할 나위 없이 좋겠지만 그것이 여의치 않은 상황에서 개인 차원의 노력도 필요해 보인다. 다소 시간이 걸리더라도, 기초교재라도 꼼꼼히 읽어가며, 단기-비상설일지라도 여기저기서 개최하는 프로그램에도 참여해가며, 계량분석의 기초를 다지면 좋겠다.

학계분위기나 교육제도의 불비 탓만은 아니다. 들으면 갸우뚱할 얘기지만 인간 본성, 즉 보상심리도 오류의 기재에 한 몫 하는 듯하다. 계량화의 작업은 무척 많은 수고로움과 지루함을 요구한다. 따라서 결과에서 별다른 특기사항이 보이지 않거나 당초 기대했던 결론을 뒷받침하지 못할 경우, 연구자는 더 할 수 없는 허탈함과 미련을 느끼게 된다. 어떻게든 도표 하나, 표 하나라도 더 쓰고 싶은 유혹에 빠진다. 고백하자면 필자도 매우 자주 그런 유혹을 느낀다. 그러나 이때 냉정해지자. 자료를 수집하고 입력하고 분석하는 그 지루한 시간은 잊자. 아니 오히려 그 자료가 가지는 한계를 명확히 알게 되었다고 위로하자.

이상의 몇 가지 제안은 그다지 획기적인 개선방안이 되지는 못한다. 주로 개인적 노력으로 극복할 수밖에 없는 현실만 되뇐 것 같다. 그럼에도 불구하고 이런 노력들이 쌓인다면 앞서 기대한 양질전환도 좀 빨라지지 않을까 한다. 또한 量이 변방의 문제가 되지 말도록 좀 더 진지하게 접근한다면, 즉 서두에 밝힌 '고고학의 기본' 세 가지에 (數)量의 문제가 더해진다면 더욱더 빨라질 것 같다. 사실, 앞서 양의 문제에 대한 소홀함이 25%라고 한 것은 단순계량적인 표현일 뿐이다. 실전에서는 그보다 더 큰 영향을 미치고 있다. 다리 하나가 없는 네발 의자에 쉽게 앉을 수 있을까? 수리하던지, 폐기해야 할 의자다. 우리 고고학이 그런 위기에 빠지지 않도록 연구자 각자가 서로에게 선의의 질책을 아끼지 않았으면 좋겠다.

참고(인용) 문헌

金範哲, 2005, 「錦江 中·下流域 靑銅器時代 中期 聚落分布類型 硏究」, 『韓國考古學報』57.

──, 2006, 「錦江 中·下流域 松菊里型 聚落에 대한 家口考古學的 접근: 多次元尺度法을 이용한 家口 간 貧富差/位階 분석을 중심으로」, 『韓國上古史學報』51.

──, 2011, 「靑銅器時代 前期 住居樣相과 家口發達週期: 호서지역 驛三洞 및 欣岩里類型 聚落을 중심으로」, 『韓國上古史學報』72.

──, 2012, 「靑銅器時代 家口變化의 社會經濟的 意味: 中西部地域을 중심으로」, 『韓國上古史學報』76.

──, 2013, 「靑銅器時代 土器 容量復原 試論: 湖西地域 취락출토자료를 중심으로」, 『韓國上古史學報』80.

──, 2016, 「'松菊里式 土器'의 形態的 變異 探索: 湖西地域 完形出土品을 기초로」, 『역사와 담론』77.

김범철, 안형기, 송한경, 2007, 「무문토기의 용량분석 시론: 충남지역 청동기시대 취락 출토품을 중심으로」, 『야외고고학』2.

金承玉, 1998, 「계량적 분석법」, 『考古學硏究方法論: 자연과학의 응용』, 崔夢龍·崔盛洛·申叔靜 편저, 363-96쪽, 서울: 서울대학교 출판부.

任孝宰·李鍾宣, 1977, 『敎養으로서의 考古學』, 서울: 서울大學校 考古學科.

崔盛洛, 1987, 「考古學的資料의 統計的 分析」, 『韓國史論 17: 韓國의 考古學 Ⅳ (補遺篇)』, 國史編纂委員會 편, 41-78쪽, 서울: 國史編纂委員會.

──, 1998, 『한국고고학의 방법과 이론』, 서울: 학연문화사.

드레넌, 로버트 저·김범철 역, 2009, 『고고학을 위한 기초통계학』, 영남문화재연구원 학술총서6, 서울: 사회평론.

Sarah M. Nelson 외 저·김경택 역, 2009, 『구미고고학의 관점에서 본 한국고고학』, 제주문화유산연구원 연구총서 1, 제주: 각.

Clarke, D.L., 1978, *Analytical Archaeology*, 2nd ed., London: Methuen.

Drennan, R.D., 2009, *Statistics for Archaeologists: A Commonsense Approach*, 2nd ed.,

New York: Plenum Press.

Johnson, A.W., and T.K. Earle, 2000, *The Evolution of Human Societies: From Foraging Group to Agrarian State*, Stanford: Stanford University Press.

Shennan, S., 1988, *Quantifying Archaeology*, Edinburgh: Edinburgh University Press.

Stark, B.L., and B.A. Hall, 1993, Hierarchical social differentiation among Late to Terminal Classic residential in La Mixtequilla, Veracruz, Mexico, In *Prehispanic Domestic Units in Western Mesoamerica: Studies of the Household, Compound, and Residence*, R.S. Santley and K.G. Hirth, eds., pp. 249-273, Boca Raton: CRC Press.

08

고고학적 해석과 文獻記錄

양시은

___고고학적 해석과 文獻記錄

___사례 검토

___역사고고학 연구에서 文獻記錄의 올바른 활용

검토

고고학은 인간의 과거(옛 것)를 연구하는 학문 즉, 물질자료를 토대로 이를 남긴 인류의 과거를 연구하고 설명하려는 학문이라고 할 수 있다. 인간이 남긴 물질자료를 연구한다는 점에서 문헌기록을 연구하는 역사학과는 연구의 대상과 방법에서 큰 차이가 있다. 역사학이 문자기록이 존재하는 시점부터의 인류 역사를 다루고 있다면, 고고학은 인류가 탄생하는 시점부터의 문화를 다룬다는 점에서 역사학보다 연구 범위가 훨씬 넓다고도 할 수 있다. 문헌기록이 존재하지 않는 선사시대를 연구하는 선사고고학이 아니더라도 물질자료를 기반으로 과거의 사회와 문화를 연구한다는 점에서 역사 기록이 남아있는 고대 사회를 연구하는 역사고고학 또한 역사학과는 근본적인 차이가 있다.

일반인들의 대부분은 선사고고학이 고고학의 중심을 차지하는 것으로 생각한다. 물론 문헌의 힘을 빌리지 않고 온전히 물질문화 연구를 통해 과거 인류의 궤적을 밝혀낼 수 있다는 것은 선사고고학만이 가질 수 있는 거부할 수 없는 매력이자 특권이다. 그러나 역사고고학 역시 단편적인 문헌기록을 통해서는 절대로 밝힐 수 없는 고대 사회의 다양한 문화적 양상을 파악해낼 뿐만 아니라, 오히려 우리가 믿어 의심치 않았던 문헌기록과는 상반되는 결과를 도출해내기도 한다는 점에서 분명 매력적인 연구 분야이다. 오히려 역사고고학은 선사고고학과는 달리 물질자료 외에도 문헌이라는 보조 자료를 활용하여 당시의 배경을 이해할 수 있기 때문에, 선사고고학보다 좀 더 구체적이고 다양한 이야기를 풀어낼 수 있다는 점에서 중요하다.

이처럼 문헌기록은 고고학에서 인류의 과거를 이해하는데 도움을 줄 수 있는 여러 보조적인 도구 중 하나이다. 다만 이를 활용함에 있어 물질자료와 문헌기록과의 관계를 어떻게 설정할 것인가가 매우 중요하다. 앞서 언급하였듯이 고고학은 물질자료를 중심으로 연구를 진행하지만, 문헌기록을 전혀 도외시할 수 없다. 문헌이라는 틀에 물질자료에 대한 해석을 끼워 맞추어서도 안 되겠지만, 거꾸로 문헌기록을 무시하거나 고려하지 않는 것 또한 올바른 연구 방법이 아니다. 선사고고학과는 달리 역사고고학 분야는 역사학과 불가분의 관계에 있을 수밖에 없다.

본고에서는 고고학에서 문헌기록을 어떻게 활용하는 것이 바람직한 것인가에 대해 고민해보고자 한다. 이를 위해서 우선 고고자료와 문헌기록의 성격에 대해 살펴보고, 우리나라 고고학 연구에서 문헌기록이 어떻게 활용되고 있는지 몇 가지 대표적인 사례를 검토해 본 후, 역사고고학에서 문헌기록을 올바르게 활용하기 위한 방안을 제시해보고자 한다.

고고학적 해석과 文獻記錄

고고학은 인간이 남긴 물질자료를 이용하여 인류의 과거를 연구하고 이를 설명하는 학문이다. 고고학자료들은 시간이 경과하는 동안 살아남은 물질자료라는 점에서 매우 불완전할 수밖에 없다. 불완전하고 조각난 오랜 자료들을 모아 과거를 복원해내기 위해서는 여러 과학적인 방법과 합리적인 추론이 필요하고, 여기에는 많은 시간과 노력이 요구된다.

고고학적인 해석은 단순히 유적이나 유물을 찾아내고 그와 관련한 기본적 정보를 소개하는 것이 아니라, 남겨진 물질자료로부터 그 의미를 찾아내는 과정이라고도 할 수 있다. 고고학이 다루는 자료는 과거로부터 지금까지 잔존한 물질자료로 유적이나 유물과 같이 정적인 것이지만, 사실 우리가 복원해 내고자 하는 인간의 행위는 동적인 것이다. 정적인 물질자료를 대상으로 매우 역동적인 인류의 문화와 사회를 복원해 내는 것은 결코 쉽지 않은 일인 것이다.

그렇다면 우리가 다루는 고고학자료는 무엇을 의미하는 것일까? Rolly Raymond Mignon(2006)에 따르면, 고고학자료archaeological record는 '특정 지역, 특정 유적 또는 전체 세계든 유물, 유구, 유적, 취락, 그리고 과거 인류 행위의 모든 다른 물질적 결과들로 이루어진 현재 남아있는 과거 인류 행위의 물질적 잔재들의 총체'라고 할 수 있다. 여기에서 말하는 물질적 잔재들의 총체는 선사시대의 경우에는 인간의 행위에 따른 물질자료만을 의미하겠지만, 역사고고학에서는 인간이 남긴 문자 자료나 문헌기록을 포함한 모든 자료를 망라한다.

사실 선사고고학은 문헌기록이 없어도 불완전한 과거의 물질자료를 체계적으로 분석하고 합리적으로 해석하는 방법을 끊임없이 발전시켜 왔다. 이에 비해 역사고고학은 과거에 대한 문헌기록이 존재한다는 점에서 역사학과 긴밀한 관계를 유지해왔다. 근대 학문으로서 고고학은 그간 역사학과 인류학을 비롯한 여러 인접 학문의 발전에 힘입어 성장해왔는데, 각 국가별로는 역사적 배경에 따라 학문적인 위치에서 차이를 보인다. 미국에서는 고고학이 인류학의 한 분야로 이해되고 있고, 영국을 위시한 서유럽에서는 대체로 독립된 학문 분야로 취급되고 있다. 그리고 사회주의의 영향을 받았던 동유럽에서는 역사학과 같이 사회과학으로 자리 잡았다. 이선복(1993)에 따르면, 일본과 우리나라는 역사의 연장으로서 無文字 시대의 역사를 밝히는 것이 고고학의 중요한 목표로 인식되었기 때문에 역사학적인 성격이 강조되었다.

그러나 역사시대의 고고학은 물질자료를 토대로 인류의 과거를 연구한다는 점에서 문헌기록을 통해 과거를 연구하는 역사학과는 본질적으로 차이가 있다. 고고학의 기본 연구 대상인 물질자료는 우리가 그것을 어떻게 생각하고 판단해야할지 직접적으로 말해주지 않는다. 반면 문헌기록은 특정 사건이나 내용에 대해 그것을 기록한 사람의 주관적인 가치 판단이나 작성 당시의 분위기에 영향을 받아 작성된 것으로, 판단이 포함된 일종의 진술이다. 따라서 인류의 과거를 연구한다는 점에서는 역사학과 고고학이 상통할 수 있을지 몰라도, 연구 대상자료의 성격은 큰 차이가 있다고 하겠다.

문헌기록이 풍부한 경우 역사학은 정치, 경제, 사상, 사회 등 여러 분야를 다룰 수 있다. 그러나 역사학 내에서도 고대사 분야는 기록 자체가 빈약하거나 특정 사건을 중심으로 간략하게 기술된 경우가 많아 연구 가능한 분야가 매우 제한적이다. 고대사를 연구하는 고고학의 경우라면, 당시의 문헌기록과는 비교도 안될 만큼 많은 물질자료를 토대로 고대 국가의 정치, 사회, 경제, 문화, 과학기술, 지방지배 등 훨씬 더 다양하고 폭넓은 분야를 연구할 수 있어서 역사학보다 오히려 넓은 범위를 살필 수 있다. 그리고 문헌기록이라고 하더라도 물질자료처럼 단편적일 수 있다는 점에서 과거를 이해하는 만능열쇠가 아니라 해석해야 할 자료의 하나로써 인식할 필요가 있다. 역사고고학에서 올바른 고고학적인 해석은 당연히 고고학자료에 대한 충실한 검토에서부터 시작된다고 하겠다.

그렇다면 이제 다음 장에서는 우리나라 역사고고학 연구에서 문헌기록을 활용한 몇 가지 실례를 검토하여, 이러한 문제를 좀 더 고민해보도록 하겠다.

__사례 검토

文獻記錄의 부족 사례: 고조선 연구

고조선은 우리나라 최초의 국가로, 『三國遺事』뿐만 아니라 『管子』나 『史記』 등과 같은 중국 문헌에도 기록이 남아있다. 고조선이 성립한 시기는 고고학적인 시대 구분에 따르면 청동기시대에서 초기철기시대에 해당한다. 이로 인해 우리 고고학계에서는 고조선을 역사고고학이 아닌 선사고고학 분야에서 다루고 있다.

문헌기록이 매우 단편적임에도 불구하고, 고조선 연구는 고대사 연구에서 우리 민족의 기원 및 형성과 관련하여 매우 중요한 주제 중 하나로, 최근에는 고조선을 포함한 한국상고사 문제가 사회적 이슈가 되고 있다. 특히 고조선의 멸망에 따른 한사군의 설치와 관련한 부분이 논란이 되고 있는데, 여러 문헌기록에 등장하는 낙랑군의 위치에 대한 해석이 문제의 핵심이다.

'식민사학 해체 국민운동본부'에서는 『漢書』 「설선열전」의 "안사고가 말하기를 '낙랑은 유주(현재 북경)에 속해 있다'", 『後漢書』 「최인열전」의 "장잠현은 낙랑군에 속해 있는데 그 땅은 요동에 있다", 『後漢書』 「광무제본기」의 "낙랑군은 옛 조선국이다. 요동에 있다", 그리고 『史記』 주석의 "태강지리지에 전하기를 '낙랑 수성현에는 갈석산이 있으며, (만리)장성의 기점이다'" 등의 사료를 근거로 낙랑군이 요동에 위치했다고 주장한다. 송호정(2015)은 이 기록들은 문헌 해석과 이해에서 문제가 있다고 지적하였다. 「설선열전」에 나오는 내용은 북경 소재 幽州刺史가 낙랑지역에 대해 일정한 역할과 관여를 했다는 의미로, 낙랑군이 요동에 있다는 뜻으로 볼 수 없다고 하였다. 그리고 「최인열전」과 「광무제본기」는 모두 중국 동북지역에 설치한 다섯 개의 군 가운데 가장 동쪽 요양에 치소를 둔 요동군의 관할 범위 내에 낙랑이 있다는 것으로 해석하는 것이 적절하다고 주장했다.

낙랑군이 현재의 평양 일대에 존재하였다는 점에 대해 학계에서는 별다른 이견이 없다. 그러나 최근 발생한 논란을 문헌기록에 대한 역사학계의 논의만으로 해결할 수 없음은 분명하다. 여기에는 실제 유적이나 유물을 바탕으로 한 고고학적인 논의가 필수적이다. 즉 대동강 유역에서 발견되는 고고학자료가 뒷받침된다면 논란을 잠재울 수 있을 것이다. 일제강점기와 해방 이후 북한학계의 발굴조사 결과, 대동강 남안의 낙랑구역에서 수백 기의 낙랑고분과 목간을 비롯한 많은 유물이 발견되었다는 사실은 논박의 여지가 없는 사실이다.

한편, 역사학계에서의 고조선 연구는 사료 부족으로 인해 정체된 실정인데, 최근에는 그 타결책으로 다양한 고고학적인 접근이 시도되고 있다. 이는 문헌기록이 부족한 분야에서는 결국 고고자료가 매우 중요한 역할을 수행할 수밖에 없음을 보여주는 것이다. 다만, 아직까지 청동기시대와 철기시대의 고고자료가 고조선의 실체를 분명하게 드러낼 수 있을 만큼 해상도가 높지 못하기 때문에 고고학자료의 역사적인 해석은 부족한 점이 많은 상황이다.

현재 고조선과 관련한 고고학적인 연구는 비파형동검, 다뉴문경, 미송리형토기, 탁자식 지석묘, 팽이형토기, 세경동검, 다뉴세문경, 점토대토기 등과 같은 고고자료를 고조선의 영역으로 치환하려는 경향이 있다. 특정 고고학적인 물질문화의 분포가 민족적 정체성이나 강역을 의미한다고 추정하는 연구 방식은 사료 등의 해석을 통해 어느 정도의 결론을 그려 놓고 그 결론과 가장 잘 부합하는 고고학자료를 선택하여 연결시키는 것으로, 고고학적 문화와 민족을 과연 직접적으로 연결시키는 것이 과연 가능한 것인지에 대해서는 신중하게 고민할 필요가 있다(김종일 2008). 토기나 묘제, 주거지 등과 같은 물질문화의 분포 범위를 특정 정치체의 영역으로 상정하기 위해 어떠한 요소를 보다 상위에 두고 검토를 해야 하는지 또는 어떠한 요소가 보다 적합한지의 문제는 그리 간단하게 해답을 구할 수 있는 것이 아니다. 비파형동검이나 세형동검과 같은 특징적인 고고자료가 고조선과 관련한 정치 사회적 맥락을 갖고 있기는 하지만, 동검의 분포권이 반드시 고조선의 영역을 나타낸다고 말하기는 쉽지 않다. 더군다나 고조선은 시기적으로 청동기시대(비파형동검)와 초기철기시대(세형동검, 철기)에 걸쳐 있다. 치밀하지 못한 고고자료를 활용하여 고대 정치체의 경계나 종족 구성 등을 정확하게 파악할 수 있는지의 여부는 심도 깊은 논의가 필요하다. 지속적인 고고학 연구방법론에 대한 고민과 개발이 요구되는 이유이다.

文獻記錄의 상충 사례: 고대 국가 성립 연구

고대 국가의 성립기 또한 문헌기록이 매우 단편적이고 부족하다. 역사학계에서는『三國志』「魏書」東夷傳을 근거로 三韓時代라고 부르지만, 고고학계에서는 原三國時代라는 용어를 사용한다.[1] 『三國史記』에 따르면, 한반도에는 기원전후에 이미 고구려, 백제, 신라가 발원하여 주변의 여러 세력들을 정복하고 국가를 형성하고 있었다. 그런데 중국의 『三國志』에는 동일한 시기 한반도와 그 주변에 부여, 고구려, 동옥저, 읍루, 예, 한(마한, 진한, 변한) 등이 있었던 것으로 기록되어 있어 문헌기록 간에 차이가 있다.

송기호(2012)는 고고학계는 현재의 유적 발견 상황을 좀 더 잘 설명해줄 수 있다는 점에서 『三國志』에, 문헌학(역사학)은 고대 국가의 출현이란 측면에서 『三國史記』에 중점을 두고 있는 것으로 이해하였다. 동일한 시기에 대해 서로 다른 문헌기록을 중시하는 모순된 상황으로 인해 삼국 초기에 대한 해석에서도 고고학계와 역사학계는 차이를 보인다. 고고학계의 원삼국시대와 역사학계의 삼한시대 또는 삼국시대 초기란 시대구분 용어 또한 이러한 시각 차이를 잘 반영하고 있는 것으로 보인다. 고고학계와 역사학계의 상반된 견해를 어떻게 잘 조화시킬 수 있을 것인가는 앞으로의 과제일 수밖에 없으며, 이러한 문헌기록간의 상충 문제는 결정적인 문헌기록이 새롭게 발견되지 않는다면 결국에는 고고학자료 즉 유적과 유물에 대한 조사와 연구를 통해 해결할 수밖에 없을 것으로 판단된다.

『三國志』에는 원삼국시대 한반도의 중부 이남 지역에 삼한(마한, 진한, 변한)이 있었던 것으로 기록되어 있다. 마한은 50여 國, 진한과 변한은 각각 12國으로 이루어졌으며, 마한이 가장 강대한 세력을 가지고 있었던 것으로 보인다. 기록에 보이는 다양한 소국만큼 이 시기의 고고학적인 양상도 매우 복잡하다. 그러나 현재의 고고학 연구 수준으로는 문헌에 기록된 각각의 정치체를 고고학적 물질 문화와 1:1로 연결시킬 수 없다. 다만 최근에 세종(연기), 청주, 충주 등과 같이 일부 지역을 중심으로 원삼국시대에서 백제로 전환하는 시기의 고고학자료가 다량으로 발견되고 있어 앞으로의 연구가 기대된다. 지역 단위별로 고고학 조사와 연구가 체계적으로 이루어진다면, 종국에는 문헌에 기록된 소국을 확인하고 특징 및 집단간 관계 등에 대한 구체적인 탐색이 가능하게 될 수도 있을 것이다. 그리고 이들 집단이 이후 특정 국가로 편입되었을 때는 비록 지역성을 가진다고 하더라도 국가라고 하는 큰 틀 내에서 정치, 외교를 비롯한 여러 상황을 종합적으로 살펴야 할 것이다. 이런 연구에는 가야의 여러 정치체에 대한 그간의 고고학적인 연구 방법론이나 성과를 참고할 수 있을 것이다.

『三國史記』에 백제는 기원전 18년 고구려에서 남하한 온조와 비류가 한강유역에 정착하여 세운 十濟를 바탕으로 성장하였고, 온조왕 27년(9)에는 마한을 병합하였다고 기록되어 있다. 그렇지만 고고학계에서는 백제가 고대 국가 단계로 진입한 것은 3세기대의 일이며, 영산강 유역은 6세기가 되어야 백제의 직접지배가 이루어진 것으로 파악하고 있다. 문헌기록과 실

---

1 원삼국시대와 관련한 명칭에 대해서는 역사학계와 고고학계에서 그간 많은 논의가 있었지만, 본고에서 다루고자 하는 주제와는 맞지 않으므로 이와 관련한 논의는 생략한다.

제 고고학자료에 큰 차이가 있는 셈인데, 관련한 기록이 더 이상 확인되지 않는다면, 이 또한 고고학 연구를 통해 해결할 수밖에 없다.

백제 초기 도성인 하남위례성의 위치 문제나 한성기의 도성으로 알려진 풍납토성과 몽촌토성의 축조 시기 문제는 여전히 논란거리이다. 백제가 한강 북쪽에 도읍하였다가 남쪽의 하남위례성으로 천도하였다는 기록은 있으나, 현재까지는 한강유역의 고고학 조사에서 이 시기와 관련한 자료가 발견되지 않았다. 그리고 풍납토성과 몽촌토성에 대한 발굴조사 결과는 두 유적 모두 3세기 이후에 축조된 것으로 나타났다. 문헌기록과 고고자료가 일치하지 않는 부분이다.

475년 고구려 장수왕의 백제 한성 공략을 기록한 문헌에는 한성이 北城과 南城 또는 大城과 王城으로 이루어진 것으로 묘사되어 있어, 북쪽의 풍납토성과 남쪽의 몽촌토성이 하나의 세트를 이루는 도성 체제였음을 짐작해볼 수 있다. 다만 문헌에는 몽촌토성이 왕성이었던 것처럼 기록되어 있어, 한성기 도성의 핵심이 풍납토성이었을 것이라는 고고학 조사 결과와는 상반된다. 그리고 한성 공격 과정에서 고구려 군사들이 바람을 이용하여 불을 질러 성문을 태웠다는 기사는 풍납토성에서 화재로 폐기된 백제 주거지가 다수 발견되었다는 사실과 연계지어 볼 때 시사하는 바가 크다. 이처럼 문헌기록과 고고학 조사 연구는 상호 보완을 통해 새로운 사실을 볼 수 있게 해준다.

사실, 빈약한 문헌기록만으로 당시 백제 도성의 모습을 추론하는 데는 한계가 있을 수밖에 없다. 1980년대 후반 이후부터 꾸준히 이루어진 고고학 발굴조사와 연구는 문헌기록의 신뢰성을 높이거나 문헌에는 없는 전혀 새로운 사실을 알려주기도 하여 백제 도성 연구의 돌파구가 되고 있다.

이상의 사례를 통해 마한이나 백제 초기의 여러 문제는 문헌기록을 대상으로 한 역사학만으로는 결코 해결할 수 없음을 확인하였다. 이는 신라나 가야 역시 마찬가지이다. 문헌에 따르면 기원전에 이미 고대 국가로 성립하였지만, 고고학자료는 다른 양상을 보인다. 물론 문헌에 등장하는 어떠한 역사적 사건이 고고학자료로 나타나기란 쉽지 않고, 고고학자료와 문헌기록이 서로 일치하지 않는 경우도 많다. 고대사 문헌은 사료의 양이 적을 뿐만 아니라 극히 제한적인 분야의 한정된 정보만을 전달하고 있는 경우가 많으며, 문헌이 작성될 당시의 편찬자나 국가의 인식을 바탕으로 작성되었기 때문에 문헌 자체에 대한 철저한 검토가 필요하다. 삼국시대 초기와 같이 문헌기록이 매우 단편적이어서 역사학 연구만으로는 한계가 있거나 동일한 시기 및 지역에 대한 문헌기록간의 충돌이 있는 경우에는 역사학보다는 고고학 연구가 더욱 중요해진다. 연구 과정에서 문헌기록 간에 상충이 되거나 문헌과 고고자료가 서로 어긋나는 경우에도, 고고자료를 우선적으로 다루고, 그러한 물질자료가 남게 된 상황에 대해 충분히 파악한 뒤 고고학적으로 합리적인 해석을 내린 이후 문헌기록과 비교하는 방식을 취하는 것이 바람직할 것이다. 물론 당시의 문헌기록으로 인해 고고학적인 해석의 폭이 넓어질 수 있음은 당연하다고 하겠다.

文獻記錄의 적용과 한계: 삼국시대 연구

역사고고학에서 가장 중요한 과제 중 하나는 문헌기록과 고고자료를 어떻게 잘 연결시킬 수 있을 것인가이다. 문헌사 연구와의 정합성을 담보하는 작업은 매우 중요하며, 이는 삼국시대 고고학에서도 마찬가지이다.

이 시기와 관련한 문제는 영산강유역의 고대 정치체 성격, 신라 및 가야 고고학 연구에서 400년 광개토대왕의 남정과 관련한 편년, 한성 점령 이후의 고구려 남진과 아차산 고구려 보루군의 편년 등이 있다.

우선 영산강유역의 고대 정치체의 성격과 관련한 문제로, 그간에는 문헌기록의 해석에 따라 4세기 후반에 영산강유역이 백제의 영역으로 편입되었다고 보았다. 그렇지만 이 지역에 대한 고고학 조사와 연구에 의하면, 문헌기록과는 달리 6세기 전반까지도 백제의 중앙과는 구별되는 강력한 재지의 토착 세력이 있었던 것으로 판단된다. 5세기대의 영산강유역에는 금동관과 금동신발, 금동환두대도와 같은 최고급 위세품이 부장된 대형 옹관고분이나, 일본 고분시대의 전방후원분과 유사한 형태의 고분, 내부 구조가 규슈 지방의 고분과 유사한 횡혈식석실이 존재한다는 점에서 학계의 논란이 되고 있다. 영산강유역에서 본격적인 백제 계열의 석실묘가 등장하는 것은 6세기 중엽 이후로, 『三國史記』의 기록과는 달리 백제의 마한 병합은 지역에 따라 큰 차이가 있었음을 짐작할 수 있다. 이상과 같은 양상을 이해하기 위해서는 문헌사가 아닌 고고학적인 방법론으로 접근해야할 것이며, 더불어 백제 중앙 세력 또는 왜와의 관계 등을 탐색함에 있어서는 유적이나 유물 자료를 기반으로 하여 당시의 역사적 배경을 이해하는 과정과 합리적인 추론이 필요해 보인다. 다만 고대 국가에서 정치체 간의 경계는 끊임없이 변화하고, 지방의 물질문화는 통제가 확실한 중앙과는 달리 매우 복잡한 변수의 영향을 받는다는 점에 유의해야 한다. 지방이나 변경 지역에서 특정한 고고학자료의 존부만으로 정치체의 소속을 섣부르게 결정짓기 보다는 당시 중앙과 지방, 주변 지역과의 여러 역학 관계를 고려한 신중하고 깊이 있는 모색이 필요하다. 그 과정에서 무엇보다도 중요한 것은 고고학자료에 대한 객관적인 판단을 유지하는 것이다. 지배 세력 또는 정치체의 성격을 논의함에 있어서 그간 고고학계에서 검토한 바 있는 영역지배, 간접지배, 직접지배 등과 같은 개념에 대한 올바른 이해도 필요하다.

한편, 문헌기록을 근거로 고고자료의 연대를 설정하거나 해석하려는 경우에도 물질자료 자체에 대한 충분한 검토와 논의에 대한 객관적인 검증이 필요하다. 고고자료에 대한 고민 없이 단순히 문헌에 기록된 역사적 사건을 편년의 기준으로 삼는 것은 적절치 않다. 〈광개토 왕릉비〉에는 400년에 왜가 신라에 침입하자 광개토왕이 5만의 군사를 보내 왜군을 물리쳤다 는 기록이 있다. 이 사건은 신라를 비롯한 한반도 남부지역에 큰 영향을 미쳤을 것이지만, 이 러한 해석은 사실 문헌기록을 바탕으로 한 역사적 정황을 추론한 것에 불과하다. 설령 당시 고구려의 남정이 경주지역에 적석목곽분과 같은 새로운 묘제의 출현에 영향을 주었다고 하 더라도 아직까지는 고고학적인 근거가 부족하므로 현 단계에서 적석목곽분 출현에 영향을 미쳤다고 하는 결론은 잘못된 것이다.

최병현(2013)은 신라 전기양식토기의 성립에 대한 논의를 진행하는 과정에서 400년 광개 토대왕의 남정이 한반도 남부지역에 미친 파급 효과 즉, 금관가야의 세력 약화에 따른 김해 대성동고분군 축조 중단 및 금관가야 세력의 일본열도 이주, 한반도 남부에 기승용 마구의 전래 등과 같은 기존의 논의가 명확한 고고학적 근거를 바탕으로 한 것은 아니며 역사적 정 황이나 이를 확대해석한 것이어서 재검토가 필요함을 지적하였다. 고고학적 근거가 아니거 나 고고학적 근거를 갖추지 못한 가설이 자유로운 학문적 사고 자체를 가로막는 고정관념이 된 것이다. 연대 설정에서는 물질자료를 대상으로 한 고고학 자체의 방법론을 이용하고 난 뒤 문헌을 참고하는 것이 좀 더 효과적이라고 생각한다.

장수왕의 475년 백제 한성 점령과 맞물린 5~6세기 고구려의 남진, 한강 이남지역의 지배 양상, 그리고 아차산 보루군의 축조 시기 등에 관한 논의도 마찬가지이다. 『三國史記』 고구 려본기에는 장수왕이 직접 군사 3만을 거느리고 백제를 침략하여 한성을 함락시키고 개로왕 을 죽인 후 남녀 8천명을 사로잡아서 돌아간 기록이 남아있다. 그렇지만 정작 고구려본기에 는 한성 점령 후 고구려 군의 남진과 관련된 기록은 전하지 않는 반면, 백제본기에는 여전히 漢城과 漢山城 등과 관련된 기사가 나타나고 있어 논란이 되고 있다. 이로 인해 역사학계를 중심으로 한성 함락 이후에도 한강유역이 여전히 백제 영역으로 남아있었다는 주장이나 동 성왕이나 무령왕대에 백제가 한강유역을 일시 회복했다는 주장이 제기되기도 하였다. 그 렇지만 서울, 경기, 충청지역에서 고구려 성곽 외에도 고분이나 생활유적과 같은 5~6세기대 의 고구려 유적이 분포하고 있음이 고고학 조사를 통해 밝혀짐에 따라, 백제본기의 기록과는 달리 고구려가 한강유역을 점령하고 있었음을 알 수 있다(양시은 2010). 다만 이희준(2012) 은 동일 시기에 신라가 진출한 곳에서는 신라 고분이 집중되는 경향과 신라 토기가 다량으로 출토되고 있는데 비해, 고구려는 유적과 유물이 확인되기는 하지만 단독 또는 2~3기의 고분 만이 확인되는 경우가 많아 고구려의 한강 이남지역의 지배에 대해서는 신중한 접근이 필요하다고 보았다.

한편, 아차산 고구려 보루군의 축조와 운영 시기에 대한 문제 역시 문헌기록과 고고학적 해석에 대해 시사하는 바가 크다. 기존 연구에서는『三國史記』등에 나타난 역사적인 정황을 근거로 아차산 보루군은 고구려가 한성을 점령한 475년 이후인 6세기 전반에 축조, 운영되다가 550년 경을 전후하여 폐기된 것으로 판단하였다. 그런데 최근에는 유적에서 출토된 목탄의 방사성탄소연대 측정치를 고려하여 6세기 후반까지 사용되었다고 보기도 한다. 선사고고학과는 달리 역사고고학에서는 방사성탄소연대의 활용 빈도가 그다지 높지 않은데, 방사성탄소연대 측정값 자체가 가지는 기본 오차로 인해 세밀한 편년이 요구되는 역사시대의 적용이 조심스럽기 때문이다.

최종택(2014)에 따르면, 홍련봉 2보루에서 채집한 50여 개의 목탄에 대한 방사성탄소연대 측정 결과는 561~651년(95.4%)으로 나타났는데, 이는 기존 편년관인 500~551년과 상당한 차이가 나는 것이다. 그렇지만 최종택은 홍련봉 2보루를 비롯한 아차산 고구려 보루가 500년 경에 축조되어 551년까지 존속하였다는 기존의 연대관은 그간의 토기 편년 연구와 551년 백제가 한성을 수복한 역사적 정황을 근거로 한 것이어서, 크게 잘못된 것이라고 보기는 어렵다고 하였다. 또한 이번 방사성탄소연대 측정 시도 역시 시료의 오염이나 측정 과정에서의 문제 발생 가능성이 거의 없었다는 점에서 해당 연대를 인정할 수 밖에 없다고 하였다. 홍련봉 2보루에서는 유구가 신라에 의해 재사용되었다는 어떠한 고고학적인 증거도 발견되지는 않았지만, 방사성탄소연대 측정값을 근거로 홍련봉 2보루의 8호 건물지는 7세기 전반경에 재사용되었을 것으로 볼 수 밖에 없다고 하였다.

반면, 홍보식(2012)은 자연과학적 역연대에 대해 고고학적인 검증 없이 그대로 취신한다면, 고고학도는 역연대 산출에 더 이상 고민할 필요 없이 자연과학에 그대로 따라야하는 어리석음을 면치 못할 것이라는 지적을 하기도 하였다. 그가 주장하는 고고학적인 검증이란 새로운 시료의 자연과학적인 연대와 현재 통용되고 있는 연대관과의 일치 여부를 검증하는 것이 아니라 연대측정 시료와 공반된 고고자료의 정합성, 즉 자연과학적으로 측정된 연대와 공반된 고고자료에 대한 동시성 검증을 의미한다.

이상에서 살펴본 역사고고학 특히 삼국시대 고고학에서의 편년 연구는 사실 편년 자체를 파악하기 위한 것이라기 보다는 편년을 통해 당시의 역사를 복원하거나 해석하기 위한 보조자료로써 활용하기 위한 것임을 명심할 필요가 있다. 방사성탄소연대와 같은 절대연대값은 문헌에 기록된 연대와 같이 고고학 연구에 매우 유용한 자료임은 분명하다. 그렇지만 절대연대값을 도출하기 위한 과정에는 여러 단계에 걸친 전제와 추론이 뒤따르며, 연대값 역시 확률이라는 점을 명심할 필요가 있다. 절대연대를 포함한 편년 또한 문헌기록과 같이 고고학적인 해석에 활용되는 중요 도구 중 하나일 뿐이다. 다만 절대연대 측정이 쉽지 않다고 해서 고고학자료의 분기를 설정함에 있어 문헌에 기록된 역사적 배경을 염두해 두고 연대를 부여한 뒤에, 다시 이를 근거로 문헌상의 역사적 사건과 연결시켜 논의하는 순환논리에 빠져서도 안 될 것이다.

文獻記錄의 적극적 활용: 중세고고학 연구

삼국시대와는 달리 고려시대 이후에는 절터를 비롯한 건축물의 축조와 관련한 구체적인 문헌기록이 남아있는 경우가 있는데, 그 경우 고고학 연구에 많은 도움이 된다.

　대표적인 사례로는 양주 회암사와 파주 혜음원지를 들 수 있다(안병우 2007). 회암사는 창건 당시의 건축 과정과 사찰 규모를 상세히 기록한 목은 이색의 「天寶山檜巖寺修造記」가 남아있어 발굴과정에서 문헌기록의 도움을 받을 수 있었으며, 또 조사 결과 밝혀진 회암사의 구조 또한 문헌기록과 대체로 일치하는 것을 확인할 수 있었다. 그리고 혜음원지의 경우에는 김부식이 「惠陰寺新創記」에 건립과정과 그 규모를 기록한 것이 『東文選』에 남아있어 조사에 많은 도움이 되었다. 그리고 발굴조사를 통해 사찰과 院의 공간이 분리되어 있음을 확인할 수 있었으며, 동시에 고려시대 중요한 숙박시설의 하나였던 원을 포함한 사찰의 구조를 파악할 수 있게 되었다.

　이 밖에도 고려시대 절터를 비롯한 건물지 조사에서는 송대, 요대, 금대, 원대에 해당하는 年號銘 기와가 발견되고 있는데, 이는 각종 유구와 유물의 정확한 편년 수립에 도움이 된다.

　한편, 문헌기록이 가장 풍부한 조선시대의 고고학 연구에서 문헌은 더더욱 필수적이다. 수원고읍성이나 정조대왕 초장지 및 만년제처럼 『世宗實錄地理志』나 『新增東國輿地勝覽』, 『海東地圖』, 『水原府邑誌』, 『大東地志』 등과 같은 기록이나 고지도 관련 자료가 상세히 남아있는 경우에는 고고학 조사에 앞서 문헌 자료의 내용을 모두 파악한 뒤 그 결과를 바탕으로 한 고고학적인 조사와 분석이 이루어져야 하며, 이를 통해 유적에 대한 역사문화적 해석의 수준을 극대화할 필요가 있다(이남규 2014).

　이상에서 살펴본 바와 같이 중세고고학 분야는 특정 유적이나 유구와 관련된 구체적인 문헌 자료가 있는 예가 많으므로, 고고학에서 이를 적극적으로 참고할 필요가 있다. 다만 이 경우에도 문헌기록이 특정 시점이나 사건에 국한되어 개별 유구나 유적의 확장이나 소멸, 증축이나 개축 등의 양상 등이 기록되어 있지 않을 수도 있으므로, 문헌 자료를 참고하되 체계적인 절차를 거친 고고학 조사와 연구는 반드시 필요하다.

160

__역사고고학 연구에서 文獻記錄의 올바른 활용 검토

앞 장에서는 역사고고학 연구 분야에서의 문헌 자료의 활용과 관련한 몇 가지 사례를 검토하였다. 우리나라의 경우 고대사와 관련한 현존 문헌기록이 적을 뿐만 아니라 문헌의 내용도 매우 단편적이고, 더구나 당대에 기록된 것이 아니라 후대에 편찬된 것이 대부분이어서 문헌기록만으로는 고대 사회의 모습을 제대로 밝혀낼 수 없음을 확인할 수 있었다. 그러나 문헌기록은 물질자료만으로는 파악할 수 없는 사회의 큰 틀이나 중요한 역사적 사건 등을 다루고 있다는 점에서 과거 인류를 이해하는데 물질자료 못지않게 중요할 수 있음을 확인하였다. 역사고고학에서 고고학자료와 문헌기록은 비록 상충되는 경우도 있지만, 과거를 이해하는데 상호 보완적이라는 점에서 매우 중요하다.

인류의 과거를 총체적으로 복원하는 것을 연구의 목적으로 삼는다는 점에서 역사고고학과 역사학의 목표가 상당 부분 중복되는 것은 사실이다. 그러나 고고학은 문화를 중심으로, 역사학은 특정 사건의 흐름을 중심으로 역사를 복원한다는 점에서, 또 연구하는 대상이 물질자료(고고학)와 문헌 자료(역사학)이라는 점에서 분명한 차이가 존재한다. 그리고 문헌과는 달리 새로운 물질자료의 출현으로 인해 기존 인식이 새롭게 변할 수 있다는 점 또한 특징적이다. 문헌기록이 존재하는 역사시대를 대상으로 하는 역사고고학 역시 물질자료가 기본 자료라는 사실은 분명하므로, 고고학적인 분석과 고고학적인 해석에 충실한 것이 가장 중요하다. 다만 문헌기록 역시 역사고고학에서는 중요한 자료이므로, 문헌 내용이나 역사학 분야의 연구 성과를 충분히 검토한 뒤, 역사학적인 배경 하에서 합리적인 고고학적인 해석을 내리는 것이 필요하다.

한편, 고고학 연구를 진행함에 있어 다룰 수 있는 물질자료의 양이 충분히 많다고 하더라도 역동적이고 복합적인 과거를 이해하는 데는 단편적이고 불완전한 자료임을 인식하는 것도 중요하다. 고고학자료가 모든 과거를 설명해줄 수 없다고 한다면, 과거를 이해하기 위한 고고학적인 해석 즉, 체계적인 연구방법론을 활용한 논리적인 설명이 필요하다. 따라서 역사고고학에서도 연구방법론이 필요한데, 이러한 연구방법론은 고고학 자체의 연구방법론 외에도 문헌기록을 활용한 역사학, 자연과학적인 분석을 기초로 하는 다양한 연구 결과들을 논리적이고 체계적으로 종합하려는 것이어야 한다.

이남규(2014) 역시 현대의 역사고고학은 주로 개별기술적(귀납적) 연구를 진행하는 인문학 분야의 역사학, 법칙정립적(연역적) 연구 중심의 사회과학인 인류학 및 자연과학 등을 종합적으로 포괄하는 융합적amalgamative 연구의 방향으로 나아가야 함을 주장한 바 있다. 미래의 고고학 성패는 여러 분야를 다차원적으로 아우르는 융합적 연구체제의 확립과 연구방법론의 개발에 달려있으며, 현재의 전통고고학 수준에 안주하는 인문학 중심의 고고학 시대를 마감하고 새로운 패러다임의 고고학을 구축해 나아가야 한다는 것이다.

그러한 융합적인 연구를 추구하는 과정에서도 가장 중요한 것은 물질자료를 기반으로 하는 고고학자료에 대한 적절한 분석과 그에 대하여 객관적인 해석을 내리려는 태도 즉, 물질자료를 객관적으로 바라볼 수 있는 고고학적인 시각의 견지라고 할 수 있을 것이다.

문헌기록을 바탕으로 하는 역사학의 연구 성과나 자연과학적인 분석 결과를 활용하는 과정에서도 항상 고고학자료의 분석과 해석을 우선해야하는 것이다. 문헌에 등장하는 역사적인 사건이나 연대 등을 미리 염두해 두고 고고학인 결론을 내린 다음 이를 다시 역사적인 정황에 대입하여 검증을 받는 순환론적인 오류는 범하지 않도록 노력해야한다. 고고학적인 연구를 통해 현재의 역사학 연구 성과와 상반되는 결론을 도출하게 될지라도 고고학자는 물질자료를 중심으로 연구를 진행할 필요가 있다. 고고학은 역사학이 다루기 어려운 고대의 문화상이나 생활상의 복원이 가능하고, 고고자료를 통해 문헌의 검증 작업을 해낼 수 있으므로, 앞으로도 고대사 분야를 비롯한 역사학과의 긴밀한 협력 방안을 꾸준히 모색해야 한다.

학제간 연구는 자연과학 분야도 예외는 아니다. 방사성탄소연대측정이나 토기나 철기 등에 대한 다양한 자연과학적인 분석 방법이 역사고고학에서도 매우 중요하게 활용되고 있는 현 시점에서, 자연과학적인 방법을 통해 고고자료를 분석하거나 그 결과를 활용함에 앞서 우선 고고학적인 연구 목적과 방법을 분명히 하고, 각 자연과학적인 분석 방법의 한계(방사성탄소연대측정값의 활용에 있어서의 한계 등)를 이해할 때, 비로소 자연과학이 고고자료의 해석에 도움이 될 수 있음을 명심해야 한다.

최근 국수주의적인 역사관 아래에서 고고학자료를 무비판적으로 이용하고 있는 사례가 늘어나고 있다. 홍산문화, 고조선, 고대 평양의 위치 등과 같이 한민족의 기원이나 형성과 밀접한 관련이 있거나 또는 관련이 있는 것으로 믿어지고 있는 분야에 대한 연구는 단편적인 문헌기록이나 단편적인 고고자료를 활용하여 마치 올바른 결론을 도달한 것처럼 포장하는 경우가 많다. 김종일(2008)은 고고 유물이나 유적의 형태적 유사성이나 분포 등을 통해 민족의 정체성이나 강역 등을 추론하는 경우 고고학적으로는 매우 위험할 수 있음을 지적하기도 하였다. 해당 연구가 학문적으로 인정받기 위해서는 합당한 고고학적인 연구 절차와 객관적인 자료의 분석 그리고 이를 통한 합리적인 추론과 해석이 필수적이며, 그렇지 않은 연구 결과는 수용하기 어렵다.

고고학 연구의 목적은 물질자료를 기본으로 한 고고학자료의 해석을 통해 인류의 과거를 연구하고 설명하는 데 있다. 이는 역사고고학에서도 마찬가지인데, 연구 대상인 고고학자료에 문헌기록이 포함된다는 점에서 선사고고학과 차이가 있으며, 문헌기록 자체가 아닌 문헌기록을 포함한 물질자료를 총체적으로 연구한다는 점에서 역사학과도 다르다. 문헌기록은 과거 문화에 대한 이해의 폭을 넓혀줄 수 있다는 점에서 중요하지만, 역사시대를 연구하는 고고학이라고 하더라도 우선은 물질자료가 지닌 정보에 대한 해석을 우선시할 필요가 있다.

우리나라 역사고고학 연구는 여전히 연구 대상이 주로 고대 유적과 유물에 집중되어 있고, 연구 방법론의 수준도 형식학적 분석에 기초한 편년 및 지역성 파악 정도에 머물러 있는 등 전통고고학의 실증주의적 연구 중심에서 크게 벗어나지 못하고 있다. 개별적인 연구가 대다수를 이루고 있기 때문에 한 시대나 지역의 문화를 유기적 총체로 복원해내지 못하고 있는 것도 사실이다(이남규 2014).

우리는 다양한 시각으로 고고학자료를 바라보고, 분명한 연구 목적을 가지고 보다 체계적이고 고고학적인 연구 방법론을 개발하고 이를 적용해 나감으로써, 역사고고학의 지향점을 높일 필요가 있다. 개별 자료에 국한된 형식 분류나 편년 수립과 같은 평면적인 연구에서 벗어나[2] 생산 기술에 대한 과학적인 분석을 바탕으로 생산과 유통 체계에 대한 연구나 고환경 복원 및 각종 생업 경제와 관련한 유구와 유물 및 분석 등을 토대로 한 고대 생계 경제 연구, 한 지역이나 국가를 대상으로 취락과 분묘, 관방유적을 연계시켜 고대 국가의 정치, 사회, 경제 시스템에 대한 연구 등과 같은 총체적이고 입체적인 연구가 이루어질 필요가 있다. 그 과정에서 역사학을 비롯한 자연과학 등 여러 학문 분야와의 학제 간 융합 연구가 이루어져야 함은 말할 필요도 없을 것이나, 여기에서도 가장 중요한 것은 물질자료를 객관적으로 바라볼 수 있는 고고학적인 시각의 견지라고 할 수 있을 것이다.

참고(인용) 문헌

김재홍, 2013, 「고고학계의 한국 고대사 연구동향」, 『역사와 현실』89.

김종일, 2008, 「고고학자료의 역사학적 해석에 대한 비판적 고찰」, 『한국고대사연구』52.

박순발, 2006, 『백제토기 탐구』, 서울: 주류성.

송기호, 2012, 「무와 이면의 역사, 한국 고대의 생활사를 위하여」, 『한국고대사연구』65.

---

2 물론 고고학 연구에서 형식 설정과 이를 기반으로 한 정확한 편년 수립이 중요하지 않다는 것은 아니다. 형식분류와 편년 체계의 확립은 고고학 연구의 기본이다. 다만 역사고고학 연구에서 형식분류나 편년 수립이 연구의 최종 목적이 되어서는 안된다는 점을 강조한 것이다.

송호정, 2015, 「고조선 중심지의 위치 문제에 대한 쟁점과 과제」, 『역사와 현실』98.

안병우, 2007, 「고려시대 고고학 연구와 역사학」, 『고고학』6(1).

양시은, 2010, 「고구려의 한강유역 지배방식에 대한 검토」, 『고고학』9(1).

──────, 2013, 「고구려 성 연구」, 서울대학교 대학원 고고미술사학과 박사학위논문.

이남규, 2014, 「한국 역사고고학의 신지평을 향하여」, 『제38회 한국고고학전국대회 발표문: 한국고고학의 신지평』.

이선복, 1993, 『고고학개론』, 서울: 이론과 실천.

이희준, 2012, 「연구 주제 다변화의 모색: 2010~11년 역사고고학 연구의 동향」, 『역사학보』 215.

임영진, 2013, 「호남지역 삼국시대 고고학의 연구 성과와 과제: 서부지역을 중심으로」, 『호남 고고학보』45.

최병현, 2013, 「신라 전기양식토기의 성립」, 『고고학』12(1).

최성락, 1998, 『한국고고학의 방법과 이론』, 서울: 학연문화사.

최종택, 2014, 「역사시대 고고자료의 해석과 방사성탄소연대: 홍련봉 2보루의 사례를 중심으로」, 『제38회 한국고고학전국대회 발표문: 한국고고학의 신지평』.

한국고고학회, 2010, 『한국 고고학 강의』, 서울: 사회평론.

홍보식, 2012, 「신라·가야토기·須惠器의 편년: 교차편년과 역연대」, 『원삼국·삼국시대역연 대론』, (재)세종문화재연구원 학술총서3, 서울: 학연문화사.

미그넌, 몰리 저·김경택 역, 2006, 『고고학의 이론과 방법론 고고학의 주요 개념들: *Dictionary of Concepts in Archaeology*』, 서울: 주류성.

보먼, 셰리든 저·이선복 역, 2014, 『방사성탄소연대측정법: *Radiocarbon dating*』, 서울: 사회평론.

09

유형설정에 관련된
고고학의 설명논리

이 성 주

_형식에서 문화로　　　　　　　　　_유형과 정체성

_문화와 유형

"고고학자 앞에 놓인 사실이란 유물과 그것을 둘러싼 콘텍스트이다. 고고학이란 학문의 자료는 유물의 속성들, 즉 유물이 지닌 개별속성들과 콘텍스트의 속성들을 포괄한 속성들에 대한 관찰 정보라고 할 수 있다"(Clarke 1968: 14).

　위에 인용된 데이비드 클라크의 말처럼 고고학자의 관찰과 분석의 일차적 대상은 유물과 그것을 둘러싼 맥락이고 그것이 지닌 특성들을 관찰하고 분석해 낸 데이터 혹은 정보를 통해 고고학의 논의가 가능하다. 말하자면 고고학의 가장 기초적인 자료는 유물로부터 관찰되고 측정된 데이터이다. 고고학자 앞에 놓인 연구대상으로서의 현실은 그 무한대의 다양성으로 인해 일정한 범주로 구분하여 단순화시키지 않으면 세계에 대한 앎의 추구를 시작할 수 없다. 경험과학으로서 고고학을 연구하는 우리는 주어진 데이터를 분석하여 어떤 단위[Unit 혹은 單位體entity]들을 정의하고 그 단위들 사이의 어떤 질서를 부여하는 것으로부터 출발하고는 한다.

가령 우리가 발굴된 유적의 보고서를 작성하고자 한다면 유물을 일정한 종류나 형식으로 나누게 되고 층서적 관계나 형태적 유사성에 따라 자료를 정리하게 된다. 지리적인 분포를 달리하는 유물들이나 층서에 따라 달라지는 유물군을 우리가 하나의 단위로 묶어서 말할 수 없다면 그것을 지칭할 수 있는 방법도 없기 때문에 우리는 연구를 시작할 수도 없다. 그러므로 단위의 설정이란 그 다음 작업 혹은 그 이상에 대한 논의의 출발점인 셈이다. 우리는 그러한 단위에 여러 이름을 붙이곤 하는데 가령 型式type, 種class, 群group, 分類群taxon, 또는 分枝群clade과 같은 것이 그러한 용어들이다. 각각의 용어들이 지칭하는 분류단위는 조금씩 다른 성질을 가지고 있는데 특히 이러한 단위들을 어떤 체계로 배열 하는가 혹은 어떤 구조로 관계를 설정하는가에 따라 다른 명칭이 사용된다. 가령 형식학(typology)의 단위는 형식type이 되며 위계적분류체계taxonomy의 단위는 분류군taxon이라 하고, 분지학cladistics의 단위를 우리는 분지군이clade라고 부른다.

분류하고 단위를 설정하는 작업이라고 하면 으레 우리는 일정한 유물종을 대상으로 하는 것만 생각하는 경향이 있다. 예컨대 석기 혹은 청동기와 같은 범주 그중에도 마제석촉, 유구석부, 청동검과 같이 특정한 유물종을 대상으로 하여 단위를 정의하는 것만을 분류라고 생각하기 쉽다는 것이다. 하지만 어떤 수준에서도 우리는 세계를 구분할 수 있기 때문에 우리가 생각해 볼 수 있는 모든 차원과 방식에서 분류하고 단위를 정의할 수 있다. 하나의 유물종의 수준에서 구분하고 정의하는 것만이 분류가 아니라 속성이나 속성군의 수준에서, 유물을 넘어 형식군과 유물복합체 혹은 문화의 수준에서 분류해 볼 수 있으며 지리적 분포나 층서적 유물군 등과 같이 다양한 차원에서 분류할 수 있고 단위를 정의할 수 있는 것이다(Clarke 1968: 83-101, Ramenofsky and Steffen 1998).

고고학이 근대적 학문의 한 분과로 성립되면서 19세기 후반과 20세기 전반의 고고학자들은 분석과 관찰의 일차적 대상인 유물들을 분류하고 단위를 설정하기 시작했다. 이러한 작업을 통해 고고학의 논의는 단순한 사변이 아니라 경험과학으로서의 방법론적인 토대를 갖출 수 있게 되었고 이는 근대고고학의 시작을 의미했다. 유럽과 미국에서는 각각 19세기 중반과 후반에 고고학자들이 유물이 지닌 특성에 따라 분류하는 작업을 본격적으로 시작하게 된다. 그리고 얼마 지나지 않아 양 대륙의 고고학자들은 서로 비슷한 관점에서 지리적인 분포범위나 층서적인 관계에 따라 어떤 단위를 설정할 것인가 하는 문제에 몰두하게 된다(트리거, 브루스 저·성춘택 역 2010: 제6장, Willey and Sabloff 1980: 83-127). 그 후 세계 여러 지역에 근대고고학이 확산되면서 어떤 유물형식이나 물질문화요소 혹은 그 조합이 일정 지리적인 영역에서 특정 기간 동안 반복되어 나타나는 것에 관심을 두게 되는데 이러한 관점이 하나의 고고학적 전통으로 자리 잡게 된다.

한국고고학에서도 그와 같은 유물의 분포와 존속을 개념화하려 했으며 그래서 붙여진 이름이 문화종태(도유호 1960), 類型(李淸圭 1988, 朴淳發 1999) 혹은 考古學文化(崔鍾圭 2008a·b) 등이었다. 이처럼 연구자에 따라 용어도 서로 다르고 정의하는 방식도 차이가 있었지만 물질문화의 시간-공간적 범주를 가리킨다는 점에서는 의견이 같았다. 선사 혹은 고대의 물질문화를 변천과 계통이란 차원에서 기술할 때 크고 작은 단위문화를 지칭하는데 효과적이라고 하는 의견을 명시한 적도(崔鍾圭 2008a) 있었지만 의견의 제시는 없다 해도 대다수의 연구자는 이에 공감했으리라 여겨진다. 이 시간-공간적 유형화의 범주는 일차적으로 물질문화 편년의 단위라고 생각했지만 많은 연구자들이 암묵적으로 이를 문화적 범주인 동시에 선사 혹은 고대의 인간집단에 대응시켜 볼 수 있는 어떤 단위라고 생각하고는 했던 것이 사실이다(李盛周 2006).

이 글에서는 첫째, 19세기와 20세기 전반의 고고학자들이 과연 어떠한 관점에서 유물과 유물 조합의 단위를 정의하고, 단위들 사이의 관계를 어떻게 이해해 왔는가 하는 문제에 대해 논의하고자 한다. 고고학문화 혹은 유형이라고 하는 시간-공간적으로 특성화된 물질문화의 범주를 인식하게 되는 과정에 대해 검토해 보고자 하다. 둘째, 20세기 전반까지 고고학에서는 문화라는 것을 물질자료의 시간-공간의 단위라고 이해해 왔지만 과정주의 신고고학이 등장하면서 문화를 아주 다른 관점에서 이해하게 된다. 그리고 문화의 성분 혹은 하위 범주들과 물질적인 양상 혹은 물질자료의 변이들을 서로 연결시키는 관점도 크게 달라진다. 셋째, 고고학문화 혹은 유형을 인간집단에 대응시키는 관점에 대해 검토하고자 한다. 문헌기록에 나타나는 어떤 족속 혹은 우리가 선사시대로 거슬러 올라가 재구성해 낸 인간집단을 물질자료와 대응시켜 보는 관점에서 출발하여 집단의 정체성과 그 의식으로 인해 물질적 양상의 특성이 나타난다고 보는 입장도 있다. 여기서는 먼저 인종주의적 관점에서 물질문화의 분포범위와 인간집단을 단순 대응시킨 연구들을 검토해 보고 집단의 정체성과 그 의식이 문화적 범주와 연관되는가 하는 문제를 살펴보고자 한다. 이어서 지금의 동북아고고학의 문제로 돌아가 이 문제에 대해 논의해 보고 집단의 존재가 처음 알려지기 시작한 원사시대 기록의 성격을 검토하여 고고학자료와 어떻게 연결될 수 있는지에 대해 접근해 보고자 한다. 이상 세 가지 문제는 모두 고고학의 학사적 관점에서 다루어질 것이다.

_형식에서 문화로

유물의 형식학이라 하면 우리가 으레 떠올리는 인물은 스웨덴의 고고학자 구스타프 오스카 몬텔리우스(Gustave Oscar Montelius: 1843~1921)이다. 1863년 스웨덴 국립역사박물관에 취직하면서 본격적으로 고고학 연구를 시작한 그는 유물의 형식학적 연구를 통해 북유럽의 청동기시대를 시기구분 하였고 이 방법을 석기시대와 철기시대에도 적용하여 유럽선사시대의 편년체계를 마련한 인물로 알려져 있다.

그의 형식학적 방법의[1] 기본 개념은 유물의 동반관계에 대한 관찰로부터 마련되었다고 한다. 그는 특정유물의 조합 관계가 청동기시대 전 기간에 계속적으로 나타나는 것이 아니라 특정한 시간 폭에만 한정되어 나타날 것이라 추측하게 하게 된다. 그래서 그는 상대 편년을 위한 형식학적 방법의 절차로서 다음과 같은 두 가지 사실이 먼저 결정되어야 한다고 보았다. 첫째, 어떤 형식들이 동일한 '시기period'에 속하고 또 동시대인가? 둘째, 각 시기period를 어떠한 순서에 따라 배열할 것인가? 하는 문제이다. 첫 번째 문제를 해결하려면 출토상황을 면밀히 관찰해야 한다고 보았으며 "모든 유물이 의심할 바 없이 함께 묻혀 있는가에 의해 증명되어야 한다."고 생각했던 것이다. 출토상황을 통해 해결되어야 할 문제가 첫 번째의 것이라면 형식학은 그 두 번째 문제를 해결하기 위한 방법이었다.

몬텔리우스는 각 시기period를 어떠한 순서로 배열할 것인가를 결정하기 위해 형식학적 방법을 고안하게 된 것이다. 형식학적 방법의 실제 절차는 형식의 정의 → 형식의 배열 → 배열의 타당성 입증 등으로 요약된다. 첫 번째 절차는 형식을 정의하는 작업으로, 무엇보다 뚜렷이 구분되는 특징을 분리해내어 같은 형식에 포함되는 유물의 공통성을 정의하게 된다. 둘째는 각 형식을 일정한 원리에 따라 배열하는 작업으로 여기서 몬텔리우스는 유물종들도 진화적 순서에 따라 변해왔을 것이라고 생각한 것으로 알려져 있다. 형식들이 과연 시간상으로 어떠한 순서인가를 결정하기 위해서는 잠정적으로라도 그것을 뒷받침해주는 원칙이 필요했던 것인데 그것이 진화의 논리였던 것이다.

이처럼 시기period를 배열하고 나면 그것이 타당한지 증명해보는 작업이 필요하게 된다. 이 검증의 작업은 유물의 내적 변화에 의한 것이 아니라 일괄유물closed finds과 같은 콘텍스트를 근거로 삼아야 한다고 몬텔리우스는 생각했다. 즉 실제 물질자료에서 조합되는 유물군의 비교를 통해 논리적으로 모순이 없는 순서를 찾을 수 있다고 생각한 것이다. 몬텔리우스

---

1 몬텔리우스의 형식학적 방법에 대해서는 O. Klindt-Jensen(1975), B. Gräslund(1987)와 트리거, 부르스 저·성춘택 역(2010)과 같은 문헌을 참고하였다.

의 형식학적 절차를 보면 '개별 유물에 대한 형식학적 분류'와 '일정 콘텍스트에서 유물 조합 관계의 파악'은 서로 맞물려있는 셈이다. 형식학적 방법이란 한편으로는 서로 다른 시기라고 생각되는 유물조합을 비교하면서 그 선후관계에 대한 판단을 하고, 다른 한편으로는 개별유물들의 형식배열을 정당화하기 위해 실제 유물의 조합관계를 비교하는 절차인 셈이다.

고고학의 역사를 통해 볼 때 이른바 사변의 시대speculative phase, 즉 유물의 단순한 수집과 유물에 대한 과감한 추측과 상상에 그쳤던 시대를 벗어나게 되는 것은 유물에 대한 체계적인 관찰과 기술이 시작되면서부터이다(Willey and Sabloff 1980: 34-35). 적어도 19세기 중엽부터 고고학자들은 체계적 관찰과 기술을 거쳐 유물의 분류를 시도하게 된다. 19세기 말 몬텔리우스의 형식학적 방법이 나오기까지 19세기 전반의 톰센과 같은 고고학자의 작업이 있었다는 것은 잘 알려진 사실이다. 톰센이 제안한 유명한 삼시대 체계는 사용된 유물의 재질에 따라 그저 시대를 구분하는데 그쳤던 것은 아니었다. 그는 매장의례의 차이라든가, 한 시대에 유행했던 문양에 대해 세부적인 기술을 시도했고 이러한 작업이 문화사적으로 중요한 의미를 가진다고 보았던 것이다. 그가 1820년에 착수해서 1855년 발간한 주화자료의 연구서는 정교하게 작성된 실측도면을 방대한 양으로 집성한 저서로 유명하다(Klindt-Jensen 1975: 55-57).

미국고고학계도 19세기 후반이 되면 유물의 세밀한 관찰과 분류, 그리고 형식의 정의에 충실했던 윌리엄 헨리 홈즈(William Henry Holms: 1846~1933)와 같은 연구를 통해 사변의 시대에서 분류와 서술의 시대로 전환한다(Willey and Sabloff 1980: 49-50, 76-77). 토기자료를 중심으로 한 홈즈의 형식 분류작업은 일정한 지리적인 범위에 공통된 특징을 가지고 분포하는 토기유물군을 정의하는 작업에 초점이 맞추어져 있었다. 사실 19세기 미국 의회에서는 박물관을 통해 미국 전역으로부터 토착문화의 고유물을 수집·수장하고, 분류·전시하기 위해 힘을 썼으며 이러한 정책적인 지향이 유물의 연구에 영향을 주었다. 유물의 조합을 통한 문화복합의 인식보다는 개별 유물의 지리적인 차이에 대해 초점을 맞추는 연구 관점이 우세했던 것은 그러한 이유 때문이라는 지적이 있었다(Trigger 1968). 19세기 말 20세기 초 미국인류학의 '문화권역cultural area'의 개념과 상응하여 고고학에서는 유물의 분류와 형식 설정이 시기구분보다는 지리적 영역의 구분에 초점이 맞추어지는 경향이 있었던 것이다.

이는 몬텔리우스의 형식학이 유물형식의 논리적 배열을 통해 시간적인 단계를 구분하는데 집중했다는 것과 비교될 수 있다. 요즘 다윈주의 고고학자들이 문화사고고학에서 일대의 전환과도 같은 것으로 보았던 이른바 '층서혁명stratigraphic revolution'을 거쳐 유물의 분류체계가 문화사편년의 틀로 활용되기에 이른다(Lyman, O'Brien and Dunnell 1997: 73). 층서를 이루고 있는 유적에 대한 층위 발굴자료, 그중에도 특히 하나의 층에서 발굴된 토기유물군을 시간 단위로 인식하게 된다. 이러한 인식을 바탕으로 토기군을 형식분류하고 형식의 층서적 배열을 통해 문화사 편년을 체계화 하는 것이다.

　이상 근대고고학의 성립과 발전과정을 보면 유물의 분류와 유물의 조합에 대한 인식이 얼마나 중요한 의미를 가지는지 알 수 있다. 유물에 대한 세부적이고 체계적인 관찰과 그것에 기초한 분류와 형식의 설정이 고고학적 사유의 근본적인 전환을 가져 왔으며 그것이 바로 근대 고고학의 성립을 의미한다고 볼 수 있다. 유물의 공통적 특징에 따라 분류할 수 있게 되면서 점차 근대 고고학자들은 유물의 지리적, 층서적, 그리고 일괄유물로서의 조합관계도 파악하게 되었다. 이러한 과정을 거쳐 일정 유물조합의 공간적 분포범위에 의미를 부여하고 일정한 시간적 단위를 정의할 수 있다는 생각에 이르게 된 것이다.

_문화와 유형

문화와 인간집단

이상 물질문화의 분포를 요약하여 시·공간상의 단위를 정의하려 했던 근대고고학의 노력에 대해 설명했다. 여기서는 고고학자들이 물질문화의 분류단위에 어떤 의미를 부여하려 했는가? 하는 문제에 대해 검토하고자 한다. '고고학문화archaeological culture'라는 이 고전적인 개념은 고든 차일드(V. Gordon Childe: 1892~1957)에 의해 정의되었다고 잘 알려져 있다. "토기, 도구, 장신구, 매장의례, 가옥형태와 같은 잔류물들의 형식이 거듭 함께 나타나는 것을 우리가 발견했다면, 규칙적으로 조합되는 그러한 하나의 복합체를 간단히 '문화'라고 부를 수 있다"고 보았다(Childe 1929; 차일드, 고든 저·이성주 역 2012).

　그런데 19세기와 20세기 초의 고고학자들이 고고학문화와 같은 것을 정의하려 하였던 것은 차일드처럼 광범위한 영역에 걸쳐 문화사적인 편년체계를 집대성하기 위해서가 아니었다. 원래 초기 고고학자들은 어떤 특징적인 유물의 지리적인 분포에 관심이 많았고 그러한 현상을 단편적으로 지적하며 이러저러한 용어로 지칭하는데 그쳤다는 점에서 한계를 가진다. 말하자면 유물을 치밀하게 분류하고 유물형식의 조합을 정의하여 편년을 위한 시공간적인 단위를 개념화하는 노력은 사실 찾아보기 어렵다. 가령 구스타프 코지나(Gustaf Kossinna: 1858~1931)의 이른바 "주거고고학Siedlungsarchaeologie: settlement archaeology의 관점이 그러하듯이 유물의 공간적 분포에 대한 개념화는 선사시대의 인종 혹은 종족의 존재와 범위를 파악하기 위한 것이었을 뿐이다(Shennan 1989; Veit 1989).

고든 차일드의 유럽 선사시대 연구가 대표적이지만 20세기 전반에 걸쳐 고고학문화는 문화사의 서술을 위한 시·공간의 단위를 지칭하는 개념으로 활용되기 시작했다. 특히 1930년대의 미국 고고학자들은 시·공간의 범주를 위계적인 단위로 분류하는 체계를 고안해서 사용하였다. 1932년 초안이 제시되었던 매컨의 '중서부 분류체계Midwestern Taxonomic System'가 대표적이겠지만(McKern 1939) 유물의 속성으로부터 유물군과 일정한 지리적 범위의 유물복합체를 지칭하는 위계적 단위의 개념들을 정의하였다. 맥컨은 문화라는 개념이 유물군의 단위를 지칭하는 개념으로 너무 폭넓게 사용된다고 하면서 그 적용의 범위와 내용이 모호하다고 문제점을 지적한 바 있다(McKern 1943: 313). 시간과 공간의 틀에 위계적인 분류단위를 벽돌쌓기 하듯이 배열하는 체계를 고안하고 그 단위들을 그 범주적 관계에 따라 '성분component', '포커스focus', '국면aspect', '단계phase', '유형pattern'이라는 이름을 붙였다(McKern 1939). 이와 같은 단위의 용어를 사용하면서 위계적분류체계taxonomic system로 편년표를 작성하는 문화사고고학의 방법은 미국의 다른 지역에서도 폭넓게 받아들여졌다. 이차세계대전 이후 필립 필립스와 고든 윌리가 문화-역사의 단위로서 형식적-고정적 개념인 '성분component'과 '단계phase', 그리고 아주 유연한 시공간의 단위로 '호라이즌horizon', '전통tradition'라는 개념을 제안하면서(Philips and Willey 1953; Willey and Philips 1958) 이후 이 네 가지 용어가 폭넓게 사용되기에 이른다.

20세기 전반 동안 문화사 편년의 발전과정에서 고고학문화는 지역-편년체계의 단위라는 도구적인 개념으로 사용되어 왔고 지금도 그러한 측면에서 효용성을 인정받는다. 전통 문화사고고학에서 고고학문화는 유물형식이나 물질문화 요소의 집합과 같은 규준적 개념으로 정의되어 왔다. 고든 차일드의 고전적인 정의는 고고학문화에 대한 20세기 전반의 개념적 인식을 대변해 주고 있다. 그는 고고학문화라는 시·공간의 단위를 분류하고 정의하면서 광범위한 영역의 유럽 선사문화의 편년표를 작성하였다. 같은 시기에 미국의 고고학자들도 한 지역의 시·공간의 단위를 보다 세분된 범주로부터 넓게 통합된 범주에 이르기까지 위계적분류체계로 조립한 편년표를 작성하였다.

이처럼 물질문화 요소의 집합으로 고고학문화를 정의한 것은 문화사고고학의 원래 목적인 편년체계의 수립을 위한 것이었고 그것이 무엇을 의미하는가 하는 문제에 대해서는 심각하게 고려하지 않았다. 그러나 이미 19세기와 20세기 초의 고고학자들은 특정한 물질문화요소의 지리적 분포는 선사 혹은 고대 종족의 존재와 대응될 수 있다는 생각을 가지고 있었다. 고든 차일드도 실은 고고학문화를 정의하면서 "규칙적으로 조합되는 하나의 복합체를 우리는

'문화집단cultural group' 혹은 간단히 '문화culture'라고 부를 수 있다. 그와 같은 복합체를 우리는 오늘날 '종족people'이라고 부르는 것의 물질적 표현이라고 말할 수 있다."고 분명히 언급하고 있다. 문화사고고학이 고고학문화를 편년의 단위로만 사용한 것은 아니고 이면에는 그 담당자로서 인간집단의 존재에 대한 생각이 포함되어 있었다. 특히 전통 문화사고고학에서는 문화변동을 이주, 전파와 같은 메커니즘으로 설명하고는 했는데 그것은 인간집단이 이동, 확산, 혼합됨으로써 일어나는 현상임을 암묵적으로 전제한 해석이기도 하다.

체계로서의 문화

고고학문화에 대한 문화사고고학의 관점은 과정주의 신고고학에 의해 철저히 논박된다. 주지하다시피 과정주의자들은 고고학을 과학으로 생각했다. 그래서 문화사의 서술과 같은 작업은 과학적 설명이 아니기 때문에 고고학의 연구가 궁극적인 목표로 삼을 만한 것은 아니라고 생각했다(가령 Flannery 1967). 문화라는 것을 '신체외적 적응의 수단'으로 생각하고 물질적인 원칙에 의해 작동하는 체계와 같은 것으로 정의했던 빈포드는 문화에 대한 전통고고학의 관점을 철저히 비판하고 배격했다(Binford 1962). 그의 입장에서 보면 전통고고학자들의 문화에 대한 정의는 규준적 관점에 토대를 둔 것이며 그들이 서술하려 했던 문화사의 변화는 문화의 변이 가운데 비기능적 혹은 양식적 몫에 불과한 것이기 때문에 과학적 설명의 대상은 아니라고 생각했다. 오히려 그와 같은 "문화에 대한 규준적인 이론들은 문화과정에 대한 설명적인 가설을 도출해 내는데 전혀 적절하지 않았던 것"이다(Binford 1965: 207). 신고고학의 등장 이후 유물 형식과 문화요소의 집합으로 이해했던 규준적인 관점의 문화는 적어도 이론적인 논의에서는 아무런 의미도 지닐 수 없게 되었다.

1960년대 미국의 과정고고학자들은 문화에 대한 관점을 규준적인 관점과 체계론적 관점으로 구분했다. 그들이 전통고고학의 대표적 문제로 비판했던 전자의 관점으로는 문화체계의 변동에 대한 설명이 불가능하다고 생각했다. 사실 20세기 전반의 미국 인류학자들은 문화를 어떤 요소들의 집합으로 보았고 문화의 변동이라는 것이 새로운 요소가 등장하거나 기존의 요소가 변해가는 것으로 생각했다. 미국에서의 고고학은 인류학이므로 고고학의 해석도 그런 관점에 토대를 두어 왔다. 지리적으로 이웃한 문화들 사이의 문화 요소들이 서로 공통성을 보이는 것이 있다면 그것은 전파나 교역과 같은 요인으로 설명하지만 그러한 관계를 생각하기 어려울 정도로 멀리 떨어져 있는 문화들 사이의 유사성은 설명하기 어려운 문제였다. 그래서 궁여지책으로 내놓은 이유가 인류의 심적 동일성과 같은 것이었을 것이다.

다선진화론자로 분류되는 줄리안 스튜어트는 서로 멀리 떨어져 있어서 접촉이 있었다고 보기 어려운 문화들 사이에 나타나는 공통문화요소에 대해 흥미로운 해답을 제시한 바 있다. 각각 서부아프리카와 미국 대분지에 살았던 두 수렵채집민 사회에 어떻게 사회 조직의 공통성 혹은 유사성이 나타날 수 있는가 하는 문제를 스튜어트는 설명하려 한 것이다. 여기서 그가 제안한 개념이 '핵심문화cultural Core'이다. 문화의 제반 요소 중에는 중핵적 위치에 있는 것이 있고 핵심을 벗어난 주변적 혹은 파생적 요소가 있다고 스튜어트는 보았다. 그중 핵심적인 것이라면 기술·경제적, 환경적 요인과 관련된 문화요소를 말하는데 환경에 대한 대응의 방식이 비슷한 경우에는 서로 멀리 떨어져 있는 인간집단들 사이에도 공통성이 나타날 수 있다고 본 것이다. 역사적으로 무관한, 동떨어진 사회들인 경우에도 유사한 환경적 문제에 대처하여 비슷한 해결책을 내놓을 수 있으므로 그 때문에 문화적 공통성이 나타날 수 있다고 그는 본 것이다. 이와 같은 핵심적 문화와는 달리 문화의 파생적 요소 혹은 부차적인 양상 secondary feature들은 역사적 관계가 없이는 공통성이 나타날 수 없다고 보았다. 즉 문화변동에서 주변요소들의 변화는 역사적 요인 혹은 문화적 관계에 의해 좌우된다는 것이다(Steward 1955).

빈포드는 1965년 한 논문을 통해 문화에 대한 규준적인 관점과 체계론적 관점을 대비시키면서 물질문화의 형태적 변이를 역시 두 가지로 구분했다. 그 하나는 그가 일차적 기능적 변이primary functional variation라고 부르는 것으로 문제의 유물이 지닌 기능과 직접적인 관련을 가진 변이라고 할 수 있다. 이에 비해 그가 부차적 기능적 변이라고secondary functional variation라고 명명한 것은 유물의 제작이나 유물의 의도적 사용과 관련된 사회적 맥락의 부산물이라고 정의했다(Binford 1965). 이러한 속성 혹은 변이들은 사회집단의 전통과 관련된 것이거나 일종의 양식적 변이로 보아야 한다고 생각하였다. 사실 데이비드 클라크가 속성을 비본질적인 것과 본질적·핵심적인 것으로 구분한 것과는(Clarke 1968) 서로 상당히 통하는 관점이다.

아무튼 초기 과정고고학자들은 유물의 속성이 되었든 형태적 변이가 되었든 그것을 적응적, 기능적인 체계관련 요소와 역사적, 상징적, 양식적 요소들로 나누어 정의하려 했다. 그리고 전자의 요소에만 초점을 맞추어 체계론적 설명을 시도했고 후자의 요소들은 과학적 설명의 대상이 아니라고 일축했다. 그러나 하나의 유물이나 유물군에 나타나는 변이의 요소들을 그렇게 이원적으로 분리하는 일이 실제적으로는 어려운 것으로 과정고고학자들의 구분은 임의적인 것이라 할 수 있다. 사실 초기 과정주의자들은 할 수 없는 구분을 한 셈이고 물질문화의 변이들 중에서 전승되는 측면, 문화적 선택의 결과, 상징적 의미의 차원 등을 애써 무시한 셈이다.

　1960년대와 70년대의 신고고학의 흐름 속에서도 유럽 고고학자들의 문화에 대한 생각과 입장은 신대륙 연구자의 그것과 상당히 달랐다. 영국의 콜린 렌프류도 역시 체계이론적인 관점에서 유럽의 선사시대를 재해석 했던 과정고고학자이다(Renfrew 1972). 특히 그는 인간집단과 대응되는 고고학문화라는 개념을 거부했으며 이런 개념으로는 일정 영역에서 이루어지는 사회적 행위와 조직을 제대로 파악할 수 없다고 비판하기도 했다(Renfrew 1978). 그러나 그에게 종족집단, 전파, 이주와 같은 유럽의 전통고고학의 문제는 여전히 관심의 대상이었으며(Renfrew 1987) 그것을 체계이론적인 변수를 통해 어떻게 설명할 것인가에 집중하기도 했다(Renfrew 1972: 16-17, 1979).

　영국의 신고고학자로서 체계이론의 문화관을 받아들였던 데이비드 클라크(David L. Clarke: 1937~1976)의 문화에 대한 견해는 영국 신고고학의 관점으로 흥미 있게 검토해 볼 만하다. 그는 문화를 체계로 보긴 했지만 고고학문화라는 전통적인 개념을 포기하지 않았다. 오히려 그것이 지닌 고고학적 의미를 재평가하고 문화를 하나의 단위체로서 타당하게 정의하는 방법에 대해 고민했던 것이다. 『Analytical Archaeology』이라는 그의 대표적 저서는 유물의 속성과 형식, 유물복합체와 문화를 고고학자료에서 찾아내어 정의하는 방법에 대한 논의가 대부분을 차지하고 있다(Clarke 1968). 사실 이 저서에서 클라크는 전통고고학의 개념인 물질문화의 단위를 체계의 변수와 연결시키려는 노력을 포기한 적이 없다. 저서의 앞부분에서 속성과 유물, 그리고 유물복합체라는 물질문화의 단위가 체계 안에서 이루어지는 인간(집단) 활동의 서로 다른 범주와 어떻게 대응되는가를 보여주려 한 점은 아주 흥미롭다(Clarke 1968: 84-87).

　데이비드 클라크는 신지리학의 영향을 깊게 받았고 문화를 체계로 보았으며 수리적 모델로 고고학적인 현상을 이해하려 했다. 그는 통계학 분야의 소칼Robert N. Sokal과 미생물학 분야의 스니쓰Peter H. A. Sneath에 의해 1963년 발간된 『수리분류학』에 커다란 영향을 받았던 것으로 보인다. 유물형식과 유물복합체의 분류방법을 깊이 탐구했던 클라크는 생물통계학의 기법을 고고학자료의 분석에 적용하고자 했다. 거의 비슷한 시기에 영국에는 수리분류학 numerical taxonomy을 전면 도입하고 고고학자료를 생물학 자료와 비슷한 구조로 이해했던 연구자도 있었다(Doran and Hodson 1975). 이런 점에서 보면 고고학을 경험과학으로 정초하려 했던 연구자들 사이에 어떤 생각이 공유되고 있었는지 그리고 데이비드 클라크의 생각이 어떠한 것이었는지 이해할 수 있다.

　『Analytical Archaeology』에서 그는 형식이란 무엇이고 그것을 어떻게 정의할 것인가? 하는 문제에 대해 보편적이라 할 만한 해답을 던져주었다고 생각된다. 속성attribute, 유물arte-fact, 형식type, 유물복합체assemblage, 문화culture, 문화집단cultural group, 기술복합technocomplex 등을 클라크는 "고고학단위체archaeological entities"라고 불렀다. 데이비드 클라크는 속성 모집단 혹은 유물 모집단이 지닌 형질들 전체 가운데 폴리세틱한 조합으로 단위체들을 파악할 수 있다고 보았다. 그리고 각 형질값들의 분포에서 통계적으로 정의해내는 작업이 무엇보다도 중요하다는 것을 역설하였다. 말하자면 클라크는 유물개체들이 가진 속성들의 조합이 빈도가 높게 나타나는 것을 근거로 유물형식을 정의할 수 있다고 보았던 것인데 그렇게 유형화 되어야 하는 이유를 여러 가지 방식으로 설파했다. 가령 그가 제안한 '콘셉타concepta'라는 개념이 있는데 그것은 유물에 내포된 추상적인 관념 혹은 정보로서 그것은 제작자의 머릿속에 들어 있는 것이라고 하였다(Clarke 1968: 647-651).

이 콘셉타는 구석기의 형식을 연구하는 연구자들이 흔히 거론해 온 '마음의 형판mental template'이란 개념과 유사하며 그에 대한 제임스 디츠의 정의(Deetz 1967)와 비교해 보면 서로 상통하는 개념임을 알 수 있다. 유물이 제작자의 마음속에 있는 콘셉타에 의해 구현된다는 주장을 달리 말하면 사회화를 통해 패턴화된 인간행위에 의해 일정한 형식의 유물이 실현된다는 이야기가 된다. 그러면서도 클라크는 불규칙적 혹은 우발적인 요인에 의해서도 유물의 형태가 결정된다는 사실을 그는 잊지 않으며 그래서 '속성 모집단의 형질들 가운데 유의미한 통계적 조합이 형식이다' 하는 제안을 하게 된다. 데이비드 클라크가 유물의 속성들을 구분할 때 그것을 생산해낸 체계와 아무 관계가 없는 비본질적인inessential 것, 변화하는 시스템의 일부로서 함께 변동하는 본질적인essential 것, 그리고 체계 값과 그 상태의 연속적인 변화와 연동하는 핵심key 속성으로 구분해 본 것은 그러한 생각이 반영된 제안일 것이다.

미국의 신고고학자들은 유물의 형식분류와 분석의 관점을 규준적이라 생각하고 무시해버렸지만 영국의 클라크는 체계론적인 문화관을 가지면서도 형식이나 유물복합체 혹은 고고학문화와 같은 단위체들의 분류와 정의에 깊은 관심을 보였다. 하지만 그가 무척 노력했던 고고학단위체entity에 대한 분류와 정의의 작업이 체계이론적 해석에 매끄럽게 융합되었다고는 볼 수 없다. 전통고고학에서 보는 고고학문화는 문화요소의 집합과 같은 것인데 비해 체계이론에서는 문화를 여러 하위체계와 성분으로 조직된 체계system로 보기 때문에 두 가지 관점은 고고학자료와 문화를 연결하는 방식, 그리고 문화 변동을 설명하는 방식 등에서 서로 접점을 찾기 어려운 것이 사실이다.

그가 고고학문화에 대해 어떤 이해를 가지고 있었는지? 그리고 체계이론의 관점에서 문화 변동에 대해 설명한다는 것은 과연 어떤 것인지에 대한 그의 생각이 비커현상Beaker phenomena을 다룬 논문에 흥미롭게 드러나 있다. 고고학은 당연히 비커의 지리적인 분포와 지역성에 대해 분석해야 한다고 말한다. 하지만 하나의 대전제로 '비커주민'과 '비커를 사용하는 주민'을 구분해 보아야 한다고 제안한다. 전통고고학의 관점에서 비커문화의 분포권을 인정하면서도 과정고고학자로서 일정 지역집단의 비커현상을 분석해서 구체적이고 사회경제적인 문제를 해명해야 한다는 의미로 받아들여진다. 즉 과정고고학자로서 그는 '기원'에 대한 해명과 같은 전통적인 문제에 천착하는 것은 현명하지 않으며 비커를 둘러싼 사회·경제적 배경setting에 대해 설명해야 한다고 본 것이다. 그러면서 그는 '사회적 요인과 인구 증감의 차원에서 보았을 때 비커 교환의 네트워크는 분산된 지역집단들의 공통관계와 정체성의 유지에 매우 중요한 역할을 했을 것'이라는 결론을 도출한다(Clarke 1979: 352-358).

문화는 의미로 구성되어 있다

사실 과정고고학자들은 문화를 체계, 즉 물질적인 원칙이 지배하는 기계장치와 같은 것으로 보았기 때문에 문화가 지닌 사회적, 역사적, 상징적 의미를 보지 못했고 연구 대상으로 삼지도 못했다. 전통고고학이 관심을 집중해 왔던 물질문화의 시공간적인 변이에 대한 연구를 규준적 관점의 접근이라고 배격하였기 때문에 과정고고학은 그와 더불어 양식의 문제라든가 집단의 정체성과 물질문화와의 관계에 대해서도 거의 거론하지 않았다.

물론 고고학문화에 대한 전통적인 관점과 문화변동에 대한 설명의 방식에는 많은 문제점이 있는 것은 사실이다. 즉 전통고고학이 토대로 삼고 있는 문화의 개념에 대한 과정주의자의 비판에는 정당성이 있다는 것이다. 그러나 전통적인 고고학문화의 개념이 쓸모없는 것이라 하여 폐기해야 한다고 보는 것에도 문제는 있다. '고고학문화'는 시·공간 변이를 체계화할 때 반드시 필요한 도구적인 개념이며 우리가 타당하고 적절한 질문을 찾아서 문제를 제기하고 답을 구해야 할 연구대상인 것이다.

이런 점에서 이안 호더의 물질문화의 분포에 대한 연구(e.g. Hodder 1982)는 전통적인 문제제기로부터 출발하여 과정주의를 극복하고 고고학문화에 대한 새로운 접근을 가능하게 해주었다. 사실 호더의 연구는 전통적인 문화의 개념에 대한 의문에서 출발한다(Hodder 1982: 2-8). 호더는 물질문화상에 뚜렷이 구분되는 공간적 범주 혹은 특정유물의 분포에 나타나는 시·공간의 단위가 무엇을 의미하는가? 하는 문제를 연구의 출발점으로 잡았다. 물질문화의 공간적 유형화를 좌우하는 요인이 과연 무엇인가 하고 물었을 때 전통고고학이 흔히 전제해 왔던 대로 인간집단의 범위에 단순 대응되는 것도 아니고 과정고고학자의 설명처럼 정보의 흐름 때문이라고 일반화 할 수 없다는 것이 호더가 케냐의 민족지고고학을 통해 내놓은 대답이다.

탈과정주의 방향을 제시했던 이안 호더의 민족지고고학 조사는 고고학문화에 대해 다음과 같은 두 가지 주요 관점을 제안했다(Hodder 1982: 186-190). 첫째, 그는 문화가 단순히 과거 사회의 수동적인 반영물이 아니라 능동적인 역할을 한다고 제안한다. 특히 과정고고학에서는 물질문화를 실용적인 목적에 의해 제작되고 사용된 측면만 중요시하여 기능적인 의미에 초점을 맞추어 왔지만 그는 상징적 의미를 가졌다는 점에 주목해야 한다고 말한다. 과정주의 주장처럼 물질문화는 당시 사회문화체계의 조직과 작동에 기여한 기능적 산물 혹은 그것의 반영물이 아니라는 것이다. 물질문화는 상징적 의미를 가지고 가족, 연령, 성, 종족집단과 그 관계망에서 능동적인 역할을 했다는 점에 호더는 주목한다. 둘째로 호더는 물질문화가 의미 있게 구성된 것이라고 전제한다. 물질문화의 생산과 사용이 의미 있게 구성된 문화의 기획 혹은 도식에 따라 이루어지기 때문에 그러하다는 것이다. 사회적 전략의 일부로서 구축된 상징적 의미체계에 따라 물질문화의 생산과 사용이 이루어지는 동시에 인간(집단)의 사회적·문화적 활동을 능동적으로 안내한다고 그는 설명한다(Hodder 1982: 185-186). 사실 이 두 가지 원칙은 문화에 대한 탈과정주의 입장의 요체라고 할 수 있다.

이와 같은 호더의 제안을 음미해 본다면, 고고학문화를 물질요소의 집합체로 본 전통고고학의 개념과 사회문화적 총체로서 기능적·물질적 시스템과 같은 것이라는 과정고고학의 문화관을 모두 거부한 셈이다(Hodder 1986: 1-18). 그에게 문화는 주어진, 고정된, 그리고 전체화된 규준이나 체계와 같은 것이 아니라 개인의 활동과 상호작용을 통해 드러나는 유동적인 것이다. 이러한 입장을 받아들인다면 우리는 기존의 전통고고학자들이 하던 대로 물질문화의 요소들과 그 조합의 분포를 관찰하여 범주화하지만 유물형식의 단조로운 조합으로 정의된 고고학문화의 개념에 머물러서는 안 된다. 그리고 고고학문화를 간단히 인간집단에 연결시켜온 관점도 극복되어야 한다. 한편 과정고고학자들처럼 기능주의-체계이론의 변수에만 주목하고 사회문화체계를 하나의 총체로 간주하여 개체와 그 문화적 활동을 체계에 의해 결정되는 것으로만 이해하는 입장도 극복의 대상이 된다. 탈과정주의 이후, 고고학자들은 물질문화를 상징적 의미로 구성되어 있는 것으로 이해하고 그것이 사회 내에서 능동적인 역할을 한다고 봄으로써 물질문화의 특징적 양상과 분포에 대하여 새로운 문제를 제기할 수 있게 되었다.

한국 고고학의 유형

고든·차일드의 정의와 유사한 개념으로 (고고학)문화라는 용어 등을 처음 사용했던 것은 해방 직후 북한고고학계였다. 북한학계에서는 1940년대 말부터 유형, 유물갖춤새, 문화, 문화

178

유형이란 말을 함께 쓰기 시작했다. 이중에서 유형이란 용어는 1980년대 말부터 남한학계에서도 흔히 쓰지만 1950년대와 60년대의 북한학계에서 통용된 개념과는 크게 다르다. 해방직후 북한학계의 유형이란 개념은 우리가 말하는 형식이라는 것과 거의 동일한 의미로 사용되었다. 다음은 문화이다. 북한학계에서 문화라고 했을 때는 두 가지 의미가 있는데『조선고고학개요』에는 그것이 다음과 같이 설명하고 있다. "굴포문화, 궁산문화와 같이 일정한 주민집단이 남긴 유적유물을 가리키는 말로도 쓰며 구석기시대의 문화, 신석기시대의 문화, 청동기시대의 문화와 같이 일정시기의 문화현상 전체를 가리키는 말로도 쓴다."(사회과학원고고학연구소 1977: 2). 물질문화의 범주로서 시간과 공간적으로 가장 큰 개념으로 북한학계에서는 문화라는 용어를 사용하는 듯하고 시기나 지역에 따라 부분적으로 정의해야할 때는 문화유형이라는 용어를 적용하는 듯하다(사회과학원 역사연구소 1979: 249).

북한학계에서 사용하는 용어 중에 매우 흥미로운 정의의 하나는 도유호가 제안한 문화종태의 개념이다. 그의 서술에 따르면 문화종태는 "어느 한 문화의 여러 가지 요소를 종합하여서 본 전반적인 모습"이라고 정의되지만, "그것은 어느 한 문화가 가진 총계와는 다르다"고 지적한다. 같은 문화종태에 포함되는 유적이라도 대부분 혹은 부분적으로는 제반요소가 출토되지만 "없는 것도 있고 다소 모양을 달리하는 것도 있다"는 것이다(도유호 1960: 32). 말하자면 1960년대 말 데이비드 클라크가 수리분류학자의 설명을(Sokal and Sneath 1963) 인용하면서 고고학적으로 정의되는 모든 단위체entity들은 속성이나 형식들의 폴리세틱polythetic한 조합이라고 설명했던 것과(Clarke 1968: 37) 꼭 같은 견해를 표명한 셈이다.

시간과 공간상으로 특징적인 양상을 보이는 물질문화의 범주를 구분하여 정의하는 것은 고고학의 기초적인 작업이기 때문에 어느 연구 집단에도 그러한 범주를 지칭하는 용어가 있게 마련인데 우리 학계에서는 '유형類型'(李清圭 1988, 朴淳發 1989, 1999) 혹은 '고고학문화考古學文化'(崔鍾圭 2008a·b)라고 부른다. 앞서 말한 것처럼 이 개념을 우리말로 처음 정착시킨 것은 북한의 고고학자들에 의해서였다. 처음 '문화종태'라는 개념으로 도유호가 처음 제안했지만(도유호 1960: 32) 곧 쓰이지 않게 되었다. 70년대 후반의 북한의 고고학개론서에는 '문화'(사회과학원고고학연구소 1977: 2), '유물갖춤새' 혹은 '문화유형'이라는 용어들이 동시에 등장한다(사회과학원 역사연구소 1979: 76, 249). 남북한의 고고학계가 사용하는 용어들은 각자 개념의 정의가 다르고 같은 용어라 하더라도 사용할 때마다 그 뉘앙스가 달라지기도 하는 것이 사실이다.

북한학계의 유물갖춤새(사회과학원 역사연구소 1979: 76)와 남한학계의 유형(李清圭 1988: 43)은 일정한 지역과 시간대에 나타나는 유물의 형식이나 특징들의 일정한 조합과 같은 의미로 사용된다. 이에 비해 박순발은 '유형'의 개념을 정의할 때 동일한 제작 및 사용자

집단의 존재를 상정하고 있으며(朴淳發 1999: 80-81) 최종규가 정의한 고고학문화의 개념은 고든 차일드의 고전적 정의와 아주 유사하다(崔鍾圭 2008b).

한국고고학에서는 물질문화의 시·공간적 범주를 지칭할 때 유형이라는 용어를 가장 보편적으로 사용하며 청동기시대 특징적인 토기형식, 주거구조, 석기의 조합을 지칭할 때 주로 적용한다. 청동기시대 토기, 주거지, 그리고 석기와 같은 유물의 속성과 형식의 집합으로 개념화 되며 특정 지역에 걸쳐서 일정기간 퍼져 있었던 것으로 간주된다. 이 유형이라는 개념을 통해 청동기시대 연구자들은 취락의 발굴 자료를 중심으로 물질문화의 시기-지역적 변천을 서술해낸다. 어쨌든 청동기시대 남한 전역의 유적·유물에 대한 시기구분과 문화사 편년은 이 유형이란 개념을 토대로 체계화 되어 있다고 해도 과언은 아니다.

일찍이 청동기시대 ○○유형이라는 용어의 개념과 이를 토대로 한 연구의 관점에 대해 비판적 의견이 제시된 바 있다(李盛周 2006: 17-20, 金玟澈 2008). 사실 청동기시대 연구자들이 이 유형에 대해 지니고 있는 다음과 같은 암묵적인 전제는 무언가 비판적인 검토를 필요로 한다. 첫째, 이 유형의 이면에는 그 유형을 채택하여 장기간 반복 생산하고 소비한 인간집단이 존재한다는 전제이다. 둘째, 이 유형은 마치 유기체와 같은 것이어서 어떤 특정 지역에서 생성되어 일정기간 지역적으로 확장되고 어느 정도 시간이 경과하면 일정 지역부터 서서히 혹은 급격히 소멸된다고 하는 전제이다. 이 두 가지 전제는 청동기시대 문화변동을 설명할 때 자연스럽게 결합되어 유형의 변동은 인간집단의 출현과 이주와 확산, 그리고 소멸이라는 변화로 은유된다. 사실 한국 청동기시대의 문화변동에 대한 설명은 유형의 변동에 대한 서사에 다름 아닌 것이 문제라고 할 수 있다(李盛周 2006).

남한 청동기시대의 유형이라는 개념 그 자체와 이를 토대로 한 혹은 이를 대상으로 한 연구에의 관점에 대해 문제를 제기 한다면 다음과 같다. 첫 번째 제기하고자 하는 문제는 유형이라는 용어 그 자체가 지닌 한계에 대해서이다. 단어 그 자체로 보면 특징적 속성이나 형식의 조합을 우리는 문화라고 불러도 되지만 유형이라고 해도 문제는 없을 것 같다. 그러나 문화라는 개념과는 달리 유형이란 용어는 그렇게 지칭된 '물질문화 형식의 조합'이란 개념을 넘어설 수 없을 것 같다는 것이 문제이다. 말하자면 우리가 유형이란 개념을 사용하게 되면 물질문화의 시·공간적 범주를 넘어서 그 이상의 의미를 가지기 어렵게 된다는 것이다. 앞서 살핀 것처럼 문화는 전통고고학의 시·공간적 단위라는 개념에서 출발했지만 20세기 중반이 되면 그것을 넘어 과정고고학에서는 체계를 지칭하기도 했다. 그리고 문화는 탈과정주의자들이 주장하고 있는 것처럼 의미로 구성된 어떤 것을 가리킬 수도 있는 것이다. 이런 점에서 송국리유형이란 용어는 송국리문화라고 하는 것보다 연구 관점과 주제를 확장하기에 불리할 것 같다. 그래서 청동기시대의 연구가 유형 그 자체의 문제에 깊이 파고들수록 더욱 큰 한계점에 부딪힐 가능성이 없지 않다.

둘째로는 유형의 형성과 변동, 소멸 그 자체에 대한 설명이 지닌 문제점에 대해서이다. 물질문화의 유형화(유형의 형성)와 분포를 결정하는 요인은 수없이 많을 것이고 다양한 관점에서 이 문제에 접근할 수 있다고 본다. 그런데 유형의 형성과 변동에 대해 설명할 때 다음과 같이 서술하는 경우가 있다. '외부의 문화요소가 밖으로부터 유입되어 그 지역의 이전 유형과 결합하여 새로운 유형이 형성되고 그것이 지리적으로 확산되었다' 하는 식의 서술은 어렵지 않게 볼 수 있다. 앞서 클라크가 비커현상에 대한 논의에서 말한 것처럼 비커문화나 주민의 기원과 같은 문제에 직접 접근하려는 시도는 적절하지 않다. 물론 '○○유형'은 시-공간적 분포로 뚜렷이 존속했으므로 단순히 편년 단위로 언급되고 말 개념은 아니다. 하지만 지금까지 '○○유형'의 생성과 변화에 대한 설명에서는 규범화된 문화를 반복 생산하는 집단, 그 집단의 이동과 확산, 그리고 이웃 유형 집단과의 접촉, 교류 혹은 거리둠 등으로 묘사할 뿐 적절한 변동의 요인이나 과정의 설명방식을 찾지 못하는 것이 사실이다.

_유형과 정체성

왜 고고학자들이 물질문화의 분포를 통해 범주를 정의하고 그것을 특정한 집단의 존재와 연관시키는가? 물질문화를 통해 종족집단을 정의했다면 문화와 집단의 정체성과는 관계가 있는가? 그 집단의 구성원은 정체성에 대한 의식을 공유하고 있으며 그러한 의식 때문에 물질문화의 특성이 나타나는가? 물질문화의 분포를 통해 원사 혹은 선사시대의 민족 혹은 역사의 범주를 정할 수 있는가? 특히 문헌기록이 소략하고 모호한 원사시대의 기록에 등장하는 집단을 고고학자료를 통해 특정할 수 있는가? 여기서는 이러한 문제들에 대해 설명해 보고자 한다.

인종주의

근대고고학의 형성기부터 연구자들은 어떤 형태의 토기들과 주거의 양상 혹은 분묘 매장시설의 축조방법과 같은 특징적인 물질문화 요소나 그 조합을 파악하려 했고 그런 물질문화의 담당자는 누구였을까 하는 질문을 던졌다. 아마 당시의 고고학자들은 그 물질문화의 담당자에 대해 이해하는 것이 연구의 중요한 목표처럼 생각했던 것이 아닌가 한다. 특히 19세기와 20세기 초에 고고학자료를 검토했던 연구자들은 어떤 물질문화를 담당한 특정 인종이 역사적으로 어떻게 기원하며, 그의 기질과 능력, 그로 인한 문화적 특질들은 또한 어떠한 것인가 하는 것을 문제 삼았다. 말하자면 어떤 문화의 특성들은 그 문화를 담당한 인종들의 성격과 능력에 따라 좌우되며, 문화의 발전이나 쇠퇴라는 역사적인 과정도 그 담당자에 달려 있다는 생각이 당시에는 보편적으로 받아들여졌던 것이다. 문화에 대한 이 인종주의적인 관점은 지금 자신이 속한 국민이나 민족과는 어떤 관계가 있을까 하는 문제에 대한 사색도 빼놓지 않았다. 이와 같은 관점이 고고학의 초창기에는 너무 자연스런 인식의 틀이었기에 당시 동서양을 막론하고 인종주의 해석은 당시로서 흔히 볼 수 있는 고고학적 담론이었다고 할 수 있다(Stepan 1982; 工藤雅樹 1987; Bowler 1989: 59-71; 시안 존스 저·이준정 역 2008: 66-72; 李盛周 1995, 2008).

사실 20세기 전반까지 생체와 고인골의 계측치나 선사시대 유물의 양상과 분포는 빈번히 통합적으로 다루어져 인종과 그 계보를 연구하는 자료로 활용되었다. 이러한 방식의 연구에서는 과거의 인종과 물질적인 유사성이 과감하게 대응되어졌으며 고대의 인종적 집단은 현재 주민들의 인종적, 문화적인 조상으로 거침없이 제안되었다. 이러한 논설의 대표적인 학자가 구스타프 코지나라고 하지만 인종주의적 해석은 제국주의시대 유럽과 일본의 지배적인 고고학적 담론이었다. 당시에는 인간집단들을 구분하여 지칭했던 여러 용어들, 가령 부족, 민족, 종족, 주민집단 등이 서로 혼용되었다는 점도(존스, 시안 저·이준정 역 2008: 322-323) 상기할만하다. 이런 태도는 어떠한 자료를 통해 분류하든, 즉 인체의 형질이든, 선사시대의 물질문화든, 언어든 서로 구분되는 집단들은 인종적인 집단과 대비시켜 볼만하다는 생각이 널리 인정되었기 때문에 가능한 일이었을 것이다.

사실 고고학에서의 인종주의적 해석은 고고학자료를 체계적으로 분석하여 도달한 결론은 아니었다. 예를 들어 일제강점기 인종주의적 문화계통의 논설을 보면 미리 갈라놓은 민족·문화의 갈래에 따라 이런 요소는 어떤 계통이고 저런 요소는 또 어떤 계통이라고 서술했을 뿐이다(李盛周 2008: 108-113). 이와 같은 계통론적 주장은 자국민의 인종적·문화적 기원을 밝히고 통합을 정당화하는 민족국가의 정치적 이데올로기에 편승하는 연구가 미리 준비해 둔 결론을 재확인한 것일 뿐이다. 그러므로 인종주의적인 해석이 민족 혹은 민족국가의 정치적 담론으로 활용되고 인종우열론이 제국주의의 식민지배를 정당화하는 이념적 주장을 거들게 되는 것은 전혀 이상한 일이 아닌 것이다.

인종주의적 고고학문화의 개념에서 이념적·정치적 무게를 덜어내고 고고학자료의 시간-

공간적 체계화를 위한 단위로 활용하는데 있어서는 문화사고고학의 발전이 중요한 역할을 했을 것으로 믿어진다. 특히 고고학문화의 개념정의에서 고든 차일드는 규칙적으로 조합되는 (물질문화요소의) 복합체를 오늘날의 종족people이라고 부르는 것의 물질적인 표현이라고 말했다(Childe 1929: v-vi). 이러한 정의는 유전적인 인종집단과 고고학문화를 일치시켜 보았던 당대의 입장과는 차별화가 느껴지기는 한다. 그러나 사실 차일드 역시 초기에는 인종주의 해석에서 자유로웠던 것은 아니다. 그의 아리안족에 대한 저술에서는 인종주의적인 해석이 곳곳에서 보이지만 19세기와 20세기 초의 연구자들에 비하면 덜한 편이고 이후의 연구로 가면서 인종주의 입장에서 멀어지게 된다고 한다(Trigger 1980: 49-55). 문화사고고학이 체계화 되면서 유럽의 고고학자들은 문화사의 세부적인 편년에 주안점을 두고 인종의 이주보다는 몬텔리우스처럼 문화의 전파를 중요한 변화의 메커니즘으로 생각하는 쪽으로 기울어져 갔을 것으로 생각된다. 1~2차 세계대전을 거치면서 인종의 청소나 우생학의 실천이 빚어낸 역사적 비극을 목격하면서 사람들은 인종주의의 문제를 심각하게 받아들이게 되었고 점차 인종주의는 구시대의 그릇된 관념으로 비판의 대상이 되었을 것이다.

과정고고학과 Barth의 문제제기

20세기 중반 과정고고학에 의해 문화에 대한 전통고고학의 개념은 철저히 비판되었다. 과정주의자들은 전통고고학이 고고학문화를 물질문화 요소의 규준적 조합이라고 생각했다는 점에서 비판했다. 과정주의 신고고학이 등장할 무렵 다른 한편에서는 종족집단의 개념과 종족과 문화의 관계에 대해서도 재검토가 진행되었다. 사실 이 종족성ethnicity의 개념을 둘러싼 비판적인 논의는 고고학보다 인류학자들의 몫이었고 나중에는 민족지고고학의 연구가 중요한 역할을 했다. 특히 1960년대와 1970년대의 인류학자들이 종족성을 재해석한 연구를 많이 제출하였다. 그들의 연구에서 공통적으로 내놓은 주장이라면 첫째, 종족성 혹은 집단의 정체성이 흔히 우리가 생각해왔던 것처럼 주어진, 고정적인 범주는 아니며 유동적인 성격을 가진다는 점이다. 둘째로는 종족, 언어, 정치, 문화 등, 각각의 기준에 따라 구분된 집단들의 범위가 상호 일치하는 경우는 거의 없다는 점이다.

당시 종족성에 대해 검토한 인류학 연구 중에도 특히 프레드릭 바스의 저술이 중요하다. 1969년도 바스가 편집한 간결한 논문집(Barth ed. 1969)의 서론에서 그는 종족 정체성을 구분할 때 우리가 초점을 맞추어야 할 것은 집단을 분리하는 경계boundary이지 그들의 문화적 내용물cultural stuff이 아니라고 말한다. 그리고 집단의 경계는 사회적, 문화적 혹은 지리적인 분리로 인하여 형성되는 것이 아니라, 사회적 상호작용을 통해 만들어져가는 과정적 산물이라고 제안하였다(Barth 1969: 15-16). 바스의 주장을 요약하면 첫째, 종족집단이란 종족의 정체성이 형성되고 경계가 유지됨으로써 존재하게 된다는 점, 둘째, 그러한 존속은 종족집단의 안팎으로 혹은 집단들을 가로질러 이루어지는 능동적인 사회적 과정, 즉 사회적 상호작용으로 인해 가능해진다는 것이다. 특히 종족의 정체성이 집단 내부의 자기주장처럼 형성되는 것이 아니라 다른 집단들과의 관계 속에서 스스로 구분되려는 노력의 결과물이라는 주장은 고고학적으로 중요하게 음미해 보아야 할 제안으로 받아들여진다.

바스의 의견 중에서 고고학의 전통적인 견해와 크게 대립되는 것은 종족 정체성과 문화의 관계에 대한 언명이다. 주지하다시피 고고학에서는 물질문화의 어떤 내용물들을 통해 종족집단을 구분하고 종족 정체성에 대해서도 정의해왔다. 그러나 바스의 견해는 한마디로 종족성의 형성에 문화적 내용물은 중요한 것이 아니라고 한 셈이다. 사실 이에 대해 찬성하지 않는 연구자도 상당히 많지만 아무튼 문화와 종족성의 관계를 어떻게 보는가 하는 문제에 있어 양극단의 의견으로 나누어 보라면 다음과 같을 것이다(Eriksen 2010: 66). 우선 한 쪽은 종족집단이 문화적으로 간단히 정의될 수 있다는 견해이다. 아마도 전통고고학자들의 생각이 이에 가까울 것이다. 이에 비해 다른 한 극단의 입장에서는 문화가 종족집단의 형성에 무언가 역할을 한다면 그것은 문화가 정치적으로 활용될 때에 국한된다는 의견을 내 놓는다. 바스의 견해가 이에 가까운 셈이다.

물론 문화적인 차이를 가지고 종족성의 차이를 직접 추론할 수 있는 것은 아니지만 문화라는 것이 종족 정체성의 형성에 정치적으로 이용될 때만 역할을 하는 것이라는 생각은 곤란하게 느껴진다. 사실 사회화의 과정은 어떤 문화 집단의 범위 안에서 이루어진다. 에릭센의 해명처럼 한 세대에서 다음 세대로 전달된 지식과 솜씨, 사회화 과정에서 습득하게 된 규칙 등과 같은 것을 사람들이 다 잊어버리고, 정치적인 전략으로 수행되는 문화적인 활동에 의해서만 새로운 사회가 계속 재생산된다고 말할 수는 없는 것이다(Eriksen 2010: 68). 종족 정체성의 형성에 문화가 담당하는 역할을 최소화 한다 하더라도 종족집단과 물질문화가 관련이 없다고 말할 수는 결코 없을 것이다.

민족지고고학의 공헌

사실 종족성에 대한 인류학계의 재검토는 즉각적인 것은 아니었지만 이후 고고학 연구에 상당한 영향을 미쳤다. 사실 60년대와 70년대의 민족지고고학자들은 행위고고학behavioral archaeology이나 활동적연구actualistic study의 입장에서 경험과학의 원리를 찾기 위해 조사를 떠났기 때문에 종족성과 물질문화의 관계에 대한 관심은 찾아보기 어렵다. 80년대 초에 출간된 이안 호더의 케냐 바링고 민족지고고학은 "과연 물질문화의 공간적 유형화는 어떤 요인에 기인한 것인가? 하는 질문을 던지고 출발한 조사였다. 앞서 소개한 바와 같이 물질문화의 공간적 유형화에는 수많은 요인들이 작용한다는 것이 그의 결론이었다. 그리고 어떤 문화요소는 종족집단의 범위와 일치하지만 일정한 물질문화 요소와 그 조합의 분포가 종족집단의 영역과 일치한다는 일반적인 원칙은 결코 성립하지 않는다고 지적한다(Hodder 1982: 185-186).

종족성이란 것이 어떤 방식으로든 문화적인 내용을 가진다는 점을 부정할 수 없듯이 물질문화 역시 그러할 것이다. 그렇다면 물질문화의 차별화된 분포와 종족집단의 범위는 서로 어떠한 관계인가? 대응되는 경우가 있다면 어떻게 대응하는가? 이점에 대해 양식과 기술에 대한 민족지고고학의 연구는 종족집단과 관련된 물질문화 해석에 많은 시사점을 준다.

특히 물질문화의 양식적 표상들을 분석한 폴리 위스너와 같은 민족지고고학자의 논의를 경청할 필요가 있다고 본다. 위스너는 물품의 양식이라는 것이 무심코 나타나는 변이가 아니라 양식을 통해 사람들은 의사소통을 한다고 전제한다. 그리고 양식의 표현에는 두 가지 방식이 있는데 그 중 하나는 집단의 정체성과 관련된 상징적인 의미를 지니고 있는 양식, 즉 드러나는 표징적 양식emblemic style이 있고, 다른 하나는 개인의 정체성을 스스로 주장하고 드러내는 선언적 양식assertive style이 있다는 것이다(Wiessner 1983). 그래서 우리는 집단이나 경계 혹은 상호작용 등 어느 하나에 대해 양식이 줄 수 있는 정보에 초점을 맞추어서는 안 된다고 한다. 그것을 넘어서 시간의 흐름에 따라 변해가는 개인과 사회의 관계에 대한 정보에 초점을 맞추어 개인과 집단의 표현 양식들을 해석할 수 있도록 연구의 시야를 확장해야 한다고 말한다(Wiessner 1989: 62).

기술에 대한 민족지고고학의 연구 성과에서도 위스너의 주장과 유사한 제안을 읽을 수 있다. 토기를 비롯한 수공업 제품들의 형태와 양식적인 특징을 직접적으로 좌우하는 것은 무엇보다 제작의 공정, 즉 기술이다. 그래서 양식은 기술에 실려 있다는 제안이 나오게 된다(Lechtman 1977). 특히 기술을 문화적 산물로 보고 기술혁신의 과정이나 전이의 과정을 연구하는데 프랑스의 기술 인류학 이론이라 할 만한 작업연쇄chaînes opératoires의 개념(Leroi-Gourhan 1993: 305, 319)이 아주 유효하다. 이 작업연쇄의 개념을 토대로 올리비에 고슬렝은 카메룬 지역의 토기제작 집단들 사이에 기술의 전승과 교류를 조사하였다.

남부 카메룬의 21개 언어집단을 대상으로 토기제작기술의 차이를 조사한 고슬렝은 성형공정만 언어집단에 따라 뚜렷한 차이가 있고 다른 제작의 공정들은 언어집단과는 무관한 분포권역을 보이기도 하고 점적으로 개인적인 차이를 보이기도 한다고 보고 하였다(Gosselain 1998). 고슬렝은 하나의 제작공정에서 나타나는 제반 기술요소들과 그 배열이 다른 방식으로가 아니라 그렇게 되는 이유를 문화적 선택 때문이라고 전제 한다. 그랬을 때 제반 기술요소 중에서 성형기법만 언어집단 안에서 전승되고 다른 기술요소는 다른 방식의 선택과 채용의 과정을 거친 것이다. 또한 거주의 방식과 혼인의 범위 등에 따라서도 기술의 전승은 다르게 나타난다고 한다. 그리고 이러한 전승의 방식은 토기에 국한된 것이고 아마 다른 물품이라면 다른 방식의 기술전승과 기술 요소에 대한 또 다른 문화적 선택이 이루어졌을 것이라고 내다본다.

광범위한 영역에 걸쳐 장기간의 변화들이 퇴적된 고고학자료의 해석에 고슬렝의 기술 민족지고고학은 아주 중요한 의미를 갖는다. 고슬렝의 관찰에 따르면 물질문화의 공간적 분포에는 실로 다양한 문화적 활동, 집단의 분포, 상호작용 네트워크, 인구의 이동 그리고 사회적 정체성 등이 복합적인 요인으로 작용하였다고 보아야 한다. 그렇다면 어떤 특정한 물질적 양상을 어떤 특정한 사회적 정체성과 연결시키기는 곤란하며 물질문화의 분포 그 자체는 유물의 양식과 그 상징적 의미, 제작기술, 생산과 분배 등에 따라 복잡하게 중첩되며 분포할 것으로 예상된다(Gosselain 1998; Dietler and Herbich 1998).

이상과 같은 물품의 양식과 기술에 대한 민족지고고학의 연구를 통해 우리는 집단이나 경계를 염두에 두고 문화를 분석하는 것이 아니라 문화의 양상과 변화에 대한 해석을 통해 개인과 집단, 그리고 그 관계를 이해하는 방향으로 가야 한다는 교훈을 얻는다.

동북아고고학의 문제

지금 우리가 민족이나 국가의 범주를 중요하게 받아들이고 있는 것처럼 과거에도 집단 정체성의 담론은 아주 중요했을 것이다. 종족 정체성과 그 담론은 경관에 대한 역사를 만들어 내고 신화와 전통을 강조하면서 집단을 유지하는데 큰 역할을 했을 것이라고 본다. 종족 정체성과 그 관계에 대한 이념은 과거사회에서 경제적인 혹은 정치사회적인 실천에 커다란 영향력을 행사했으며 이을 통해 집단을 형성해왔을 것이다. 무문토기 사회에서도 경관을 지배하는 입지와 규모로 조상의 분묘군을 조성하려 했고 원사시대부터 정치체의 중심고분군이 조성되는 것은 지역집단의 통합과 정체성의 형성에 큰 역할을 했을 것으로 보인다. 훨씬 뒷시대에 기록으로 남게 되지만 건국신화가 생성되는 이유도 종족 정체성에 대한 주장으로 이해될 수 있을 것이다.

그러나 앞서 소개한 인류학과 고고학의 주장과 같은 이유로 이 종족집단이라는 과거의 실체를 물질문화 요소와 그 조합의 특징을 통해서만 접근하려는 관점은 타당성이 없을 것 같다. 그럼에도 고고학은 물질문화를 통해서만 과거사회의 종족집단과 그 정체성에 접근할 수 있기 때문에 어찌 보면 물질문화를 통해 우리는 결코 과거의 온전한 집단의 실체를 정의할 수는 없을 것이라고 예상하게 된다. 하지만 물질문화가 의미 있게 구성되어 있고 과거사회에서 능동적 역할을 한 것이라는 전제를 받아들인다면 우리는 집단과 그 정체성에 접근하는데 새로운 가능성을 열어 볼 수 있을 것이다. 과거사회에서 개인으로부터 커다란 지역집단에 이르기까지 정체성과 그 의식은 중층적으로 복잡하게 얽혀 있을 터인데 단순히 특정 물질문화 요소나 그 조합을 통해 그에 접근할 수는 없을 것이다. 그러나 물질문화의 능동적인 역할을 전제한다면 개인과 집단의 정체성에 관한 주장이 과거의 물질문화에 표현되어 있을 것이라고 생각할 수 있다. 그리고 물질문화가 의미 있게 구성되어 있다는 전제를 받아들인다면 물질문화의 복잡하고 다양한 짜임 속에서 개인과 집단의 중층적인 정체성에 대한 표상들이 파악될 수 있을 것이다.

사실 한국고고학에서는 집단의 존재를 전제하고 물질문화의 분포를 분석해왔다. 토기양식과 같은 국지적으로 분포하는 물질적 양상에 대해서는 소규모의 집단을 생각하였고 지석묘와 같이 좀 더 광범위하게 분포하는 물질적인 양상은 선사시대 민족과 같은 어떤 집단의 범주와 어째든 관련 있을 것이라는 생각을 깔고 접근하였던 것으로 보인다. 청동기와 같이 더욱 광범위한 교환의 네트워크를 따라 확산된 문화요소를 들어서 계통을 언급하거나 지리적 범위에 따라 집단을 인식하려는 의견도 제시되어 왔다. 특히 원사시대에 들어서면 종족의 명칭과 지리적인 범위가 기록에 등장하기도 하므로 오히려 그에 상응하는 물질문화가 무엇인지 인지하고자 했던 연구들이 많다. 하지만 고고학의 역사를 통해 볼 때 넓거나 좁은 영역에 어떤 물질문화요소들이 분포하는 것을 선사와 원사시대의 집단과 연결시키는 해석은 어떤 국가나 민족의 정치적인 입장을 옹호했던 경우가 아주 많다(Kohl and Fawcett 1995; Diaz-Andreu and Champion 1996). 일부 유물이나 그 조합은 지리적으로 광범위한 유사성이 나타나는 반면, 어떤 유물과 조합은 아주 좁은 국지적인 특징만을 보이기도 한다. 그럼에도 불구하고 미리 주어진 의견에 유리한 분포만을 선별하여 선사와 원사시대 집단의 존재와 범위에 대응시키는 경향은 물질문화 해석에서 흔히 볼 수 있는 현상이다.

이처럼 문화의 분포를 해석할 때 민족주의 혹은 국가주의가 개입되는 사례를 찾아보기는 어렵지 않다. 남북한의 학계에서 제출해온 주장들은 차치하고 민족 혹은 종족과 관련된 해석에 정치적인 입장이 개입된 사례로 소비에트연방의 종족기원론과 그 이후의 문화 분류학, 그리고 중국의 區系類型論 접근과 같은 경우를 꼽았다(Folkenhausen 1995; 李盛周 2011). 그리고 이러한 민족주의 혹은 국가주의를 옹호하는 해석들은 특정한 지역에서 고대 민족의 연고권을 놓고 충돌을 피할 수 없게 된다. 중국 동북지방의 고고학자료에 대한 해석에서 민족기원론과 국가주의적 해석이 충돌하고 있는 현실을 보게 된다.

시·공간의 문화 분류체계와 단위의 정의에 있어서 명칭은 공유하지만 계통이나 관계에 대한 이해의 방식에서는 상반된다. 편년단위를 넘어서 고고학문화에 우리 학계가 의미부여하는 관점은 과거 인종주의 계통론으로부터 그리 멀리 떨어져 있지 못하며 문화집단의 구분과 그들 사이의 친연관계에 대한 담론을 반복하고 있는 것이 현실인 것 같다. 중국 동북지방에 대한 우리 연구에서는 민족 혹은 민족국가의 기원에 대한 관심으로 출발한 해석이 많다는 것을 인정하지 않을 수 없다. 그리고 중국의 구계유형론적인 접근에서는 미리 설정된 체계 안에 위치된 지방문화의 연쇄를 설명하는 작업으로 일관한다. 문제의 해결을 위해서는 이념적 정당성이나 중립성에 대한 주장보다는 이 지역의 문화변동을 인류사적 과정의 일부로 이해하고 현대적 고고학의 문화이론을 토대로 설명하려는 노력이 필요하다(김종일 2008).

원사기록의 종족과 정치체

우리 학계에서는 선사시대의 유형이나 문화는 인간집단과 은연중에 대입시켜 보기는 하지만 그 관계에 대해 직접적이고 구체적인 논의로 나아가지는 않는다. 하지만 원사시대부터는 정의된 물질문화의 유형을 인간집단에 대응시키고 그것에 대한 논의를 구체화 한다. 주지하다시피 원사시대부터는 문헌기록에 고대 종족이나 정치체의 이름이 나오기 시작한다. 이처럼 이름을 가진 구체적인 종족과 정치체가 드러나기 때문에 그에 대한 물질문화의 대입이 자연스러워지고 물질자료를 통해 종족의 움직임을 추론하기까지 하는 것이다. 물론 고고학자들은 물질문화의 분포를 관찰하면서 종족이나 정치체의 존재와 범위의 문제를 제기하고 문헌기록을 참조하는 절차로 문제에 접근한다. 하지만 원사시대에 있어서는 기록이 상대적으로 빈약하고 모호하므로 종족의 존재, 범위, 발전, 그리고 교류의 역사를 서술할 때 고고학자료를 보완해야 한다는 역사학의 요구도 있는 것이다.

주지하다시피 어느 한 지역에서 자체적인 역사기록이 남겨지지 않지만 가까운 문명권에서 기록이 남겨지기 시작한 시간대를 원사시대로 일컫는 것이 일반적이다(李盛周 2015). 중원문명의 주변에 위치한 중국 동북지역과 한반도 일원이 원사시대로 접어드는 시점에 대해서는 다양한 의견이 있을 수 있지만 문명과의 직접적이고 지속적인 접촉을 통해 기록이 본격적으로 축적되기 시작한 것은 한 군현의 설치 이후부터라고 할 수 있다.

『三國志』동이전의 기록은 같은 시간대에『三國史記』의 초기기록이 존재하지만 원사시대 주변사회에 대한 기록으로 중요하게 참고된다.『三國志』동이전 한조의 기록에는 한의 존재를 말하면서 그 지리적인 위치만을 설명한 다음 그 안에 馬韓, 辰韓, 弁韓 세 종족이 있다고 서술하였다. 그러나 이 삼자의 공통성에 대해서는 언급하지 않았다. 그러므로 韓이란 범주 전체는 하나의 종족을 가리킨다기보다 땅의 이름처럼 언급된 것이라고 보는 것이 옳지 않을까 한다. 여기에 마한, 진한, 변한 등 각 종족의 분포 영역 안에는 하나의 渠帥가 다스리는 '國'이라는 독립 정치체들이 분립되어 있는 것으로 서술하고 개별 국명까지 일일이 열거하였다.

이에 비해 당시 거의 영역국가로 성장한 고구려와 부여는 종족과 정치체의 구분을 따로 하지 않았다.『三國志』동이전의 기록자는 아마 고구려나 부여를 종족의 분포범위를 통합한 국가로 인식한 듯하다. 그러나 옥저는 정치체가 아니라 종족으로 인식했다. 옥저라는 종족의 영역에는 삼로三老라고 칭하는 지도자가 읍락을 다스리는 형태의 정치체들이 존재했던 것으로 기록했지만 읍락의 이름이나 숫자에 대해서는 언급이 없다. 예지역의 경우도 候, 邑君, 三老라는 집단의 리더가 있지만 大君長은 없다고 하는 것으로 보아 소규모 정치집단이 산재한 것으로 볼 수밖에 없다. 말하자면 옥저와 예는 종족으로 명명하여 구분하면서도 그 안의 정치집단은 너무 소규모로 분산되어 있어 그 각각의 존재를 명기하지 않았다고 보는 것이 합리적이다.

한제국과 주변사회라는 동북아의 원사시대는 지중해 국가와 내륙 유럽의 상황과 비교사적 검토가 필요하다(李盛周 2015). 지중해지역 곳곳에 도시국가가 건설되고 광범위한 문명권이 형성되는 것은 기원전 1천년기 전반부터이다. 하지만 문명국가가 주변사회에 대한 지리적, 민족지적 지식을 기록으로 남기기 시작한 것은 대략 B.C. 6세기 후반부터이며 그리스인들에 의해서였다. 이때 내륙유럽의 야만인들에 대한 최초의 언급도 이 무렵부터 볼 수 있다. 하지만 서기전 5세기의 헤로도투스의 경우에도 가까운 스키티아와 트라키아에 관해서는 상세한 기록을 남겼지만 내륙의 켈토이에 대해서는 다뉴브강 상류에 거주한다고 언급했을 뿐이다. 서기전 2세기에 들어서야 온대유럽의 야만인에 대한 상세한 기록이 등장하며 B.C. 1세기 중반에 해당되는 카이사르의 기록은 켈트사회의 모습을 생생하게 전한다.

카이사르는『갈리아 전기』에서 갈리아인의 부족집단을 가리킬 때 키비타스*civitas*와 파구스*pagus*라는 용어를 자주 사용하였다. 두 용어는 사람들의 모임을 의미하는 말이지만 무언가 집단의 정체성을 가진 정치적인 단위체를 가리키며 해당 집단이 차지하고 있는 일정한 지리적 영역을 지칭하기도 한다. 카이사르가 진출한 갈리아지역에서는 키비타스가 구체적인 정치적 실체이다.『三國志』위서 동이전 한조의 '○○국'과 비교하면 중소규모의 키비타스들과 그 규모 면에서 대략 일치한다. 그러나 어떤 키비타스는 훨씬 큰 규모의 정치집단이어서 차라리 부여나 고구려와 비교하는 것이 온당하다. 가령 헬베티족의 인구에 대한 카이사르의 기록에 따르면 고향을 떠나 무장한 채 이동해간 사람만 263,000명이나 된다. 이는 지방이 2천리가 되고 호수가 8만에 달하는 부여에 비교되는 인구이다.

동북아와 유럽 내륙의 주변사회에 대한 기록에서 위와 같이 정치체의 존재를 기록하면서 동시에 종족의 분포와 영역에서도 기록되어 있다. 『三國志』 동이전에 기록된 옥저나 예, 마한, 진한, 변한의 경우에는 하나의 정치적 실체가 아니라 다수의 지역집단과 정치체를 포함하는 종족 혹은 그들의 분포영역이라고 보는 것이 옳을 듯하다. 그렇다면 갈리아지역에는 키비타스의 범주를 넘어 광범위한 종족의 범주에 대한 기록은 없는가 하는 점이다. 이에 대해서는 『갈리아 전기』의 맨 앞에 나오는 내용이 참조된다. "갈리아는 모두 세 지역으로 나뉘며, 그 한 지역에는 벨가이*Belgae*인, 다른 한 지역에는 아퀴타니*Aquitani*, 그리고 나머지 한 지역에는 그들의 언어로는 켈타이*Celtae*인, 로마의 말로는 갈리*Galli*인으로 불리는 종족이 살았다." 그리고 이들은 언어, 풍습, 그리고 법률이 서로 달랐고 각자의 영토는 커다란 강을 경계로 구분된다고 카이사르는 설명하고 있다. 그리고 저자가 직접 경험하고 서술한 역사기록 상의 종족들은 고고학자료 상으로도 분명히 서로 구분된다고 한다(Duval 1984)

『三國志』 동이전에 나오는 종족의 영역을 고고학자료의 분포를 통해 접근해 보려는 노력이 있어 왔다(예를 들면 朴淳發 1996; 金昌錫 2008; 權五榮 2010). 토기유물군과 분묘의 양상을 지역적으로 구분해서 문헌기록으로부터 추론된 종족의 영역에 대응시켜 보면 예상했던 그대로 일치한다고 말하기는 어렵지만 상당한 관련성이 인정된다. 『갈리아 전기』와 『三國志』의 저자도 각자 언급했던 바대로 풍습과 언어, 의례의 수행 등에서 서로 구분되기 때문에 서로 다른 이름을 붙이고 종족으로 구분했을 것이다. 그것이 고고학자료에서도 확인된다는 것은 결코 이상한 일이 아닌 것이다.

이 원사시대 정치체의 공간적 범위는 종족의 영역과는 다른 접근을 필요로 한다. 일찍이 콜린 렌프류는 정치체의 영역은 그 중심지로부터 권력이 효과적으로 미치는 범위가 예측될 수 있다는 전제하에 그 영역을 추론하는 방법들에 대해 모색한 적이 있다(Renfrew 1978). 어느 한 정치권력의 중심지는 이웃한 정치체 권력의 크기와 그 중심지의 위치와 연동할 것이다(Renfrew and Cook 1979). 진변한 지역에서는 정치체 지배집단의 분묘군의 초기형태, 즉 발생기 중심고분군의 분포와 상대적인 거리로 정치체의 영역을 예측한 적이 있다(李盛周 1993), 이와 같은 중심고분군의 존재가 원삼국시대에 거의 확인되지 않는 지역은 國을 구성하는 집단의 분포와 상호관계를 검토하여 접근하려는 시도도 있었다(權五榮 1995, 1996). 그리고 삼한 국의 내부 조직을 취락유형의 양상으로 보았을 때 어떠한 모습이었을까 하는 문제를 제기하고 고고학자료에 대입시켜 볼만한 모형을 제안한 연구도 있다(李熙濬 2000a·b).

190

삼한의 국을 대상으로 원삼국시대 정치체의 영역을 추론하였던 연구들은 대개 중심지 모델에 기초하여 취락유형을 분석하였다. 유럽의 복격적인 원사시대는 대개 철기시대 후기에 해당되지만 유럽의 내륙에서는 전기부터 정치체의 거점들이 등장하고 이후 정치권력의 공간적 구도가 나타난다. 영국 남부에 분포하는 힐포트hillfort들의 위계적인 양상으로 철기시대 정치체의 영역을 추론한 적이 있는데(Cunliffe 1991, 1993) 과연 면적이 가장 넓은 힐포트들이 정치·경제·종교의 중심지였을까? 하는 문제가 남아 있다. 중부유럽으로부터 서부유럽에 걸쳐 철기시대의 기간 동안 수장의 고총군高塚群이 인접한 곳에 조영된 대규모 위곽취락, 오피둠이 주로 고대의 교역로를 따라 형성된다. 이 오피둠은 카이사르의 『갈리아 전기』에도 부족의 방어와 정치의 거점으로 묘사되는데 일정 시기 정치체의 중심지가 어떻게 분포하는지 살펴볼 수 있다(Collis 1994, 2007, 2014; Cunliffe 1988, 1991; Fichtl 2000; Gerristen and Roymans 2006).

이와 같이 중심지 모델에 기초하여 정치체의 영역을 추론하는 방식 이외에 특정 유물의 분포권역도 영역추론에 근거로 제시되기도 한다. 가령 배리 컨리프는 토기양식의 공통성을 기준으로 영국 철기시대의 지역집단을 구분하면 더 효과적이라고 주장하면서 그것을 '양식-지대style-zone'라고 불렀다(Cunliffe 1991: 60). 國의 형성과 존재를 가리키는 지표로 다뉴경과 그 부장묘가 지적된 적이 있다(李淸圭 1999, 2000). 금관가야의 권역은 외절구연고배를 포함하는 특징적인 토기유물군의 분포와 관련이 있다고 보기도 하고(洪潛植 2000) 3세기 후반 이후 사로국의 매장의례의 공통성으로 접근할 수 있다는 의견이 있다(金在弘 1996, 2001; 金大煥 2001).

끝으로 정체성에 관한 문제에 대해서이다. 지금까지 고대의 기록으로든 아니면 고고학자료의 위계와 분포 혹은 특정 유물양식의 출토 범위이든 종족, 지역집단, 정치체의 범위가 인식되고 자체의 공통적 특성이 정의될 수 있음을 보여주었다. 그러나 이러한 집단의 구성원들이 자체의 정체성에 대한 의식을 공유하고 있었는가? 하는 것은 별개의 문제가 아닐까 한다. 삼한의 정치체인 國은 이름을 가지고 있었다. 그것이 군현이 붙인 이름이라 하더라도 각각의 국이 가진 땅 혹은 집단에 대한 상호식별의 이름 혹은 의식이 있어 국명이 역사기록에 남겨져 있었을 것이다. 이처럼 누가 붙인 것이든, 아니면 스스로 가진 이름이든 國名까지 있는 만큼 당시 韓지역의 개인은 국으로서의 정체성을 가지고 있고 그 정체성을 의식했을 가능성이 크다. 그러나 광역의 종족의식에 대해서는 과연 그와 같은 정체성 의식 가졌을까? 하는 의문이 제기된다. 물론 고고학자료의 분포, 기록이 지적하는 언어와 풍습의 차이와 지리적 범위 등 객관적인 특성들이 종족의 존재와 범위에 대해서는 더 많은 것을 이야기 하고 있다. 그러나 과연 그 광범위한 종족 영역에 소속된 구성원들이 어떤 정체성의 의식을 공유했다고 말할 수 있을까 하는 점이다.

　로이만은 "종족성을 정의하는 것은 정치이며 종족성이 정치를 결정하는 것은 아니다" 라고
까지 말한다(Derks and Roymans 2009). 도구와 물품에 나타난 공통성, 언어와 풍습의 유
사성, 주거의 지리적인 근접성들이 하나의 문화적인 영역을 그려낸다 하더라도 그리고 고대
의 기록자가 그것을 목격하고 종족의 차이를 식별할 수 있다 하더라도 정체성에 대한 당대
인들의 의식은 별개일 수밖에 없다. 그러나 문화적 공통성이나 지리적 근접성 때문에 정치적
인 통합을 쉽게 달성할 수 있으며 정치화된 종족집단politicized ethnic group의 출현(Gerristen
and Roymans 2006)도 생각할 수 있다. 어찌 보면 원삼국시대에 이미 대규모 정치화된 종족
집단을 이룬 사례로 대표적인 것이 고구려와 부여 등이 아닐까 한다.

　동북아의 원사시대를 기록한 문명지역의 식자들은 그들 자신 혹은 낙랑과 같은 거점의 관
리나 상인들의 여행과 접촉 혹은 전언을 통해 수집한 정보를 토대로 주변사회를 지리적, 민
족지적으로 지식화 하는 과정에서 광역의 종족구분을 정식화 했을 것이다. 그리고 다른 한
편으로 토착사회 주민들의 정치적인 행동에 따라 '國'이란 정치체의 범주를 정의했을 것이
다. 카이사르도 한편으로 정치체로서 키비타스나 파구스를 정의하면서도 다른 한편으로 나
름대로 근거를 가지고 커다란 갈리아 종족의 범주를 파악하고 지리적 영역, 풍습, 언어, 그리
고 기질이 다르다고 서술했을 것이다. 정치적으로 결속되고 통합의 의식이 뚜렷했던 정치체
의 정체성과는 달리 종족의 구분은 영역 내 개별 주민들의 의식과는 무관했을 가능성이 크
다. 그러나 고고학자료상으로 보면 종족의 범위는 뚜렷한 편이지만 정치체의 범위는 모호한
편이다.

역사적으로 특징적인 유물과 기념물들에 대한 인상을 토대로 고유물의 수집가들이 직관적이
고 사변적인 논의를 하던 시대가 있었다. 19세기에 접어들면 특정 유물 종들을 세밀하게 관
찰하고 기술하면서 차이와 유사성에 따라 분류하고 개념화 작업을 통해 근대고고학이 출범
한다. 그런데 유럽과 미국의 고고학자들이 개별 유물이나 따로 떨어져 분포하는 구조물들로
서 아니라 유적·유물의 조합 혹은 유물복합체로서의 인식이 분명해진 것은 19세기 후반부
터 이다. 19세기 중엽을 전후하여 층서적인 관계, 매납유구나 분묘에서의 동반관계, 시·공간
의 조합관계에 대한 인식이 점점 뚜렷해지게 된 것이다. 그러면서 유형 혹은 고고학문화라는
개념이 정립되고 정의가 시도된 1920년대부터를 어찌 보면 진정한 문화사고고학의 시대라
고 할 수 있지 않을까 한다. 그 이후 지금까지도 고고학자료를 시간과 공간의 축에 따라 구분
하고 배열할 때 기본적으로 고고학문화(한국고고학에서는 유형)라는 용어로 그 개념을 표시

한다. 20세기를 관통하여 사용된 이 개념은 물론 신랄한 비판에 노출되기도 했지만 물질문화의 역사를 서술하는 도구적인 용어로서 여전히 유효하다 할 수 있다.

한 때 문화는 이론 고고학자들에게 '제반 아체계와 성분들로 조직되어 작동하는 체계'라는 정의가 폭넓게 받아들여진 적이 있다. 물론 그러한 측면이 있다는 점을 부정할 수는 없지만 지금은 인류학을 비롯한 대다수의 인문사회과학이 자연스럽게 받아들이는 '상징적인 의미로 구성된 것'이라는 관점을 따르게 된다. 하지만 어쩔 수 없이 물질문화의 시·공간적 단위라는 실체에 대면하게 되는 고고학으로서는 왜 그러한 일정 범주의 물질양상들이 시간적으로 지속하는가 하는 문제에 대해 피해가기 어렵다. 전통 문화사고고학이 과정고고학에 의해 비판되고 오랜 동안 시·공간의 범주로서의 고고학문화와 관련된 문제는 거부되어 왔다. 그러나 탈과정주의 이후 고고학은 확장된 논의의 틀을 가지게 되고 고고학문화라는 개념도 새롭게 조명되고 있다(Roberts and Linden 2011). 시·공간의 범주로서 고고학문화는 이제 양식의 표출(Wiessner 1983), 기술의 전승과 집단화(Gosslain 1998; Roberts 2011), 사회적·문화적 정체성의 주장(Kristiansen 2011) 등과 같은 주제와 관련하여 논의되고 있다.

이러한 흐름과는 따로 생각해야 할 것이 유형 혹은 고고학문화에 대응되는 인종, 종족집단 혹은 인간집단과 정체성의 문제이다. 고고학의 초창기부터 특징적인 유물의 제작자나 기념물의 축조자가 누구인지 궁금하게 생각해 왔다. 특정한 유물의 분포지역을 가리켜 어떤 인종 혹은 종족집단의 영역일 것이라는 추론이 19세기와 20세기 초의 고고학에서는 자연스럽게 받아들여져 왔다. 문화사고고학의 기초 개념이었던 고고학문화에 대한 고든 차일드의 정의에서도 특정한 물질문화 요소의 조합이 일정지역에 반복되어 나타나는 것은 그 담당자로서 인간집단이 있기 때문이라고 했다. 역사기록이 나타나기 시작하는 원사시대의 고고학 연구에서는 고고학자료에서 집단을 정의하는 것이 하나의 흥미로운 과제로 받아들여져 왔다. 하지만 어떤 연구도 본질론적 인종주의의 관점에서 혹은 어떤 민족주의나 국가주의의 이념을 지지하는 입장에서 문제를 제기하고 대답을 하려 한다면 그것은 비판에서 자유로울 수 없고 고고학적 논의에서 배제되어야 할 것이다.

동북아의 고고학연구에서 초기 역사기록에 등장하는 고대 종족집단이나 정치체를 고고학 자료에서 찾고 그것을 선사시대의 물질자료에까지 연장시키려는 주장들을 자주 보게 된다. 선사시대이든, 원사시대이든 물질문화의 지리적 분포와 그 시간적 변화가 과연 종족집단의 존재와 그들의 발전과 같은 것을 반영하고 있다고 볼 수 있는가? 또한 그렇게 설명될 수 있을까? 과연 이러한 접근이 타당한 고고학 설명이며 고고학의 연구목표로 삼아도 될까?

흔히 어떤 주장에 적합한 유물과 그 조합에 초점을 맞추어서 지역적인 범위를 정하고 특정 집단에 대입시키는 방식의 접근을 이따금씩 본다. 가령 여러 종족의 경계를 넘어 광범하게 확산되는 기술이나 물질문화가 있는 반면, 경우에 따라서는 소규모 지역집단에만 국한되는 특징적인 물질양상이 있다. 사실 이러한 양상들을 선별적으로만 파악하여 과거 종족집단의 존재와 변동으로 환원시켜 생각하는 경향이 있었다. 하지만 우리가 시야를 확대해서 선입견 없이 보면 유물에 따라 분포영역은 서로 크게 다르고 출토맥락도 서로 다르기 때문에 어떠한 유물과 그 조합을 공간적으로 특정할 수 있을까 하는 문제에 직면하게 된다. 이처럼 분포범위나 출토맥락에 따라 다양하게 나타나는 동북아 원사시대의 물질문화를 설명하려면 물질문화 해석을 위한 이론적 모델과 당시의 역사적인 맥락에 대한 이해가 필요하다고 생각된다. 종족 혹은 지역집단이라는 어떤 인간집단이 고정적 실체가 아니듯 그것의 물질적인 표현도 일대일로 대응될만한 어떤 일반적 원칙이 있을 수 없다. 물질문화의 공간적 양상과 과거 인간집단 사이의 관계에 대한 질문은 고고학적으로 불가능한 것은 아니고 오히려 적극적인 질문을 던져야하는 과제이기도 하다. 하지만 그것은 단순한 대응의 논리로는 타당화하기 어려우며 개인으로부터 다양한 수준의 집단에 이르는 정체성의 물질적 표현들이 어떻게 중층적으로 짜여 있는가를 해부하는 작업이 필요할 것 같다.

참고(인용) 문헌

차일드, 고든 저·이성주 역, 2012, 「先史時代의 다뉴브(Danube in Prehistory): 서문」, 『考古學探究』12.

權五榮, 1995, 「三韓社會 '國'의 構成에 對한 考察」, 『韓國古代史研究』10.

———, 1996, 「三韓의 '國'에 대한 研究」, 서울大學校 大學院 文學博士學位論文.

———, 2009, 「원삼국기 한강유역 정치체의 존재양태와 백제국가의 통합양상」, 『고고학』8(2).

———, 2010, 「馬韓의 종족성과 공간적 분포에 대한 검토」, 『韓國古代史研究』60.

金大煥, 2001, 「嶺南地方 積石木槨墓의 時空的 變遷」, 『嶺南考古學』29.

金在弘, 1996, 「新羅(斯盧國)의 形成과 發展」, 『歷史와 現實』21.

———, 2001, 「4~5世紀 新羅의 古墳文化와 地域支配」, 『韓國古代史研究』24.

金玟澈, 2008, 「類型과 種族性(ethnicity)에 관한 비판적 검토」, 『韓國上古史學報』62.

김종일, 2008, 「고고학자료의 역사학적 해석에 대한 비판적 고찰」, 『韓國古代史研究』52.

金昌錫, 2008, 「古代 嶺西地域의 種族과 文化變遷」, 『韓國古代史研究』51.

도유호, 1960, 『조선 원시 고고학』, 평양: 과학원출판사.

朴淳發, 1989, 「漢江流域 原三國時代 土器의 樣相과 變遷」, 『韓國考古學報』23.

──, 1996, 「漢城百濟 基層文化의 性格」, 『百濟研究』26.

──, 1999, 「欣岩里類型 形成過程 再檢討」, 『湖西考古學』1.

트리거, 브루스 저·성춘택 역, 2010, 『브루스 트리거의 고고학사』, 서울: 사회평론.

사회과학원 고고학연구소, 1977, 『조선고고학개요』, 평양: 과학·백과사전출판사.

사회과학원 역사연구소, 1979, 『조선전사』1, 원시편, 평양: 과학·백과사전출판사.

존스, 시안 저·한건수, 이준정 역, 2008, 『민족주의와 고고학』, 서울: 사회평론.

李盛周, 1993, 「1~3세기 가야 정치체의 성장」, 『韓國古代史論叢』5.

──, 1995, 「帝國主義時代 考古學과 그 殘迹」, 『古文化』47.

──, 1996, 「青銅器時代 東아시아世界體系와 韓半島의 文化變動」, 『韓國上古史學報』23.

──, 2006, 「韓國 青銅器時代 ‘社會’ 考古學의 問題」, 『古文化』68.

──, 2008, 「型式論과 系統論」, 『21세기의 한국고고학』Ⅰ, 서울: 주류성.

──, 2011, 「巨視的 관점에서 본 東北亞 社會文化體系의 變動」, 『東北亞歷史論叢』33.

──, 2014, 「‘북방문화론’에 대하여」, 『제41회 한국상고사학회 학술발표대회: 신화의 역사화』.

──, 2015, 「鐵器時代의 部族(1): 유럽과 韓國 原史時代 集團의 時空間과 記錄」, 『考古學探究』18.

李淸圭, 1988, 「南韓地方 無文土器文化의 展開와 孔列土器文化의 位置」, 『韓國上古史學報』1.

──, 1999, 「東北亞地域의 多紐鏡과 그 副葬墓에 대하여」, 『韓國考古學報』40.

──, 2000, 「‘國’의 形成과 多紐鏡副葬墓」, 『先史와 古代』14.

李熙濬, 2000a, 「三韓 小國 形成過程에 대한 考古學的 接近의 틀」, 『韓國考古學報』43.

──, 2000b, 「대구 지역 古代 政治體의 형성과 변천」, 『嶺南考古學報』26.

崔鍾圭, 2008a, 「考古文化의 導入을 위하여」, 『考古學探究』3.

──, 2008b, 「考古學文化의 實踐」, 『考古學探究』4.

洪潽植, 2000, 「考古學으로 본 金官加耶」, 『考古學을 통해 본 加耶』.

工藤雅樹, 1987, 「日本人種·民族論」, 『論爭學說 日本の考古學』Ⅰ(總論), 東京: 雄山閣.

Barth, F., 1969, *Ethnic Groups and Boundaries, The Social Organization of Cultural Difference*, Oslo: Universitetsforlaget.

Binford, L.R., 1962, Archaeology as anthropology, *American Antiquity* 28: 217-225.

──, 1965, Archaeological systematics and the study of cultural process, *American Antiquity* 31: 203-210.

Bowler, P., 1989, *The Invention of Progress, The Victorians and the Past*, London:

Blackwell.

Childe, V.G., 1929, *The Danube in Prehistory*, Oxford: Clarendon.

Clarke, D.L., 1968, *Analytical Archaeology*, London: Methuen.

—————, 1979, The Beaker network-social and economic model, In *Analytical Archaeologist* D.L. Clarke ed., pp. 323-360, London: Academic Press,

Collis J., 1994, Reconstructing Iron Age society, In *Europe in the First Millennium B.C., Sheffield Archaeological Monographs* 6, K. Kristiansen and J. Jensen eds., pp. 7-30, Sheffield: University of Sheffield.

—————, 2007, The polities of Gaul, Britain and Ireland in the late Iron Age, In *The Later Iron Age in Britain and Beyond*, C. Haselgrove and T. Moore eds., pp. 523-528, Oxford: Oxbow Books.

—————, 2014, Urbanization in temperate Europe in the Iron Age: Mediterranean influence of indigenous?, In *Paths to Complexity: Centralization and Urbanization in Iron Age Europe*, Fernandez-Götz, M., H. Wendling and K. Winger eds., pp. 15-22, Oxford: Oxbow.

Cunliffe, B., 1988, *Greeks, Romans and Barbarians: Spheres of Interaction*, London: Batsford.

—————, 1991, *Iron Age Communities in Britain*, 3rd ed., London: Routledge.

—————, 1993, *Wessex to A.D. 1000: A Regional History of England*, London: Longman.

Deetz, J., 1967, *Invitation to Archaeology: American Museum Science Books*, Garden City: Natural History Press.

Derks, T., and N. Roymans, 2009, Introduction, In *Ethnic Constructs in Antiquity: The Role of Power and Tradition*, T. Derks, and N. Roymans eds., pp. 1-10, Amsterdam: Amsterdam University Press.

Diaz-Andreu, M., and T. Champion, 1996, *The Nationalism and Archaeology in Europe*, London: UCL Press.

Dietler, M., and I. Herbich, 1998, Habitus, Techniques, Style: An integrated approach to the social understanding of material culture and boundaries, In *The Archaeology of Social Boundaries,* M.T. Stark ed., pp. 232-263, Washington D.C.: Smithsonian Institution Press.

196

Doran, J.E., and F.R. Hodson, 1975, *Mathematics and computers in Archaeology*, Cambridge, M.A.: Harvard University Press.

Duval, A., 1984, Regional groups in Western France, In *Cross-Channel Trade between Gaul and Britain in the Pre-Roman Iron Age*, S. Macready and F.H. Thompson eds., pp. 78-91, London: The Society of Antiquaries of London.

Eriksen, T.H., 2010, *Ethnicity and Nationalism*, London: Pluto Press.

Fichtl, S., 2000, *La Ville Celtique: Les Oppida de 150 av. J.-C. a 15 ap. J.-C.*, Paris: Édition Errance.

Flannery, K.V., 1967, Cultural history vs. cultural process: A debate in American archaeology, *Scientific American* 217: 119-122.

Folkenhausen, L., 1995, The regionalist paradigm in Chinese archaeology, In *Nationalism, Politics and The Practice of Archaeology*, P.L. Kohl and Fawcett C. eds., pp. 198-217, Cambridge: Cambridge University Press.

Gerristen, F., and N. Roymans, 2006, The central places and the construction of the tribal identities, In *Les Mutations del la Find de l'Âge du Fer, Celtes et Gaulois: L'Archéologie face à l'Histoire*, C. Haselgrove ed., pp. 251-266, Mont-Beuvray: Centre Archéologique Européen.

Gosselain, O.P., 1992, Technology and style: Potters and pottery among Bafia of Cameroon, *Man* 27: 559-586.

—————————, 1998, Social and technical identity in a clay cristal ball, In *The Archaeology of Social Boundaries,* M.T. Stark ed., pp. 78-106, Washington D.C.: Smithsonian Institution Press.

Gräslund, B., 1987, *The Birth of Prehistoric Chronology*, Cambridge: Cambridge University Press.

Hodder, I., 1982, *Symbols in Action*, Cambridge: Cambridge University Press.

—————————, 1986, *Reading the Past*, Cambridge: Cambridge University Press.

Klindt-Jensen, O., 1975, *A History of Scandinavian Archaeology*, London: Thames and Hudson.

Kohl, P.L., and C. Fawcett, 1995, *Nationalism, Politics and the Practice of Archaeology*, Cambridge: Cambridge University Press.

Kristiansen, K., 2011, Constructing social and cultural identities in the Bronze Age,

In *Investigating Archaeological Cultures,* W. Roberts and M. Vander Linden eds., pp. 201-210, New York: Springer.

Lechtman, H., 1977, Style in technology: Some early thought, In *Material Culture: Style, Organization, and Dynamics of Thought,* H. Lechtman and R.S. Merrill, eds., pp. 3-20, St. Paul Minesota: West Publishing.

Leroi-Gourhan, A., 1993, *Gesture and Speech*, Cambridge: MIT Press.

Lucy, S., 2005, Ethnic and cultural identities, In *The Archaeology of Identity*, Diaz-Andreu, M.S. Lucy, S. Babić and D.N. Edwards eds., pp. 86-109, London: Routledge,.

Lyman, R.L., M.J. O'Brien, and R.C. Dunnell, 1997, *The Rise and Fall of Culture History*, New York: Plenum Press.

McKern, W.C., 1939, The Midwestern taxonomic method as an aid to archaeological culture study, *American Antiquity* 4: 301-313.

—————, 1943, Regarding midwestern archaeological taxonomy, *American Anthropologist* 45: 313-315.

Philips, P., and G.R. Willey, 1953, Method and theory in American archaeology: An operational basis for culture-historical, *American Anthropologist* 55: 615-633.

Ramenofsky, A.F., and A. Steffen, 1998, Units as tools of measurement, In *Unit Issues in Archaeology: Measuring Time, Space, and Material*, A.F. Ramenofsky and A. Steffen eds., pp. 3-17, Salt Lake City: The University Utah Press.

Renfrew, C., 1972, *The Emergence of Civilization: The Cyclades and the Aegean in the Third Millennium B.C.*, London: Methuen.

—————, 1978, Space, time and polity, In *The Evolution of Political Systems*, J. Friedman and M.J. Rowlands eds., pp. 89-112, Pittsburgh: University of Pittsburgh Press.

—————, 1979, *Problems in European Prehistory*, Edinburgh: Edinburgh University Press.

—————, 1987, *Archaeology and Language: The Puzzle of Indo-European Origins*, Cambridge: Cambridge University Press.

Roberts, B.W., and M.V. Linden, 2011, Investigating archaeological cultures: Material culture, variability, and transmission, In *Investigating Archaeological Cultures,* B.W. Roberts and M.V. Linden eds., pp. 1-21, New York: Springer.

Roberts, B.W., 2011, Ancient technology and archaeological cultures: Understanding the earliest metallurgy in Eurasia, In *Investigating Archaeological Cultures,* B.W. Roberts and M.V. Linden eds., pp. 137-150, New York: Springer.

Shennan, S.J., 1989, Introduction: Archaeological approaches to cultural identity, In *Archaeological Approaches to Cultural Identity*, S.J. Shennan ed., pp. 1-32, London: Unwin Hyman.

Sokal, R.R., and P.A. Sneath, 1963, *Principles of Numerical Taxonomy*, San Francisco and London: W.H. Freeman.

Stepan, N., 1982, *The Idea of Race in Science: Great Britain 1800-1960*, Oxford: Macmillan.

Steward, J.H., 1955, *Theory of Cultural Change*, Urbana: University of Illinois Press.

Trigger, B.G., 1968, Major concepts of archaeology in historical perspective, *Man* 3(4): 527-541.

————, 1980, *Gordon Childe: Revolutions in Archaeology*, New York: Columbia University Press.

Veit, U., 1989, Ethnic concepts in German prehistory: A case study on the relationship between cultural identity and archaeoloical objectivity, In *Archaeological Approaches to Cultural Identity*, S.J. Shennan ed., pp. 35-56, London: Unwin Hyman.

Wiessner, P., 1983, Style and social information in Kalahari San Projectile Points, *American Antiquity* 50: 160-176.

————, 1989, Style and changing relations between the individual and society, In *The Meaning of Things*, I. Hodder ed., pp. 56-63, London: Unwin Hyman.

Willey, G.R., and J.A. Sabloff, 1980, *A History of American Archaeology*, New York: Freeman.

Willey, G.R., and P. Phillips, 1958, *Method and Theory in American Archaeology,* Chicago: University of Chicago Press.

근대 34, 35, 38, 39, 40, 45, 46, 83, 93, 152, 167, 171

근대고고학 35, 83, 167, 171, 181, 192

근원인상 42

기법(技法) 16, 82, 86, 96, 97, 114, 123, 124, 132, 134, 146, 175

기술혁신 185

기억 34, 40, 41, 43, 45, 46, 48, 49, 50, 51, 131

ㄴ

내부적인 접근 113

노에마-노에시스 42

농업공동체 22

ㄷ

다봉성(多峰性) 137, 142

다위니즘 109, 117

단계설정 59, 60, 63, 75

단선적 38, 39, 51

단위집단 18, 20, 21, 22, 31

대상화 39, 40

대표성 129

더넬 110, 117

더링턴 월 48

도유호 21, 168, 179

도작문화 67

돌대문토기 75

동북아고고학 168, 186

동시기성 18, 26, 027, 28, 29, 116

디츠 176

ㄹ

라우즈 113

라이네케 35

렌프류 37, 97, 175, 190

르원틴 108

리듬 43, 44, 46, 50, 51

ㅁ

마음의 형판(mental template) 176

모드 113

모집단(母集團) 124, 128, 176

몬텔리우스 35, 57, 58, 60, 61, 74, 107, 115, 116, 169, 170, 183

몸 50, 51, 78

무문토기 59, 66, 67, 75, 186

문양 55, 58, 60, 64, 73, 74, 75, 136, 137, 170

문헌 자료 72, 160, 161

문헌기록(文獻記錄) 107, 150, 151, 153, 154, 155, 156, 157, 158, 159, 160, 161, 162, 163, 168, 181, 188, 190

문화권역 170

문화사고고학 83, 85, 113, 114, 115, 117, 170, 172, 173, 183, 192, 193

문화종태 168, 179

물질문화 35, 36, 39, 45, 51, 56, 60, 83, 106, 110, 115, 116, 117, 119, 130, 131, 150, 154, 157, 167, 168, 171, 172, 174, 175, 177, 178, 179, 180, 181, 182, 183, 184, 185, 186, 187, 188, 193, 194

물질자료 19, 36, 55, 60, 66, 84, 150, 151, 152, 156, 158, 161, 162, 163 168, 169, 188, 193

민족지고고학 177, 183, 184, 185, 186

●

인용그림 및 표 출처

그림 1.1   이선복, 1988,『고고학 개론』, 서울: 이론과 실천, 표 2 (p.44)를 재편집.

그림 2.1   近藤義郎 1985,「第六章 共同体と單位集團」,『日本考古學研究序說』, 図 Ⅱ-2, (p.117).

그림 2.2   近藤義郎 1985,「第六章 共同体と單位集團」,『日本考古學研究序說』, 図 Ⅱ-1, (p.114).

그림 2.3   林永珍, 1985,「움집의 分類와 變遷」,『韓國考古學報』17·18, 삽도 4 (p.141).

그림 2.4   林永珍, 1985,「움집의 分類와 變遷」,『韓國考古學報』17·18, 삽도 5 (p.142).

그림 2.7   한강문화재연구원, 2012,『원주 문막리유적』, 도면 4 (p.36).

그림 2.8   한강문화재연구원, 2012,『원주 문막리유적』, 도면 30-80 (p.84).

그림 3.1   Lucas, G., 2005, *The Archaeology of Time*, Oxford: Routledge (p.23).

그림 3.2   Richard, J., 2011, *Stonehenge*, London: English Heritage (p.5).

그림 3.3   http://doi.org/10.5334/ai.1601

그림 3.4   http://www.wessexarch.co.uk

그림 5.1   Gamble, C., 2007, *Archaeology: The Basics*, 3rd ed., London: Routledge (p.176).

그림 5.2   Takashi, S., 2007, Refuse patterning and behavioral analysis in a pinniped hunting camp in the Late Jomon Period: A case study in layer V at the Hamanaka 2 site, Rebun Island, Hokkaido, Japan. *Journal of Anthropological Archaeology* 26, Fig. 7 (p.36).

그림 5.3   이희진, 2015,「주거지 내부공간 이용상 연구와 토양분석 – 천안 백석동 고재미골 유적 세장방형 주거지의 분석사례」,『호남고고학보』50, 그림 9 (p.18).

그림 5.4   송만영, 2013,「중도식 주거문화권의 주거지와 취락」,『제37회 한국고고학전국대회 발표문: 주거의 고고학』, 그림 6-② (p.91).

그림 5.5   林尙澤, 2010a,「신석기시대 취락체계의 변천과 지역적 비교」,『동북아문화연구』24, 그림 3-4 (pp.146-147).

그림 5.6   Day, P.M., A. Tsolakidou, E.Kiriatzi, and V. Kilikoglou, 1999, Group Therapy in Crete: A comparison between analyses by INAA and petrographic thin sections of Early Bronze Age pottery from Knossos, *Journal of Archaeological Science* 26(8), Fig. 2,4,6,7 (pp.1030-1033).

208

편집을 마치며

일상에서 혹은 학술적인 자리에서조차 정확한 뜻은 잘 모르지만 그럴 듯하여 쓰는 말들이 있다. 우리 학계에서 자주 쓰이는 '(연구)方法論'이란 말도 그 한 례가 되기에 충분해 보인다. 제목은 그렇게 붙이고 있지만 실제 내용은 방법론이 아니라 분석기법technique을 말하는 경우가 대부분이다. 이 글을 쓰고 있는 필자도 반성해야 할 점이 많을 듯하다. 여기저기 쓴 글에 별 생각 없이 남발한 것은 아닌지 걱정이 된다. 개별 연구자의 실수와 무지는 그렇다하더라도 학계 전체가 그렇다는 것은 실로 우려스럽지 않을 수 없다. 두세 해 전 한국고고학대회가 그런 우리의 실상을 그대로 보여주지 않았나 싶다. 조금 과장하자면, 기획자, 발표자, 토론자 어느 누구도 그 흔한 인터넷 사전 한번 찾아보지 않은 듯했다. 물론 당사자들을 폄하하고자 말을 꺼낸 것은 아니다. 다만, 우리 모두에 대한 자성적 비판을 통해 방법론에 대한 논의를 활성화시키고 한국고고학을 좀 더 발전적인 방향으로 유도해보고 싶기는 하다.

이 책 이전에 방법론에 대한 관심이 없었던 것은 아니다. 사실, 제법 오래전부터, 제법 빈번하게 계속되어왔다. 첫째 장에서 밝히는 바와 같이, 거의 30년 전 발간된 『고고학개론』(이선복, 이론과 실천, 1988)에서도 그러한 논의는 (충분히) 있었다. 이외에도 『韓國史論 12·17』(國史編纂委員會, 1983, 1987), 『고고학 이론과 방법론: 최근 연구방법론과 이론사조』(추연식, 학연문화사, 1997), 『考古學研究方法論』(崔夢龍·崔盛洛·申叔靜 편, 서울대학교 출판부, 1998), 『한국고고학의 방법과 이론』(최성락, 학연문화사, 1998), 『한국매장문화재 조사연구방법론 1~9』(국립문화재연구소, 2005~2014) 등에서도 직·간접적으로 한국고고학의 연구방법론에 대한 논의가 있어왔다. 그런데 왜 여전히 이 책처럼 그 문제점을 지적하는 글이 나오는 것일까? 그간의 방법론에 대한 논의가 실제 개별연구에 제대로 반영되지 않았기 때문이다. 또한 앞서 인용한 저작 중 일부의―솔직히 얘기하자면, 상당부분의― 시도는 사실 (연구)방법론에 대해 심도 있게 논의하기보다는 방법 혹은 기법을 소개하고 있거나 아니면 이론사조에 대한 개괄적 설명에 집중하고 있을 뿐, (방법론적 시도란 측면에서) 도대체 우리가 무엇을 어떻게 잘못하고 있는지, 그래서 어떻게 하면 조금 나아질 수 있는지를 지적해주고 있지는 못하기 때문이다.

이 책의 취지는 그런 일을 좀 해보자는 것이다. 즉, 고고학 연구의 기본골격 혹은 내용이 되어야 할 "時, 空, 形態 그리고 (數)量"의 영역에서 '(誤)作動'하고 있는 설명논리를 되짚어 보자는 것이다. 3·4장은 시간성(時)의 문제에, 5장은 공간성, 6장은 형태적 변이, 그리고 7

210

장은 양의 문제에 주목하고 있고 2장과 9장은 그러한 네 차원의 변이를 인지하고 설명할 단위의 문제를 다루고 있다. 어떤 장은 다소 원론적인 측면에서 나아갈 방향을 제시하고 있기도 하고 어떤 장은 구체적인 예를 들어가며 다소 강한 비판을 가하고 있기도 하다.

한편, 각 장의 필자들이 방법론을 정의하는 수준과 방식이 약간씩 다르다는 인상도 갖게 될 것이다. 그러한 상황을 기획의 시초단계부터 의도하지는 않았지만 방치하기로 하였다. 導論의 성격을 가진 제1장에서도 밝힌 바와 같이, 고고학 연구의 진행과정에서 방법론은 다양한 수준에서 정의될 수 있다. 결국 다루는 문제, 대상, 범위가 달라지면 그러한 차이는 집필의 과정에서 자연스레 나올 수밖에 없기 때문이다. 이점, 이 책을 활용하는 과정에서 유념해 주었으면 한다.

당초 기획의 의도가 '비판적 검토'이다보니 책의 일부 장은 학부생이 읽기에 다소 복잡한 내용도 있다. 사실, 석사과정의 학생이나 기성 연구자들이 많이 읽어주기를 바라며 책을 만들었다고 하는 말이 더 솔직할 듯하다. '비판적 검토'이다보니, 가벼운 마음으로 읽기에는 부담스럽다. 잘못을 들추는데 마음 편한 사람은 없지 않을까? 그렇다고 自嘲하고만 있을 일은 아닌 듯하다. 위안이 될지는 모르겠으나 서구 선진학계에서도 이런 類의 비판과 제안은 계속되고 있다. 꽤 시차를 두고 유사한 지적이 반복되는 경우도 적지 않다. 어찌 보면 이 책이 시도한 작업은 '한 번 했으니 좋아질 것'이라고 기대하기보다는 '주기적으로(?) 반복되도록 하는 것'으로 받아들여 주시면 좋겠다.

다소 상투적이어서 생략할까 하는 마음을 여러 차례 먹었지만 도저히 그냥 넘어갈 수는 없는 정도이기에 짧게나마 감사의 마음을 전하고자 한다. 읽어보면 아시겠지만 각 장은 논문 한 편을 쓰는 이상의 노력을 기울이고 있다. '논문 한 편의 점수'를 과감하게 포기하고, 동참해준 필자들께 감사드린다. 사실 요즈음 같은 세상에 쉽지 않은 일이다. 적잖은 어려움에도 불구하고 기획취지를 높이 사 발간을 지원해주신 중앙문화재연구원에도 감사를 전한다. 변덕스런 요구도 묵묵히 받아주시는 진인진 관계자들께도 감사한다. 교정과 편집에 수고해 준 박진경(문화재청)과 충북대학교 대학원생들의 수고에도 고맙다는 인사를 전하고 싶다.

김범철